书香中国 全民阅读推广丛书（第二辑）
朱永新 徐 雁 ◎主编

分众阅读

读 物 给 养 头 脑

万 宇 王 奕 ◎著

海天出版社
·深圳·

图书在版编目（CIP）数据

分众阅读：读物给养头脑 / 万宇，王奕著. —深圳：海天出版社，2020.1
（书香中国·全民阅读推广丛书 / 朱永新，徐雁主编. 第二辑）
ISBN 978-7-5507-2772-4

Ⅰ.①分… Ⅱ.①万… ②王… Ⅲ.①读书活动—研究—中国 Ⅳ.①G252.17

中国版本图书馆CIP数据核字(2019)第216703号

分众阅读：读物给养头脑
FENZHONG YUEDU; DUWU JIYANG TOUNAO

出 品 人	聂雄前
出 版 策 划	于志斌
项 目 负 责 人	孙 艳
责 任 编 辑	孙 艳
责 任 技 编	梁立新
封 面 设 计	知行格致

出 版 发 行	海天出版社
地 址	深圳市彩田南路海天综合大厦　（518033）
网 址	www.htph.com.cn
订 购 电 话	0755-83460293（邮购、团购）
设 计 制 作	深圳市龙墨文化传播有限公司（电话：0755-83461000）
印 刷	深圳市希望印务有限公司
开 本	787mm×1092mm　1/16
印 张	19
字 数	290千
版 次	2020年1月第1版
印 次	2020年1月第1次
定 价	78.00元

我心目中理想的"书香社会"

◎ 朱永新

人们都在说"倡导全民阅读，建设书香社会"。那么，所谓"书香社会"到底应该是什么模样呢？阿根廷国家图书馆前馆长、著名文学家博尔赫斯说过："如果有天堂，天堂应该是图书馆的模样！"既然天堂的模样就是图书馆的模样，那么也该是"书香社会"的模样了。不过，"天堂"终究是一个抽象概念，实在地说，我心目中的"书香社会"，一定是一个全民阅读的社会，它至少该有以下四个方面的特征：第一，人人溢书香；第二，处处有书香；第三，时时闻书香；第四，好书飘书香。用这四个标准，大致可以来评估一个地方、一个社区乃至一个社会，究竟是不是"书香社会"。

一、人人溢书香

全民阅读，从书香家庭到书香社区，从书香学校到书香机关，从书香企业到书香乡村……它应该是全方位，涉及所有人群的。从群体来说，重点有三个方面，即领导、教师与儿童。所以，领导带头读、亲子共读与师生共读，在全民阅读中具有特别重要的作用。

第一，书卷气也是领导力。作为领导人来说，阅读是非常重要的，它是领导能力的重要构成部分。衡量一个领导，最重要的就是他的思维能力和决策能力，是他的视野与胸怀。这些能力从哪里来？最重要的是从阅读中来。

当然，领导干部带头读书不仅仅是为了胜任工作。陶行知先生说，人生为一大事来。我把这"大事"理解为"看风景"。人类有两种风景：自然的风景和精神的风景。"行万里路"，是为了看自然的风景；"读万卷书"，是为了看精神的风景。自然的风景是有限的，精神的风景却是没有边际的，这才是无限风光的顶峰。如果静心想想就能发现，在温饱的基础上，人们所追求的一切幸福，归根结底都是为了精神上的幸福。领导干部读书，可以帮助他们拥有宁静的心态、从容的心情、理智的头脑、开放的胸怀，拥有这些无限的精神财富，也就拥有了更为丰富和幸福的人生。

领导干部读书，不仅仅是为了胜任工作，也是为了让自己的人生丰富多彩。领导干部阅读不仅能够有助于科学决策，本身也能率先垂范，引领风尚。领导干部读书有一个特别的作用——对社会有示范作用，上有所行，下有所效。领导干部在讲话里引用什么书，他正在读什么，会从相当程度上影响到一个部门甚至一个城市的阅读风气。从"学习型政党"到"学习型社会"，正体现了这样的示范与推动。

第二，教师要读书。要有教育智慧，没有教育的情怀是成为不了好老师的，而这些都需要通过阅读来获得。在你教室里发生的故事，在其他教室里早就发生过了。人类数千年积累的文明智慧，就在伟大的书里，这些伟大的书就在图书馆里。教师要读书，这是"书香社会"建设中的关键人群，关键人群抓好了，整个社会的推动力就会很强。

教师读书不仅是寻求教育思想的营养，教育智慧的源头，也是情感与意志的冲击与交流。从过去的教育家的著作中，教师可以学习的东西很多。有心的教师会认真阅读教育的重要文献，认真学习不同时代教育家的人生理想与人格力量。读书会让我们的教师更加善于思考，远离浮躁，从而让我们的教师更加有教育的智慧，让我们的教育更加美丽。

在当今社会，教师阅读能够让教育行为更科学，更能够带动孩子阅读。孩子怎么读书？就像群众看领导一样，孩子看老师。有一个爱读书的老师，才会有一群爱读书的孩子，才能帮助孩子真正养成阅读的兴趣和习惯。阅读不仅仅是语文老师的事情，也是所有学科老师的事情。科学、人文、艺术等学科，如果没有爱阅读的教师，永远培养不出爱阅读的学生。阅读正是让教师们站在大师的肩膀上前行的有效途径。

第三，青少年阅读直接影响着未来的"书香社会"建设。一个人一生阅读的种子，可能是在青少年时期才能真正扎根。我曾经讲过两句话："童年的秘密我们远远没有发现，童书的价值我们远远没有认识。"我到过全国很多图书馆，到图书馆以后，首先关注的就是少儿图书馆。不管哪个图书馆，它都必须高度重视青少年的阅读，尤其是儿童阅读。

人在 14 岁以前的阅读体验，对孩子的成长也是至关重要的。人生以后的历程，只不过是前面 14 年所阅读的东西的展开。事实上，孩子长大以后，是用 14 岁以前所阅读的东西、所体验的东西、所经历的东西，用从书本当中获得的基本价值观，用感恩、慈善、友爱等这些最伟大的观念和知识在建设未来。

儿童阅读到底具有什么样的价值？惠特曼说过，有一个孩子每天向前走去，他最初看见并且感受到了什么，他就会成为什么，他的所见所感成了他生命的一部分。这说明早期的阅读对一个人的影响是刻骨铭心的。格林在《童年的消逝》一书中也说过，或许只有童年读的书，才会对人生产生深刻的影响。孩提时，所有的书都是"预言书"，告诉我们有关未来的种种。

从人生前 14 年所读的书中，我们获得激励与启示。人生前 14 年阅读的书，将会对人生产生重要的影响，所以应该让阅读的种子在青少年时期扎根，在青少年时期产生精神的饥饿感，养成阅读的兴趣与习惯。

二、处处有书香

"书香社会"应该是阅读非常便利的社会。政府应该为全民提供良好的阅读条件，在社区、学校、城市、乡村建设合格的图书馆。公共图书馆具备优质的服务体系，人们随时随地可以读书、借书，良好的阅读条件与阅读设施，可以为人们阅读提供最大的便捷。

一个城市的中心图书馆，就是所在城市的"精神会客厅"。对于一个城市来说，公共图书馆是保存、保护和弘扬地方文化，为当地读者提供方便快捷的公共文化服务的场所。一个城市有没有文化品位，这个温馨的"精神会客厅"很重要。

随着社会的发展，不仅要有社区图书馆，还要有民间的阅读空间，生活在社区中的居民要如何才能便捷地获得书，图书馆又该如何跟社区联动、互动？这些都是值得思考的问题。社区图书馆是人们的"精神驿站"，如果能够与藏书丰富的市级图书馆有效合作，流动方便，会更加有利于"书香社会"形成。

实体书店是一个城市的精神风景线。一个城市、一个区域有没有书店，这是建设"书香社会"最基本的条件。今后我们要评估"书香城市"，衡量是不是"书香社区"，首先要看这个地方有没有好的书店，买书是否方便。一个城市有没有文化，有没有品位，在于这座城市有没有一些上档次的、够水准的书店。实体书店在一定程度上也是"精神家园"之一，爱书的人可以在这里聚集。无论时代怎么变，我都希望实体书店能保留自己的人文特色，成为所在城市的风景线。

家庭是社会的细胞，阅读习惯和阅读风气必须从家庭开始传承。我们在推广"书香校园"建设的过程中发现，要建设"书香校园"，"书香家庭"的营造非常关键。有爱读书的父亲，有爱读书的母亲，常常就会有爱读书的孩子。这样的孩子上学以后，他对阅读的兴趣，他的阅读习惯与阅读能力已经初步形成了，这就为学校推广阅读打下了坚实的基础。

韩国在 20 世纪 50 年代，曾经发起"以书柜代替酒柜"的运动。韩国在经济起飞之后，许多富裕的家庭都拥有了酒柜，但没有书柜，于是有了这个口号。我一直梦想着，有一天中国所有的家庭至少有一个书柜，让"书香门第"成为中国永远的传统。什么叫"书香门第"？中国古代的书都是如传家宝一般，代代相传。父亲喜欢什么样的书，传递给孩子，父子间就有了共同语言，所以家庭阅读很重要。

我们的"新教育学校"要求所有孩子都要为自己建一个图书架，在不断阅读的过程中慢慢增加一些书。拥有更多书籍的孩子，就如拥有了一个小图书馆。孩子如果有了永远属于自己的书，等他老的时候还会如数家珍，娓娓道来，作为传家宝一般传授给他的孩子。

"留守儿童"在没有人陪伴的时候，好书应该是陪伴他们最好的朋友。如果有一批温馨的童书伴随他们成长，那孩子们便能获得一点精神的慰藉。书虽然代替不了妈妈，但是书可以成为他的好伙伴。

学生的精神世界如何，在很大程度上与他们的阅读生活有关。学校图书馆就是青少年的精神食堂，食堂的环境和饭菜的质量，直接影响着学生们的成长。我希望有关部门能够建立科学的中国中小学图书馆基本配置，这是保障我们国家青少年健康成长的基本精神营养。希望有关专家和部门携起手来一起做这件事，为书香飘逸校园尽一份力。

尽管现在很多单位的图书馆（阅览室）已经取消了，但我还是主张每个单位要有图书馆（阅览室），它们可以在工作之余成为员工们的"精神加油站"。

现在各地为客房提供书籍的宾馆越来越多，其关键在于如何选书。宾馆客房里要设置小书架，要有一二十本好书和新书。如果有一个城市用心去做好这件事，那么，这个城市南来北往的宾馆，完全可以成为流动的"精神驿站"。

"农家书屋"，应该建设成为乡村的"精神驿站"。我建议应该把"农家书屋"与乡村小学相结合，把书屋建到村小里。让村小的孩子有书读，多读书，读好书。

三、时时闻书香

作为阅读的主体，我们每个人应利用一切可能的时间读书。要想找到读书的时间，首先在思想上，必须真正把阅读当作最重要的事情。我自己的体会是，一天再忙也要挤出 20 分钟读下书，即使是儿童图书。

自来水是压出来的，时间是挤出来的。时间抓起来就是黄金，抓不起来就是流水。要想有时间读书，学会利用零碎时间也非常重要。欧阳修有所谓"三上"读书之说，是很重要的经验之谈。其"马背上"，相当于如今的在坐车旅途中阅读；"枕头上"，也就是睡前阅读；至于"厕座上"，是利用在卫生间如厕的时间阅读。

媒体在阅读推广中具有不可替代的重要作用，应该尽可能把黄金时间留给阅读。现在的媒体是 24 小时不间断的，过去人们在灯光下阅读的时间被电视等媒体占用了。希望电视台把更多的"黄金时段"用来推荐好的诗篇，好的散文，好的书籍。国际上很多著名的媒体机构，报纸、杂志、电视、电台都是把"黄金时段"留给读书的，也因而形成了一批"独立书评人"，通过他们与大众进行对话，让更多的好书为人们所熟悉，也因此熏陶出一批真正爱书的人。

节假日是读书的大好时段。既要看好山丽水，更要读好书佳作。我们生活在两个世界，一个是物质世界，有好山丽水；一个是精神世界，有好书佳作。人生有两道风景，好书佳作的风景，绝不亚于好山丽水的风景。"行万里路"，是为了看好山丽水；"读万卷书"，是为了看好书佳作。两者相辅相成，都可以给我们的心灵以滋养。

自 2003 年起，我一直在各种场合呼吁要设立"国家阅读节"，在全社会营造良好的阅读氛围，唤醒国民的阅读意识，让阅读变成我们中国人的一种日常生活方式，共同把阅读进行到底。

四、好书飘书香

"书香社会"，是一个品质阅读的社会。

如今出版物鱼龙混杂，图书浩如烟海，好书难以追寻，因此"读什么"的问题，已经上升到比阅读本身更重要的位置。正是基于这一现状，我们专门成立了"新阅读研究所"，为幼儿、小学生、初中生、高中生、大学生、父母、教师、企业家、领导人与公务员等不同的人群分别选择阅读书目。

近年来，我们一直在做对应幼儿、小学生、初中生、高中生、大学生、教师、父母、企业家、领导干部的基础阅读书目，有的还正式出版了"导赏手册"。每种书目保持 100 本的基础，我相信这是最好的书目。因为我们会很用心为大家去选，庞大的专家团队会对每本书进行认真研究。

毋庸讳言，当前的"书香社会"建设还存在一些问题：一是人们的思想认识和觉悟还没有到位，没能形成"共识"和"合力"；二是各级政府公共财政投入的资金支持不到位；三是各地围绕"书香社会"组织的一些活动还流于形式。因此，我们应该从如下几个方面来解决：中央和地方政府要大力推动，社会各界要积极参与，还应该成立全民阅读推广的专业机构，如中国阅读学会等，已有的中国图书馆学会阅读推广委员会等组织要积极引领，还要发挥民间阅读组织的作用。

总之，"书香社会"的形成是一个系统工程，需要全社会的共同推动。由"书香家庭"和"书香校园"奠定社会的基础，由图书馆系统作为"书香社会"的枢纽，由媒体积极推广优良读物，发挥好领导干部、教师、家长的关键性作用，共同在儿童和青少年阅读上下功夫，就一定能够逐步推进整个社会的书香构建。

"书香中国·全民阅读推广丛书"（第一辑），是由现任国务院参事室参事王京生先生与中国阅读学研究会名誉会长、南京大学博士生导师徐雁教授共同主编的，于2017年4月在海天出版社出版。具体包括四种，即《书香社会：全民阅读导论》（周燕妮、聂凌睿、马德静编著）、《书香传家：家庭阅读指南》（万宇、周晓舟、李海燕、曹娟编著）、《书香满园：校园阅读推广》（钱军、蔡思明、张思瑶编著）、《书香在线：数字阅读导航》（陈亮、连朝曦、张婷编著）。

为此，我很乐意与徐雁教授联名主编"书香中国·全民阅读推广丛书"的第二辑。本辑共有六种：《分级阅读：读物提升幸福》（尹士亮、李海燕、王成玥、蒋小峰著）、《分众阅读：读物给养头脑》（万宇、王奕著）、《分类阅读：读物优化气质》（周燕妮、唐曦、石莹、王碧蓉编著）、《分时阅读：读物愉悦性情》（蔡思明、江少莉、陈欣、章笑笑编著）、《分地阅读：读物联通文脉》（凌冬梅、郑闯辉、朱琳、林肖锦编著）、《分校阅读：读物增益才华》（徐雁、张思瑶、张麒麟、冯展君编著）。每一部书稿，都在20万字左右。

"书香中国·全民阅读推广丛书"（第二辑）的编著者以"分级""分众""分类""分时""分地"及"分校"的理念，从不同的视角、不同的层面，共同关切着读物对于读者的心智影响，从而在不同程度上深化了全民阅读的基本理念，细化了全民阅读推广的具体方法。书中还通过总结各级各类图书馆的阅读推广经验，具体解析各有特色的阅读推广案例，充实和丰富了阅读文化学的内涵，相信在问世之后，会受到广大图书馆读者和全民阅读界人士的欢迎。

我期待着海天出版社坚持多年的包括"书香中国·全民阅读推广丛书"在内的书香品牌，能够可持续地组稿编辑、出版发行下去，为促进"全民阅读"，建设"学习型社会"，源源不断地提供优良的读物和精粹的精神食粮。

我们期待着"书香中国·全民阅读推广丛书"（第二辑），能够对"促进全民阅读，建设学习型社会"的进程有所贡献，更期待着读者们的批评和教正。

（作者系全国政协常务委员兼副秘书长、中国民主促进会中央委员会副主席）

目 录

分众阅读的概念及发展

传播学理论对"分众阅读"的启示

"分众阅读"一词源自传播学的"分众传播"。在人口统计学特征上，受众分属于不同的性别、年龄、学历、民族、职业、居住地等，在社会群体归属特征上，受众成员的个人差异也非常明显。分众阅读服务则正是基于这种对读者群体的细分而开展的有针对性的阅读推广活动，根据分众（不同特征的读者群体）的特点划分阅读群体，定制不同的阅读服务，来满足这些不同群体的需求。

一、"分众"的概念发展

分众（Fragmented Mass Audience/the Fragmentation of Mass Audience），指的是受众并不是同质的孤立个人的集合，而是具备了社会多样性的人群。美国学者 J.C. 梅里尔和 R.L. 洛文斯坦在 1971 年发表的《媒介、讯息与人的视角》一文中提出：分众不仅体现在受众的社会关系结构中，大众传播媒介的发展也呈现出专业化和分众化的趋势。分众理论的一个前提假设是：人们有着不同的性别、年龄、职业、学历文化，有着不同的个人属性和社会属性，因而他们的媒介需求、接触动机、兴趣和爱好也是不同的，媒介只要对受众进行准确的定位，就能取得较好的传播效果。同时，不同属性特征的受众对媒介的需求有着某种程度的差异，但是在总体上又有着高度的类似性。

对受众的形成这一复杂过程的研究中，最受人关注的议题莫过于"受众的分化"。受众的分化指的是由于人们可以接触和使用的媒介资源愈加丰富，人们可能不断去追寻自己感兴趣的信息和内容。技术的进步使得人们可以越来越精确地从海量的阅读信息中筛选自己想要的材料。这可能带来的后果是阅读越来越个人化，相对松散的阅读人群，即阅读"受众"分化成一个个不同的群体，长久发展，受众可能会产生群体的极化现象（Group Polarization）。

麦奎尔在《受众分析》中把受众分化（Audience Fragmentation）定义为这样一个过程：同样数量的受众注意力被分散到越来越多的媒介源中。作为社会集合体——可能拥有共同经历和同样的归属感——的受众确实终结了，媒介使用者们将不再彼此一致（也不再分享同样的行为模式）。接着，他把对受众碎片化的讨论划分为四个阶段：最初，人们广泛分享同样的媒介经验，同质性较强，还没有出现碎片化，称为一元模式（Unitary Model）；随着媒介内容和频道的数量增长，受众的选择空间变多，出现了多元模式（Pluralism Model），但总体上还在一元模式的框架下；第三个阶段是核心—边缘模式（Core-periphery Model），又称多元一体模式，频道的进一步增加使得人们可能欣赏到与大多数人的喜好、与主流趣味迥然不同的电视节目；最后一个阶段就是分裂模式（Breakup Model），表明受众群体出现更广泛的碎片化和核心的淡化。

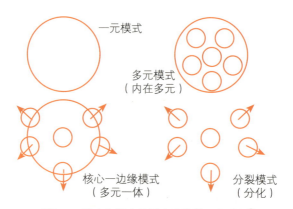

图1-1　麦奎尔提出的受众分化的四个过程[①]

从图 1-1 中我们可以看到，所谓的"受众分化"其实讨论的是受众群体注意力的空间结构，也就是在整个知识空间中，受众群体的注意力究竟是集中的（一

[①] 图片来自《受众分析》，丹尼斯·麦奎尔著，刘燕南，等，译，北京：中国人民大学出版社，2006.

元模式）还是分散的（分裂模式），抑或是处于一种中间状态（即内在多元或多元一体的核心—边缘模式）。关于受众群体注意力流动结构的刻画很有意义，在阅读研究中，它可以帮助我们理解受众群体的分化与分化程度，描绘阅读群体的分众状况是什么样，以及分化到了怎样的程度，对于阅读服务又有什么影响。

在现实的阅读推广活动中，"分众阅读"概念也逐渐使用，并被大家接受。2013 年由广州羊城晚报社主办的"权威荐书 分众阅读"活动，就将读者按职业性质划分人群：国家与社会管理人员、经营与管理人员、专业技术人员、商业服务人员、产业工人、农林牧渔人员、军人等；针对阅读平台和阅读媒介而言，又分为纸质书阅读、电子阅读，电脑 PC 端 Web 阅读和移动互联网终端手机、iPad 阅读等。从以上分析来看，分众阅读主要是一种阅读群体细分，分众阅读体现的是承认差异、尊重个性。分众范围越窄，目标越明确，服务就越有针对性。

二、图书馆推动"分众阅读"的发展

阅读推广是图书馆的核心工作，图书馆的阅读推广服务其实也是一种信息传播的服务，是图书馆等机构为了培养读者阅读习惯，激发读者阅读兴趣而开展的推广工作。如何按照"分众传播"的理念来细分图书馆读者用户群体，满足其个性化的需求，使图书馆的资源与服务更加高效地到达目标受众，已经成为当前图书馆服务的热点问题。公共图书馆为了满足读者不同层次的阅读需求，把阅读推广工作从大众服务推向"分众服务"的服务模式已成为新的趋势。[①]

很多研究者提出了"分众阅读"在图书馆学理论及图书馆实践中的研究思路。从丹认为，分众阅读是基于图书馆学原理和分众传播原理，根据知识层次、文献需求层次及其他个体差异划分读者群，制定相应的阅读推广策略，从而满足个性化的阅读需求。徐雁、谭华军认为，分众阅读推广具有针对性强、服务程度更贴

---

① 从丹.高校图书馆分众阅读推广探究［J］.图书馆工作与研究，2017（12）.

近需求的优势。[1]王成玥通过研究发现，校园分众阅读推广不仅能增加高校馆对不同学生群体及其需求的了解和重视，还能使阅读推广活动更高效。[2]苗意宏等根据高校学生社会化阅读行为的问卷调查，提出了高校图书馆的社会化阅读推广策略，包括进行阅读主体的分众研究，帮助选择阅读交流对象，在低学历、低年级学生中增加推广活动的频次、丰富阅读引导等。[3]李煦基于分众阅读原理，调研高校不同层次读者利用专业文献资源的现状，提出了高校图书馆工作重心转向专业文献资源阅读推广服务的理念。[4]

"分众阅读"是阅读文化学的基本原理之一，而"分地读物推广"，则与"分级读物推广""分龄读物推广""分时读物推广""分类读物推广"等，共同组成为阅读文化学的重要方法论系统。根据研究者徐雁、谭华军提出的分众阅读研究思路，分众阅读研究领域如下图，是以"分众阅读"为切入点，借以提高全民阅读推广的活动价值和社会效能，侧重于分众阅读的应用与实践价值。[5]

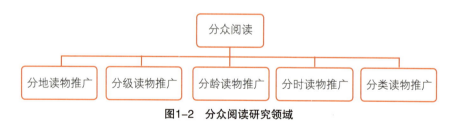

图1-2　分众阅读研究领域

这一研究思路，是基于"分众阅读"与"为人找书，为书找人""书是为了一切人利用的，节省读者的时间给读者所有的书"以及"在适当的时间，给适当

---

[1][5]　徐雁，谭华军.把握分众阅读原理，做实分地读物推广：以湖南地方文献主题著述为中心 [J].图书馆，2017（11）.

[2]　王成玥."水深鱼极乐，林茂鸟知归"——大学校园分众阅读推广探索 [J].图书馆论坛，2017，37（11）.

[3]　苗意宏，朱强，王波.高校图书馆数字阅读服务现状与展望 [J].大学图书馆学报，2017，35（01）.

[4]　李煦.双一流建设背景下基于分众阅读原理提升专业文献资源阅读推广质量的实践 [J].物流工程与管理，2018，40（05）.

的读者提供适当的图书"等图书馆学基本原理，结合了全民阅读的基本要求而形成的一种新的阅读推广理念。

美国未来学家阿尔文·托夫勒（Alvin Toffler）在《未来的冲击》（孟广均译，中国对外翻译出版公司 1985 年版）中，首次提出"分众（demassification）"之说："面向社会公众的信息传播渠道数量倍增，而新闻传播媒介的服务对象逐步从广泛的整体大众，分化为各具特殊兴趣和利益的群体。"1985 年，日本博报堂生活综合研究所在其专著《分众的诞生》（黄恒正译，台北远流出版社 1986 年版）中，明确提出个别化、差异化的小型群体，正在不断分化原来以"划一性"为基础的"大众社会"，形成种种"被分割了的大众"新群体，由此"分众学说"得以正式确立。随后因其首创性和新视角，被广泛地应用于广告、传媒等多个领域，引导着服务方为不同的受众群体提供更为精准的、高质量的信息服务。而随着全民阅读推广工作的深入开展，服务对象也"由传统的'泛用户'逐渐分化为个性化的读者群体"。

"分众阅读"的优势，在于通过调研和掌握读者的基本需求，然后锁定某个或者某几个需求最为迫切的特定目标读者群，推出专属度高、针对性强、服务程度更贴近具体需求的阅读推广活动节目，以改变过往全民阅读活动大而化之、笼而统之的倾向，切实提高其活动价值和社会效能。

第二节　传播学理论对"分众阅读"的启示

一、"信息茧房"理论

桑斯坦在《信息乌托邦》一书中提出了"信息茧房"这一概念。他认为，由于每个信息获取者有着自身的信息需求，而且这种需求本身就有一定的倾向性，因此公众往往会更愿意关注自己选择的东西和那些自己感兴趣的信息领域，久而久之，就会将自身桎梏于像蚕茧一般的"信息的茧房"中。[①]之后有许多学者研究了手机使用行为中的信息茧房效应（Tele-cocooning）。[②]与此类似的概念还有回音室效应、过滤泡泡、信息飞地[③]，等等。正如安德森预言的那样，未来，大众会根据自己的兴趣分裂成一个个小的"兴趣部落"（亚文化群体），且这些"兴趣部落"之间往往不会相互重叠，而是相互平行，形成大规模平行文化（massive parallel culture）。进一步，安德森认为，平行文化将取代流行文化（hit-driven culture），受众会分裂成一个个孤岛，彼此消费着属于自己感兴趣的文化，互不干涉，相互平行，再无所谓的"共同体"。我们可以看到，这些论断对于媒体工作者而言，其打击也是毁灭性的，因为一旦"受众分化"这一假设

---

① Cass R.Sunstein.Infotopia：How many minds produce knowledge[M].Oxford University Press，2006.

② KOBAYASHI T，BOASE J，SUZUKI T，et al.Emerging From the Cocoon? Revisiting the Tele-Cocooning Hypothesis in the Smartphone Era[J].Journal of Computer-Mediated Communication，2015，20（03）.

③ WEEKS B E，KSIAZEK T B，HOLBERT R L.Partisan enclaves or shared media experiences? A network approach to understanding citizens'political news environments[J].Journal of Broadcasting & Electronic Media，2016，60（02）.

成立，就意味着受众实现了完全的"自治"①，媒体建构文化的"共同体"和"集体记忆"的功能不再。因此，受众的碎片化成为受众研究中受到广泛关注的一个核心问题。

二、结构理论

按照吉登斯的结构理论（Theory of Structuration），人的一切社会行为总体上都可以归纳为能动者（agent）与结构（structure）的二元互动关系。事实上，结构因素（如社会经济地位）能够在很多方面影响媒介的使用。例如，复杂网络的研究者们对自然界中的河流网络、生物网络，人类社会中的社会关系网络、电力网络和互联网等网络的研究表明，这些网络结构中都存在幂律，换句话说，表面上看起来毫不相干的两个事物，其本质或内在的机制和原理可能非常相似。无论是人类社会的财富分布、互联网上网站流量的分布，还是"科学界的马太效应"，许多不平等现象存在的根本原因可能就藏在人际交往的结构因素中。②换言之，即便对人的行为模式、理性的抉择（虽然人往往只能拥有"有限理性"）、政府的决策等都不考虑，仅从结构的角度出发便有可能从很大程度上找到富者愈富、穷者愈穷等现象的原因。

注意力也许是一个有助于理解和研究受众的角度，考虑到受众研究面临的诸多困境，韦伯斯特认为，我们用来解释媒体与人关系的理论，已经落后于碎片化的数字媒体世界。要想真正了解受众的形成，需要考虑媒介市场上的所有要素。他从结构理论的视角出发，强调人与媒介资源的互动过程，构建了一个注意力市场（The Marketplace of Attention）的理论框架，用来分析受众的碎片化和其他受众形成的原理和受众行为。他认为，媒介用户（Media Users）、媒介

---

① ANDERSON C.The long tail：Why the future of business is selling less of more[M].Hachette Books, 2006.

② 罗家德.社会网分析讲义（第二版）[M].北京：社会科学文献出版社，2010.

（Media）和媒介测量（Media Measurements）共同构成了注意力市场的三个元素。其中，媒介用户在"有限理性""社会关系"和"日常生活的结构"等各类因素的影响下，形成了纷繁复杂的品位和偏好，对信息和媒介的选择和接触产生了各种各样的需求，而媒介作为信息的提供者，为了更好地与媒介用户进行互动，需要不断迭代更新的媒介测量方式来更好地理解用户，在这样的互动过程中，媒介测量本身也在不断受到媒介和媒介用户两者的影响。注意力市场为我们更好地认识"注意力时代"的受众与媒介的关系提供了一个较为宏观和动态的视角。理解受众就是理解媒介和媒介测量本身。

三、"5W"经典理论模式

对受众的研究由来已久，在传播学研究的早期，被施拉姆奉为传播学奠基人的拉斯韦尔，便从传播过程的角度提出了"5W"理论[2]，将传播学的研究领域大体上划分为5个"W"，即"Who, says What, to Whom, through What channel, with What effects"，这5个"W"中的"Whom"，就是对受众的研究。

在早期的认识中，"受众"这一概念与"大众"被混为一谈，而大众本是一个社会学概念，指的是一个没有自我意识的社会化的群体。早期的研究者们往往将受众视为"一盘散沙"，因而认为媒介可以像子弹一样直达受众，产生强效果，而受众在媒介面前是被动接受者，毫无抵抗力，因而只能接受媒介所传递的信息，如"魔弹论"[3]。法兰克福学派因此对大众传播媒介及其工业进行了强烈的批判，

① WEBSTER J G.The marketplace of attention：How audiences take shape in a digital age [M] .Mit Press, 2014.
② LASSWELL H D.The structure and function of communication in society [J] . The communication of ideas, 1948. 37.
③ 丹尼斯·麦奎尔.麦奎尔大众传播理论 [M] .崔保国，李琨，译.北京：清华大学出版社，2010.

认为媒介工业的发展会将整个社会同化成一个"单向度的社会"。^①然而现实的情况是，受众并非那么不堪一击，他们有内在的需求和能动性，于是诞生了使用与满足理论。文化研究学派同样从正面解释了大众受众中的主流品位和偏好，认为受众会追寻他们喜爱的"流行文化"，这种"流行文化"与大众媒介所建构的"高雅文化"一样，是一种不同的文化类别。

基于这一理论，韦伯斯特针对受众分化的现象，提出了一种基于受众群体的研究路径（Audience-centric approach），这种方式与常见的以媒体为中心的研究（Media-centric）和以个体为中心的研究（User-centric）都不一样，它提倡以受众群体为研究对象，每个个体可能会观看多个媒体，而每个媒体又会有多个个体来观看，因此，媒体和用户之间不再是一一对应的关系，而是会存在一种重叠的现象。既然我们已经把受众看作是主动获取信息的能动者，受众是否有他自身的偏好？在经济学家眼中，人们做什么事都事出有因。人的行为首先是因为有动机，然后人通过理性的思考和判断来回应动机并付出行动，从而实现目标。基于这样的"理性选择"假设，许多社会学家试图从归纳受众的"偏好"中寻求理解受众行为的核心策略。对于受众的偏好，研究者存在许多种不同的观点，有人认为，人们的偏好并不是一成不变的，而是会有多样化的偏好。^②忠诚现象之所以存在，往往是因为受众偏向于规避某种类型，而不是因为直接对某个类型有所偏爱。^③

这些对于受众的研究，受众分化、受众偏爱等方面的探索为"分众阅读"提供了研究路径。不同分众群体对于相应阅读材料的偏爱，阅读途径的习惯选择，阅读行为的相似模式，也要求相应不同的阅读服务模式，这也是本书讨论的重点。

---

① MARCUSE H.One-dimensional man: Studies in the ideology of advanced industrial society [M] .Routledge, 2013.

② WEBSTER J G, WAKSHLAG J J.A theory of television program choice [J] . Communication research, 1983, 10 (04) .

③ MCCULLOUGH M.Ambient commons: Attention in the age of embodied information [M] .Mit Press, 2013.

四、使用与满足理论

使用与满足理论从动机入手，直接绕过了类型偏好或"品味"对媒介选择的作用，转而从人的需求这一根本因素入手，例如鲁宾把人的电视收视行为归纳为9种动机：放松、排遣孤独、习惯、打发时间、娱乐、社交、信息、刺激和逃避。[1]他的另一项研究从更抽象的角度将这些动机归纳为"仪式性"动机和"工具性"动机，刚好对应了传播的"仪式观"和"传递观"这两种观念。[2]

综上所述，"分众阅读"是个在不断发展的概念。传播学、图书馆学、阅读学不断赋予"分众阅读"以新的概念与实践的内容和外延。其核心要点在于把最合适的读物，推介、推送、推广给最合适的"读者"。所谓"读者"，就是经过分化、分析、分层的"分众"，他们首先是有图画、文字、符号阅读和理解能力，并有实际阅读行动的人，其次有各种标签的分类，各种不同的阅读需求。对于阅读推广活动来说，分众读者是主体，因此，有关活动的策划和设计，不仅应当充分贴近读者的阅读需求，尽力做好接地气、连文脉、扬书香的全民阅读推广活动，还要努力把握分众特点、探析分层标签，推动新媒体时代的阅读推广理念与分众阅读的发展。

---

[1] RUBIN A M.Television uses and gratifications：The interactions of viewing patterns and motivations [J].Journal of Broadcasting & Electronic Media，1983, 27 (01)．

[2] 陈力丹.传播是信息的传递，还是一种仪式？——关于传播"传递观"与"仪式观"的讨论 [J].国际新闻界，2008 (08)．

第二章

未成年人阅读的指导与服务

未成年人的类型与阅读特点

儿童阅读能力发展与分级阅读

未成年人的分众阅读服务

早期阅读与家庭阅读服务

未成年人是与成人相对的概念，泛指在一定年龄段以下或未达到某一年龄段的群体。未成年人属于法律术语，在不同的国家，对未成年人的年龄上限有不同的规定。

一、未成年人的类型

在阅读服务的领域，国际图书馆协会联合会（International Federation of Library Associations and Institutions, IFLA，简称国际图联）对于未成年人的分类大体可以分为：（1）婴儿和学步儿童；（2）儿童；（3）青少年。

国际图联针对上述未成年人群体的图书馆服务颁布了三部重要的服务指南，分别是《面向婴儿和学步儿童的图书馆服务指南》（*Guidelines for Library Services to Babies and Toddlers*）、《面向儿童的图书馆服务指南》（*Guidelines for Children's Library Services*）、《面向青少年的图书馆服务指南》（*Guidelines for Library Service for Young Adults*）。参考上述文献，将阅读服务中的未成年人划分为以下类型：

1. 婴儿和学步儿童

根据国际图联的规定，婴儿指的是从出生到 12 个月大的儿童，学步儿童指的是 12 个月到 3 岁的儿童。在我国，婴儿和学步儿童通常用婴幼儿或低幼儿童来表示，通常指 3 岁以下的儿童。

2. 学前儿童

一般指入学前的儿童，不同国家入学年龄不同，因此学前儿童的上限也不同。

3.学龄儿童

指的是达到入学年龄的儿童，可以分为三个年龄段，小学阶段为学龄初期（7—12岁），初中阶段为学龄中期（11、12—14、15岁），高中阶段为学龄晚期（14、15—17、18岁）

4.青少年

广义的青少年指满13岁但不满20岁的（从生理、心理的发展角度上讲），也就是少年与青年相重合的阶段，处于儿童时期之后，成人之前。但实际上，青少年指13岁以上到成年之前（也就是满14岁不满18岁），这一年龄段的人多为学生且进入一种人生的转变期。①

二、未成年人阅读服务的服务对象

国际图联在《面向儿童的图书馆服务指南》中对儿童图书馆服务目标群体的定义是："有单个的或群体的儿童，包括：婴儿和学步的儿童、学前儿童、13岁之前的上学儿童、有特殊需求的群体、父母和其他家庭成员、看护人以及从事儿童工作、儿童书籍和儿童媒介工作的成人。"

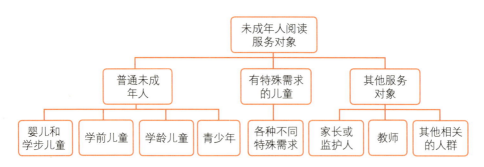

图2-1　未成年人阅读服务的服务对象

---

① 范并思，吕梅，胡海荣.公共图书馆未成年人服务［M］.北京：北京师范大学出版社，2012.

这里，应特别关注特殊需求儿童群体，需要为他们提供特殊的阅读资源和服务。在下一章，本书会做详细描述，请参照下章部分内容。除了阅读资源类型之外，在服务场所的设计和环境布局上，都要考虑到不同身心障碍者的特殊需要，以保障他们平等获取阅读的资源和服务。美国公共图书馆在设计规范时通常参照《美国残疾人法案》，在馆外预留专门的残疾人停车位，入口处设置无障碍通道，书架选择合适的高度，配备专门的残疾人座椅和电梯以及临时用的轮椅，在洗手间等公共场所尽量考量残障人士的需求。[①]

除了身心障碍者，有特殊需求的儿童还包括那些智力发展超常的儿童和有读写障碍的儿童，国外的图书馆通常将英语不是母语，将英语作为第二语言的儿童也包含在内，需要根据种类人群的特点和需求提供针对性的服务，尽量开展不同语言的讲故事活动，这在一定程度上为提供阅读资源和组织活动增添了难度。面对有特殊需求的儿童开展的服务是未成年人阅读服务中的重要部分，同时也是难点所在。

三、未成年人阅读服务的原则

1. 阶段性服务原则

阶段性服务原则是未成年人阅读服务最基本、最重要的原则之一。阶段性服务原则要求针对不同年龄段的未成年人群体设计相应的服务，并且不同年龄段的未成年人之间能够有所衔接。这个年龄段，他们在不断发展，行为能力、心理心智和阅读能力都在高速发展，不同年龄的心理、生理和脑认知等各方面都存在很大差异，个体差别大，这个群体包含不具备自主行动能力的婴儿和学步儿童到完全自主阅读的青少年等不同的人群。

---

① 范并思，吕梅，胡海荣. 公共图书馆未成年人服务［M］. 北京：北京师范大学出版社，
2012.

2. 安全性服务原则

安全性服务原则确保未成年人的安全，也是阅读服务的前提。低幼儿童不具有自理能力，安全意识比较薄弱；而青少年则喜欢尝试，容易出现安全问题。因此比起针对成人的阅读服务而言，安全性服务原则显得更为急切和复杂。

3. 多样性服务原则

针对未成年人的阅读服务要丰富多彩、形式多样，以吸引不同年龄、不同家庭背景、不同智能水平与个人能力、不同兴趣爱好的儿童积极参加。多样性原则也是国际倡导的多元文化服务的基础要求。

注重年龄的多样性。处于不同年龄的儿童具备不同的心理、生理特点，应为他们提供不同的阅读服务。如为婴儿和学步儿童提供手指谣等活动；为学前儿童提供讲故事、亲子阅读和大声朗读等活动；为学龄儿童提供班级访问、阅读指导、暑期阅读、木偶剧、手工制作等活动；为青少年提供暑期阅读、绘本剧、参考咨询、益智活动和展览等。

注重服务对象的能力多样性。特殊需要儿童不仅包括身心障碍儿童，还包括阅读困难儿童、社会交往困难儿童等，针对这些群体可以提供相应服务。本书附录中的"袋鼠妈妈绘本角"项目，南山图书馆的"星星点灯"项目都是注重服务对象能力多样性的服务项目。

注重文化多样性。保持社会的多元文化性，一直都是阅读服务的重要原则。近年来，我国由于人口流动加速和国际化加速，出现了新移民、留守儿童、外国务工者等不同的文化群体，阅读服务中应关注服务的针对性。

4. 平等性服务原则

未成年人阅读平等性服务原则，主要体现在能够自由地使用图书馆及其拥有的各种资源、提供的各项服务，享有与成人同等的权利。阅读指导者的工作是以优质、平等、专业的阅读服务引导儿童阅读，而不是对儿童阅读行为的直接干预。这就需要坚持对儿童平等服务的立场，尊重未成年人的人格与个人尊严，尊重未成年人选择的自由，充分保障未成年人利用阅读服务的权利。

5.便捷性服务原则

未成年人的行为范围更小，这就要求阅读服务点设置在未成年人容易到达的地方，包括儿童所在社区或学校附近，使他们能够方便、快捷地使用阅读服务。未成年人阅读服务通常应该比公共图书馆规定的"15分钟服务圈"或"1公里服务半径"有更多的服务网点，除了服务网点之外，阅读空间的设置、书架的高度、馆内的指引与标识，都需要重点考虑便捷性原则。

第二节　儿童阅读能力发展与分级阅读

一、未成年人与分级阅读

分级阅读理论源于西方，国外对于分级阅读的测评标准经过长时间实践的检验，通过对词汇、句法、读写能力等进行精确的划分，设计出合理的检测的标准，指导具体实践的开展。分级阅读是按照少年儿童不同年龄段的智力和心理发育程度为儿童提供科学的阅读计划，为不同孩子提供不同的读物，提供科学性和有针对性的阅读指导。分级阅读理论就是从未成年人的年龄特征、思维特征、社会化特征出发，研究适合不同年龄阶段少年儿童阅读需要的读物并指导他们如何阅读的理论。

20世纪20年代许多发达国家在科学分析了少年儿童生理和心理发展特征的基础上形成了多种分级阅读体系，使人们意识到阅读分级的重要性。另外，伴随阅读心理学的研究进展和逐渐深入，阅读在学校教育中的重要性也越来越受重视。20世纪60年代美国政府开始资助科学性的阅读教育和阅读指导。进入90年代后期，阅读教育进一步成为美国联邦政府和整个社会关注的重点问题之一。纵观西方发达国家阅读教学的发展，新的教学模式和教学方法总是在对旧教育体系的批判和完善的基础上而产生的[1]。国外比较常见的分级阅读主要有两种分级方式：一种是指导型的阅读方式，从A–Z，A是最简单和初级的，根据26个字母的排列、面对的读者群分成26个级别；第二个分级标准，就是蓝思（Lexile，也有译作莱克赛尔）分级系统，其实是一个分数的系统，从初读者开始划分，最高到1700分。

---

[1] 魏宏聚.美国阅读教学改革所受质疑评析[J].比较教育研究，2004，25(11).

扬州钟书阁儿童阅读区
（万宇 摄）

1. A–Z 分级法（Guided Reading Level）

该方法将图书按 A–Z 进行分级，共 26 级，从 A 到 Z 难度递增。它是由凡塔斯和皮内尔（Fountas&Pinnell）两位阅读专家开发的一套图书分级系统。在其官网上已有 32000 种图书被分级，且在线分级书单每月更新。A–Z 分级法是一个应用较广泛的分级方法，很多数据库采用其分级作为检索项，或用以标注图书级别。

其分级标准既有一套电脑运作的测试程序，也依靠人工。测试标准的主要因素包括：全文词汇数量、单词数量、高频词汇数量与比例、低频词汇数量与比例、句子长度、句子复杂度、句义明晰度、句式、印刷规格、每页词汇数、插图信息量、思想深度、主题熟悉度等。其中客观因素靠电脑分析，主观因素如图例、句子复杂度、思想内涵等则靠训练有素的分级阅读专家进行分析。

A–Z 分级法的特色在于：（1）其分级标准将图书的主观因素和客观因素综合考虑，采用电脑软件和专家分析相结合的办法，从而避免了蓝思的"机械化"；（2）如果说蓝思分级侧重语言训练和读物难度，A–Z 分级法则在难度基础上更看重图书的内容、深度、印刷等主观要素，因而它对少年儿童的阅读培养来说，更具针对性和推广意义；（3）其不足之处在于它没有对读者阅读水平的测试，不过由于和DRA（Developmental Reading Assessment，阅读发展评价体系）等阅读水平检测方法配合使用，这一缺陷得到弥补。

2. 蓝思（Lexile）分级法

蓝思的分级结构已经经过了将近40年的发展了，是非常科学、客观的一种衡量方式。蓝思的分级结构主要包含两方面的内容，一方面会对读者本身的阅读水平进行测量，另一方面也会对图书的一个难易程度进行测量。

蓝思分级法由美国国家儿童健康与人类发展研究院制定。在分级标注中，蓝思（Lexile）是衡量读者阅读水平和标识出版物难易程度时使用的单位。简单来说，一个蓝思（Lexile）是一个难度单位，读懂一本初级低幼读物与读懂一本百科全书之间差距的千分之一被定义为1个Lexile。蓝思最高分值为1700L。蓝思有一套阅读水准测评系统，包括词汇、阅读理解、熟练程度及写作几个部分的考核，共有两套，分别针对2—5年级、6—12年级。读者可以先对自己的阅读水平进行测试，得到一个分值，然后选择相同分值的书籍。每一个分值的相应书籍包罗面都很广，读者一定能找到自己感兴趣的书，而无须去读不感兴趣的规定读物。在蓝思官网上，除了分值，还有其他检索项，如关键词、图书类型、蓝思代码、页数等。

蓝思分级法对读物的分级主要依据语意难易程度、单词出现频率、句子长短等。语意越难，单词出现频率越低，句子越长，蓝思值越高。蓝思系统分析各项因素，然后通过计算，确定一个读物的难易程度，赋予其对应的蓝思值。

蓝思分级法基于这样一个观点，如果一个孩子独立阅读一本书，能够理解75%的内容，那这本书就是最适宜他的读物。75%的理解标准让孩子既能够读懂足够的内容来欣赏一本书，同时也面临一些挑战，这样孩子不会因为太过简单而失去兴趣，也不至于因为太难而放弃。

借助蓝思分级，孩子们在阅读的过程中，选择适宜的读物，从最初理解75%开始，在家长和老师的指导下，提高理解程度，然后过渡到更高级别的图书阅读，从指导型阅读慢慢发展到独立阅读。

另外，蓝思还开发了一个与分级标准配套的语言训练项目——"蓝思专业进

表2-1　美国不同分级阅读体系转换表

Learning A-Z	Grade	Ages	Lexile	Acceleorated Reader	DRA	Fountas &Pinnel	Reading Recovery	PM Readers
	K	4-6	BR70L-10L	0-0.9	A-1	A	1	Starters 1
A	K	4-6		0-0.9	A-1	A	1	Starters 1
B	K	4-6	BR40L-160L	0-0.9	2	B	2	Starters 2
C	K	4-6		0-0.9	3-4	C	3-4	3-4red
D	1	4-7	160L-310L	1-2.4	6	D	5-6	5-6red/yellow
E	1	6-7		1-2.4	8	E	7-8	7-8yellow
F	1	6-7	300L-450L	1-2.4	10	F	9-10	9-10blue
G	1	6-7		1-2.4	12	G	11-12	11-12blue/green
H	1	6-7	430L-530L	1-2.4	14	H	13-14	13-14green
I	1	6-7		1-2.4	16	I	15-16	15-16orange
J	1	6-8		1-2.4	18	J	17	17turquoise
K	2	7-8	510L-620L	2.5-3.5	18	J	17	18turquoise
L	2	7-8		2.5-3.5	20	K	18	19-20purple
M	2	7-8	530L-810L	2.5-3.5	24	L	19	21gold
N	2	7-8		2.5-3.5	28	M	20	22gold
O	2	7-8	600L-850L	2.5-3.5	28	M	20	22gold
P	2	7-8		2.5-3.5	28	M	28	22gold
Q	3	7-9	660L-930L	3.6-4.2	30	N	30	23silver
R	3	8-9		3.6-4.2	30	N	30	23silver
S	3	8-9	790L-940L	3.6-4.2	34	O	34	23silver
T	3	8-9		3.6-4.2	38	P	38	25emerald
U	4	8-11	820L-1030L	4.3-4.9	40	Q	40	26emerald
V	4	9-11		4.3-4.9	40	R	40	26emerald
W	4	9-11		4.3-4.9	40	S	40	27ruby
X	5	9-11	890L-1080L	5.0-5.5	40	S	40	28sapphire
Y	5	9-11		5.0-5.5	40	T	40	29sapphire
Z	5	9-11		5.0-5.5	50	U-V	N/A	30sapphire
Z	5+	9-11+	920L-1120L	5.6-6.3	60	W-X	N/A	N/A
Z	5+	9-11+		6.4-6.9	70+	Y-Z	N/A	N/A

阶计划"（Lexile Professional Development），可供幼儿园至高中的老师、阅读专家、图书馆专家、校长、写作课教师、课程管理者等使用。

蓝思分级法的特色可以概括为：（1）能够对出版物难易程度和读者阅读水平用同一套分值体系进行检测，十分方便读者了解自己水平，并据此去寻找难度适中的读物；（2）分级标准精确、量化、可操作性强，其意义不仅在于"课外阅读"，更是一个语言发展、阅读能力、写作能力的综合训练工具，是一套行之有效的训练模式，它让学习语言、阅读和写作变得目标清晰、有章可循；（3）其缺点在于它主要是针对语言能力的提高而设计的，不涉及读物的思想性、艺术性等主观要素，只关涉语言难度的水平判断，不涉及价值判断。精确和量化就像一柄双刃剑，优点同时就是缺点，因为思想深度等主观要素是无法量化评级的。

3. 阅读发展评估体系（Developmental Reading Assessment，DRA）

"阅读发展评价体系"是用来测定少儿阅读能力的一个标准，教师或家长可根据测试结果来寻找水平适合的图书，以提高少儿阅读能力。测试内容着重读者阅读的准确度、熟练度和理解程度等，其目标是帮助每一个学生成为独立、成功的读者。DRA 的应用很普遍，首先这个测试成绩与学生年级水平相关联，比如二年级开始 DRA 成绩应为 20，中间 24，到二年级结束为 28。然后它也与 GRL（Guided Reading Level，"指导阅读体系"）、Lexile、RR（Reading Recovery，"阅读校正体系"）等分值相关联，比如 DRA 分数为 30，相当于 GRL 为 N、600L、RR 的 21 分。很多网站提供几种分级标准的对照表，以便于读者正确使用图书分级目录。

DRA 测试有点类似于我们的语文考试，不同的是其考核内容与目标更为清晰，其手段与结果也更具参考价值，值得我们的语文教学借鉴。

此外，RR（Reading Recovery，"阅读校正体系"）、AR（Accelerated Reader Level，"阅读促进分级体系"）、RC（Reading Counts Level，"阅读数量分级体系"）等与此相似，作为发展成熟的阅读计划，针对不同的目标诉求，制定不同的测试标准来检测读者水平，以便于提高。值得注意的是，不同测试体系的分值都可以相互关联。

在我国，儿童分级阅读研究主体主要在出版领域和图书馆领域。国内出版界越来越重视儿童创作分级、策划分级、出版分级等，但这种分级带有很大的主观色彩，基本上是基于对儿童读者年龄的简单划分。2007 年贵州人民出版社蒲公英童书馆率先提出分级阅读的理念。2008—2009 年南方报业传媒集团旗下的南方分级阅读研究中心、接力出版社的接力儿童分级阅读研究中心成立。南方分级阅读研究中心作为国内第一个非营利性的专业阅读研发推广机构，研发并制定了《中国儿童青少年分级阅读内容选择标准》和《中国儿童青少年分级阅读水平评价标准》，但该标准将分级阅读设定为"课外阅读"，"阅读内容选择标准"只针对1—9年级学生的课外图书。而接力儿童分级阅读研究中心推出的《中国儿童分级阅读参考书目》主要是采用精选儿童读物的形式，属于儿童阅读推荐书目性质的阅读分级。

2011年8月国务院制定并发布《中国儿童发展纲要（2011—2020）》，其中明确提出，"推广面向儿童的图书分级制，为不同年龄儿童提供适合其年龄特点的图书，为儿童家长选择图书提供建议和指导"。

根据李云飞、袁曦临的研究和统计，国外研究儿童分级阅读的核心学科领域为心理学、教育学与教育研究、康复护理学、神经科学、公共环境及职业健康学、内科、精神病学、儿科学、语言学、社会科学、图书情报学等领域。由此可见，儿童分级阅读作为一个跨学科研究领域，主要可分为三大类型：（1）以心理学、语言学、行为认知、神经科学、教育学为主的认知心理学研究领域；（2）以临床医学、健康护理、儿科学为主的生命科学领域；（3）以图书情报学为主的社会研究领域。儿童分级阅读研究横跨自然科学与社会科学，是一个跨度非常宽的研究领域。[1]高频关键词集中在"易读性"（readability）、"健康认知力"（health literacy）、"读写能力"（literacy）、"耐心教育"（patient education）、"阅读障碍"（dyslexia）等方面。由此可知，国外儿童分级阅读研究多关注儿童阅读文本的易读性，儿童自身的认知能力、读写能力、阅读障碍以及教育等方面。通过对上述高频关键词的归纳，可以明确国外儿童分级阅读研究主要关注三个主要方面：儿童自身阅读能力等自身因素，阅读文本的难易程度以及老师或家长教育方式等外在因素。

---

[1] 李云飞，袁曦临.国外儿童分级阅读研究现状述评［J］.图书馆杂志，2019，38（03）.

二、国外分级阅读研究的启示

分级阅读研究是一个涉及心理学、语言学、教育学、图书馆学等诸多学科的跨学科复杂领域。这些研究的理论和方法影响到国外阅读分级标准的设计和阅读分级的推广。而儿童读物的易读性或者说可读性是阅读分级的核心问题。

"可读性"虽然是一个较为主观的概念，但通过读物的可读性测量可以达到阅读分级的目的。因此衍生出了可读性公式（Readability Form）的研究。蓝思分级是由美国国家儿童健康和人类发展研究院（The National Institute of Child Health and Human Development，NICHD）研制的分数系统。蓝思分级认为，儿童的阅读能力独立于文本，阅读理解其实是阅读能力作用于阅读文本的结果，即阅读理解＝阅读能力 – 文本难度，阅读分级的关键是对文本的难度进行测量。[1]蓝思分级包含两方面：一是对读者自身的阅读水平进行测量（Lexile Reader Measure），二是对文本的难易程度进行测量（Lexile Text Measure），并以此进行相互匹配。

由于汉语与英语有着本质差别，英语重结构，汉语重语义，我国几乎不能直接借鉴或采用国外的阅读分级标准，但是以上关于国外儿童分级阅读方面的研究，对我国儿童分级阅读研究有参考价值。比如，可借鉴国外研究方法，加大量化研究，针对汉语和英语存在的差异，考量影响汉语文本难度的变量和权重，设计出基于汉语的儿童读本可读性公式。目前国内儿童分级阅读的概念主要由出版社舶来，缺乏科学的分级依据。[2]参考国外关于儿童分级阅读的研究方向和方法，对国内儿童分级阅读研究有一定帮助，从而真正促进分级阅读体系的构建。

---

[1] Smith M，Turner J，Sanford-Moore E.The Lexile Framework for Reading: An Introduction to What It Is and How to Use It [J] .Pacific Rim Objective Measurement Symposium（PROMS）2015 Conference Proceedings，2016.

[2] 罗德红，余婧 . 儿童分级阅读研究的中美对比分析 [J] . 图书馆，2013（02）.

另一方面，在儿童阅读过程中，认知能力是理解阅读文本的一个重要因素。儿童在不同阶段有着独特的认知结构，这些相对稳定的认知结构会影响儿童的行为特征。如：一岁左右的儿童集中注意力玩玩具的时间仅能维持 2 秒钟；两岁左右的儿童能集中注意力玩玩具的时间可持续 8 秒。①对儿童阅读认知能力的研究，有助于掌握儿童的认知水平，帮助儿童选择符合其认知水平的阅读文本，从而使儿童拥有良好的阅读体验和效果。因此，研究儿童阅读认知能力，遵循儿童认知发展规律，能够帮助研究人员构建科学的儿童分级阅读体系。

美国政府认为国民的阅读力与国力密切相关，因此为阅读教育提供了很大支持。例如小布什总统提出的 NCLB（No Child Left Behind，"不让一个孩子落后"）法案，专门制订了针对 K-3（从学前班到三年级）儿童的阅读优先计划（Reading First），以及专门针对学前儿童的早期阅读优先计划（Early Reading First）。由于英美儿童阅读分级研究的深入，公共图书馆针对儿童阅读的服务不仅设计精准，而且服务效果也突出。美国儿童图书馆服务协会 1995 年开始推出的"生而阅读"计划以及美国公共图书馆协会开设的学龄前儿童识字项目在全美都颇具影响力。英国公共图书馆通常把未成年人分为 5 岁以前，5—12 岁，12—18 岁三个年龄等级。5 岁以前的儿童，图书馆为他们提供画板、立体书和触摸式婴幼儿读物，开展的活动有"跳跃的旋律"和"幼儿故事小组"。"跳跃的旋律"针对 3 岁以下的婴幼儿和父母，主要分享童谣和小故事；"幼儿故事小组"则针对 3—5 岁的幼儿及其父母，通过讲故事活动增加孩子的词汇量和知识储备。②德国布里隆市图书馆的"阅读测量尺"是非常有影响的儿童阅读服务。"阅读测量尺"分成赤、橙、黄、绿、青、蓝、紫以及粉红、桃红、橘红 10 段。上面印有年龄、身高及每个年龄段孩子最佳阅读和语言提高的信息。10 个色段分别对应儿童从婴儿至 10 岁的整个阅读过程，从触摸书开始，到学会翻页，数数，听故事，

① 赵思杭.基于认知规律下儿童分级阅读状况研究［J］.现代交际，2017（19）.

② 熊惠霖，黄如花.英国公共图书馆未成年人阅读服务的实践及启示［J］.图书馆建设，2013（08）.

讲故事，直至逐字逐句地读懂文章。这种测量尺可以挂在家里、幼儿园、阅览室，甚至公共场所的等候区，在德国随处可见，用以提醒父母根据不同年龄阶段孩子的特点选择书籍。

总之，儿童阅读分级理论以及相应的分级标准和框架，能够科学合理地指导公共图书馆的儿童阅读服务，以及阅读推广项目与活动的开展。根据儿童分级的理论及其研究成果，图书馆可以有的放矢地遴选合适的书籍供儿童阅读，也为家长指导孩子建立阅读习惯提供依据。随着我国对生育政策的调整，二孩政策的放开，儿童的教育和健康成长将会被提升到空前高度，提出基于汉语的儿童阅读分级标准和框架不仅可以为学校教育、图书出版行业提供参照基准，也可以为阅读服务和阅读推广提供理论依据，对于公共图书馆、出版社及基础教育等领域都具有理论指导价值和现实意义，特别是对于我国儿童阅读服务和阅读推广有着更大的现实意义。

三、儿童阅读能力发展

儿童阅读能力发展与年龄息息相关。根据儿童的发展历程，可以分为以下几个阶段：

1. 准备阶段

这个阶段是阅读发展的基础，是指孩子从出生到 6 岁期间。从教学角度看，在这个阶段应教一些与阅读发展有关的基本能力，如视觉辨别、听觉辨别，眼、手及动作协调能力等。同时，这一阶段也要注意培养孩子积极的情感，扩大孩子的阅读概念等。

2. 学习阅读阶段

这一阶段的主要目的是培养儿童学会建立发音与语言符号之间的关系，强调认识词汇，建立阅读的自信心。听知觉与视知觉、更好地倾听与运用语言等能力也需在这一阶段得到不断发展。这一阶段的任务主要有：学习拼音及字的发音；利用前后关系和图片线索获得意义；用不同的语调进行大声朗读；理解口头语言与书面语言之间的联系与区别；会用字典；等等。

3. 阅读技能的迅速发展阶段

在这个阶段，学习全面的基本阅读技能十分必要。从二三年级开始，这期间的主要任务有：扩大词汇量；提高阅读理解能力；增强独立进行词分析的能力；建立阅读兴趣；鼓励学生对各类材料进行广泛的阅读；加强默读能力；鼓励儿童的娱乐性阅读，如看小说、杂志、报纸。

4. 泛读阶段

此阶段一般发生在小学中高年级，是运用多种阅读方法和材料时期，提高对研究性材料的选择、评价及组织技能和默读速度，强调独立地阅读。这个阶段的任务有：不断提高对材料的阅读兴趣；进一步扩大词汇量；发展理解技能（主要观念、次序等的理解）；提高词分析技能；增强理解和学习的技能；较好地把握阅读的速度与节奏。

5. 精读阶段

这个阶段的任务是：可以根据不同的目的来改变阅读的速度以提高阅读效率；越来越精确地理解阅读材料；强调对结论和中心思想的推断；注重音调和语气的应用。

6. 学龄段阅读

一般来说，低年级儿童由于拼音知识处于初学阶段，对语言符号的知识尚需巩固，他们进行阅读时多数要靠父母的帮助，很难完成独立阅读。随着年级的升高，通过拼音的学习，儿童对声母、韵母和声调的组合规则形成了外显的认识，能够运用字形—音位转换规则对字符再编码，语言意识和阅读能力快速提高。识字量的增加使儿童阅读书籍的内容和范围更加宽泛，独立阅读逐渐成为儿童主要的阅读方式。

有研究结果表明，小学三年级儿童已经具备了一定的汉语拼音知识，能够较好地运用视听觉加工进行语言意识作业和阅读，父母有阅读习惯并经常鼓励孩子阅读，多给孩子购买喜欢看的课外书，都有助于儿童语音加工能力的提高，促进其阅读能力的发展。

扬州钟书阁（万宇 摄）

与他人分享阅读感受对小学高年级儿童阅读技巧的发展有着非常显著的影响。父母并不是给孩子买的书越多越好，而是要加强与孩子在阅读中的交流，鼓励孩子分享他们的阅读感想。

三年级儿童已经具备一定的独立阅读能力，相对于单纯的听故事，他们更愿意进行独立阅读并与家长交流互动。因此，在本阶段，家长经常给孩子讲故事对儿童语言意识发展的促进作用并不明显。儿童独立的阅读行为还包括儿童每天看电视的时间。有研究表明，每天看电视时间在 1 小时左右的孩子，语言加工能力较高。说明适当地看些有益的电视节目、多与父母进行交流，不仅能够锻炼短时记忆能力，还能促使语言能力的提高。但看电视时间过长，不仅对孩子视力发育有严重损害，还会因为沉浸于电视节目中缺乏与他人交流而导致儿童语言表达能力减弱，对儿童语言加工能力的发展产生负面影响。

未成年人的阅读，总体而言，是一个从有趣引入门到有用去拓展再到有益去提升的阶段。所以，家长在创造优越的家庭经济条件的同时，应该积极地参与和实行亲子共读，多给予儿童鼓励和正确引导，培养儿童独立阅读和学习的兴趣。这对于儿童语言能力和阅读能力的发展都有重要的现实意义。

每个阅读阶段都有不同的阅读策略，学前是亲子共读引发兴趣，学龄初阶段是海量阅读奠定基础，中学段就是休闲阅读张弛有度。未成年段是让儿童爱上阅读的最佳时期，也是让父母、家庭共同认识到阅读重要性的重塑时期。

第三节　未成年人的分众阅读服务

一、不同年龄段的阅读服务

1. 婴幼儿阅读需求与服务

婴幼儿时期是开发智慧潜能的关键期，终身阅读习惯也源于儿童期所感受到的阅读的快乐。婴儿主要通过感官刺激学习，通过眼睛、耳朵、手、脚、嘴巴来认识这个世界。对于这一阶段的儿童来说，阅读不仅是视觉的，也是听觉的，甚至是触觉的。可以提供一些供婴幼儿翻阅触摸而且不易毁坏的书，如布书、塑料书、立体书等。可以为婴幼儿选择与孩子生活经验比较接近的内容，以动物为主逐渐过渡到植物、人等，选择的题材由与婴幼儿日常相关的儿歌、故事逐渐过渡到与自然、周围生活相关的儿歌、故事、散文等，与生活、游戏相关的图文说明书等。孩子普遍喜欢概念图书，有趣味的故事、重复讲述的故事。

这一阶段，儿童阅读的场所主要是在家庭中，阅读服务可以指导家长进行一些启发式的口述阅读活动，提高语言能力，开阔孩子的视野，激发阅读兴趣。

2. 学前儿童的阅读活动

学前儿童语言技能、词汇扩展很迅速，在这一阶段儿童对"语言"和"文字"已经开始具有一定的相关知识了，并从生活经验中逐渐了解文字的功能。儿童开始进入喜欢语言游戏的阶段，这时可以与父母进行一些阅读的互动活动。他们能将故事内容与自己的生活经验联系起来，敏锐地感知故事发生的顺序、空间关系等。他们对于语音也更加敏锐，喜欢各种想象性游戏，可以进行简单的手工活动。这些都可以与阅读活动相结合，融合游戏、绘画、说话、音乐欣赏、手工、拼图、表演等形式，激发儿童的阅读兴趣和提升儿童的阅读能力。

3.学龄初期儿童的阅读活动

计算、合并和合作（Calculate，Consolidate，Cooperation）的能力在学龄初期得到发展，这个阶段的儿童从读图逐渐转为读字。孩子开始主要探索文字，对阅读过程中所出现的不熟悉的词语非常敏感，能掌握大量丰富、生动的词汇，对制作图画书、编写新故事有兴趣，开始能够讲故事给自己听或进行简单的猜测阅读。这一阶段的儿童求知欲强、接受能力强，阅读能力提升也很快，阅读服务以提供童话、语言、故事等儿童文学作品为主，特别是一些情节曲折、幽默的故事。

4.青少年时期的阅读服务

这一阶段的儿童有追逐社会热点倾向，喜欢玩手机，可以处理一些抽象的推理，开始发展自己的个性，研究和学习的技能增长。他们普遍喜欢阅读现实小说、探险、传记。阅读涉及面广，对非虚构性作品也很有兴趣，如科普与百科。开始阅读章节图书和材料，开始独立阅读和学习。同伴之间开始互相推荐读物并探索相关话题，阅读开始具有社交功能。

这一阶段的孩子已经具备了相当的自主阅读能力，阅读俱乐部和读书会等活动会受到他们的欢迎，阅读服务须做好与家庭、学校的协同，利用优质的教学资源和校园环境，与社会各方面力量参与儿童阅读指导。

二、不同载体的阅读服务

1.纸质文献的阅读服务

传统的阅读服务是以纸质文献为主，纸质文献载体灵活，容易获取、存储和收藏。阅读纸质文献不拘于空间、地点的限制，携带方便，即使长时间阅读，光线充足柔和的话，对视力影响也不大。针对未成年人的纸质文献阅读活动可开展展示型活动，如书目推荐与图书陈列，专题书展，借阅排行榜，立体延伸导读功能，搭建阅读分享平台与阅读成果展示区，主题沙龙活动等。

2. 视听阅读的阅读服务

视听阅读是未成年人最重要的阅读方式。当下的媒体环境，多种形式的阅读更受年轻人的喜爱。视听阅读解决了未成年人识字有限、好动、注意力难以集中的问题，音频视频阅读形象生动，强化了阅读效果。另外"真人图书馆"形式也适合未成年人进行阅读。传统阅读环境设置一般定位安静，但视听阅读方式要求小剧场、活动室或者放映室，要求有隔音设施。因为服务于未成年人，人数不宜过多，10—30 人为宜，时间也应该控制在 30—45 分钟。

3. 新阅读形式的服务

数字阅读与移动阅读主要包括以数字化呈现的阅读内容，如电子书、电子地图、博客、网页等，以及阅读媒介的数字化，如各种电脑、MP3、手机、阅读器等。未成年人对新生事物掌握得快，喜欢尝试新阅读形式。新阅读形式对于儿童心智发育、儿童阅读能力、儿童社交能力及儿童身体（如视力）等的影响不明，应积极慎重地开展。

三、不同阅读活动的组织与服务

1. 亲子阅读活动的组织

亲子阅读是指家庭情景中父母和孩子共同阅读图书的一种阅读活动。亲子阅读可以帮助幼儿掌握词汇，为幼儿提供印刷符号的经验和故事的叙述结构，对培养幼儿的口语表达能力、阅读能力和学前书写能力大有帮助，并能促进幼儿社会化的发展。

选择适合儿童阅读的图书，举办多种形式的亲子阅读活动，设计科学合理的亲子阅读空间等都有益于亲子阅读。同时，辅导家长掌握阅读技巧是推动亲子阅读的有力保障，组织亲子阅读活动，可帮助家长掌握朗读技巧，参与模仿图书情节内容，充分调动孩子阅读图书的积极性；让儿童在游戏中阅读，并且通过反复阅读材料，提高阅读兴趣，提升阅读动机；可鼓励家长利用零碎的时间进行阅读，确定固定的时间开展亲子阅读活动。

2. 自主阅读活动的组织

自主阅读包含两个含义。一是"独立阅读"，儿童独立地阅读读物。独立阅读能力的形成发生在亲子阅读期间，研究表明儿童在 3—8 岁期间形成自主阅读能力，之后儿童可以自己选择，独立阅读文献。二是自由自愿阅读，强调阅读是主动自愿的阅读行为。特征是：兴趣与主动独立性是儿童自主阅读的初衷，创意与创新是儿童自主阅读的核心。尤其是学龄儿童，阅读多半为教师家长指定，不妨还孩子更多的自由空间和自主阅读的实践，让孩子在自主阅读中思考问题，寻找解答的方法，培养终身阅读者。组织自主阅读活动，要注意让儿童真正拥有选择权，并保持一致性和持续性，同时注意在儿童阅读时，家长、教师及阅读服务者也应进行阅读，为儿童做好示范。

第四节　早期阅读与家庭阅读服务

一、早期阅读的指导与服务

（一）儿童早期阅读的内涵

早期阅读主要是针对学前儿童的读写能力提出的概念，儿童的阅读和书写能力不仅包括认读和书写的技能，也包括一系列与读写有关的态度、期望、情感、行为技能等，在国外通常被称为"读写萌发"（Emergent Literacy）或"早期读写"，国内则习惯称之为"早期阅读"。综合而言，早期阅读是婴幼儿从口头语言向书面语言过渡的前期阅读准备和前期书写准备，包括一切与书面语言学习相关的内容。

早期阅读不同于早期识字，识字只是儿童学习书面语言的一种内容和方式，而不是唯一的内容和方式。早期阅读侧重于成人根据幼儿身心发展的特点，通过各种方法引导幼儿对阅读过程产生兴趣，继而培养幼儿良好的自主阅读能力和习惯。早期阅读的目的不同于成人阅读，它的重点不在于让儿童通过阅读获得知识，而在于在阅读过程中培养幼儿对于阅读的兴趣，帮助幼儿形成一些基本的阅读能力。弗里思的阅读发展理论认为，儿童阅读能力的发展要经历三个阶段：字符阶段、拼音阶段和字形阶段。（详见下表）

表 2-2　儿童阅读能力发展的阶段

阶段	特点
字符阶段 （logographic phase）	儿童将字词作为一个整体的视觉图形来记忆，在此阶段中，儿童获得的词汇大多是表示具体事物或概念的词。儿童通常在掌握前几十个词时采用的是这一策略。但随着词汇量的增加，相似词越来越多，字符策略越来越无效

（续表）

阶段	特点
拼音阶段 （alphabetic phase）	儿童掌握和运用字形—音位（grapheme-phoneme）对应规则（GPR）来识记字词。由于掌握了字形—音位规则，儿童的词汇量迅速增加
字形阶段 （orthographic phase）	儿童可以不借助或较少借助语音知识，直接将词语分析为基本的字形单元，从而达到识别的作用，即read by sight，阅读速度极大提高

（二）早期阅读对儿童发展的价值

在国际学前教育领域，早期阅读已经成为早期教育研究的一个热点问题，各国的学者和研究人员分别从不同的角度出发探讨儿童的早期阅读教育，目前学术界已基本达成共识，即早期阅读对儿童发展和学业成就具有十分重要的影响。

1. 早期阅读有利于大脑的发育、成熟

美国最新脑科学研究成果表明脑的信息约八成是通过视觉获得的，大脑在生命早期飞速发展，因而视觉刺激对幼儿早期神经网络的发展至关重要。而且，研究发现，语言理解区域的发育比口语表达中枢早。这一结果可以理解为正因为早期阅读提供了积极的视觉刺激，给儿童展现了图文并茂的视觉材料，加快了大脑神经组织的发育和成熟，促进了儿童思维的发展。

2. 早期阅读有利于儿童认知的发展

早期阅读的读本以图画为主，画面所提供的鲜明、直观、生动、具体、形象的刺激能吸引幼儿聚精会神地注意及观察。同时，早期阅读中的任务是具体、明确的，幼儿要理解书本的内容，故事情节的前后关系，主要人物身上发生的变化等，就需要不断地组织和控制着自己的注意力，对画面认真地进行观察。因此，早期阅读有利于维持并发展幼儿的有意注意和观察能力。早期阅读与想象力有着很大的关系。想象是人脑对原有表象进行加工改造、建立新形象的心理过程，而早期阅读的过程就是调动已有的表象，循着线索对已有表象重新建构的过程，对幼儿来说就是把眼睛看不见的故事世界变成自己心中看得见的画（形象）。在一项对 3—6 岁幼儿的混龄班进行的长达一年的观察研究中发现，随着年龄和阅读经验的积累，幼儿想象的有意性逐渐发展，想象的内容逐渐丰富完整，并且再造想象的创造性成分也逐渐增加。早期阅读还是提高幼儿语言能力的重要途径。早期阅读可以丰富幼儿的词汇，拓宽知识面，形成良好的听说习惯，帮助幼儿使用恰当的语言进行交流。有关研究表明，阅读能力强的幼儿同时也具有较强的语言能力，早期的图书阅读能够带领幼儿超越他们原有的语言形态。早期阅读能够激发幼儿的阅读兴趣和学习动机，是幼儿成为成功阅读者的基础。

3. 早期阅读可以促进幼儿个性、社会性的发展

在早期阅读活动中，幼儿在成人的陪伴下一边欣赏图画书，一边倾听有趣的讲解，是一种积极的情感交流和满足，幼儿能够感受到被关注、重视、接纳和了解，对于幼儿情感的稳定发展具有重要的意义。学前期是幼儿个性初步形成的时期。婴儿期的心理活动是零散的、片段的、无系统的，没有形成稳定的态度、行为方式及有稳定倾向性的个性系统。而到了学前期，幼儿心理活动的独立性和目的性逐步增长，开始逐步发展最初的一些比较稳定的个性倾向，包括兴趣倾向、道德倾向、性格倾向等。早期阅读通过生动有趣的故事向幼儿传递一些基本的道德价值判断。幼儿在阅读的过程中接触到一些平日生活中接触不到的人际、社会关系情境，逐步形成比较稳定的道德倾向。

总而言之，早期阅读对幼儿终身的全面发展都具有重要意义，说早期阅读是"终身学习的基础、基础教育的灵魂"毫不过分。

（三）针对幼儿不同年龄阶段阅读的方法

不同年龄的孩子阅读能力不同，父母需要针对不同年龄的孩子设计不同的阅读方法。新浪亲子频道《早期阅读有利儿童认知发展》一文中有详细的方法介绍，可供参考：

表2-3　0—6岁幼儿不同阶段的阅读方法

年龄阶段	方法
0—2岁	0—2岁这一阶段是宝宝的前期阅读时期和语言的萌芽期，父母的任务就是让他对书感兴趣，感受读书的韵律。即使宝宝撕书、咬书、玩书，也不必过多干涉或要求他
2—4岁	方法1：引导幼儿感受阅读顺序，为他独自阅读做准备。贴近生活的事件便于宝宝理解，可拍摄他一天的生活片段，起床、穿衣、洗脸、吃饭、游戏等，再将照片连起制成书，每天翻看，能提高阅读兴趣 方法2：儿童早期阅读还包括认读各种符号。多带宝宝看看各种图案或符号，如斑马线、红绿灯等交通标志、物品商标、门牌号等，逐渐理解符号与事物的对应关系
4—6岁	方法1：儿童最初的阅读活动是朗读。每天读一段故事，家长读一句，让孩子跟读一句，语速要慢，开始他可能会一字或一词地读，停顿较多，应耐心等他读完，逐渐提高他的阅读速度 方法2：词汇是阅读的基础，6岁儿童的词汇量已很丰富。多和孩子玩词语游戏，提高词汇的使用率，如和他一问一答地说反义词，可突然说些不存在反义词的词，如"鼻子"，增加趣味的同时让大脑休息

二、家庭阅读的指导与服务

（一）家庭阅读概念与作用

　　家庭阅读有两方面的含义：一是家庭成员互相支持彼此读写能力的提高，二是家庭成员可以分享阅读给他们带来的乐趣。[①]在一个具有浓厚阅读氛围的家庭中，家庭成员之间相互影响、相互督促，以亲子阅读等形式进行阅读，形成家庭阅读。家庭阅读具有以下作用：首先，家庭阅读可以促进人性和善、维护家庭，促进社会和谐稳定；家庭阅读倡导针对不同年龄阶段孩子们的生理心理特点，推荐选择合适的阅读资料，培养人们正确的阅读方法，使人们在长期的阅读生活中

---

① 邱芙蓉.家庭阅读国际研究［J］.山东图书馆季刊，2008（03）.

获取知识，渐渐形成正确的思维意识、价值观念、行为规范、道德准则，使读书成为人们的一种生活方式；其次，家庭阅读可满足多层次的、日益丰富的精神文化需求，使每个家庭成员在阅读中得到心灵的休憩，从而以更饱满的精神、更积极的心态投入紧张的工作中，以满足人们更高、更丰富的精神生活需求；最后，家庭阅读可培养公民良好的综合素质。家庭阅读引导人们广泛参与丰富多彩的阅读活动，在这种文化熏陶中认识人生、了解社会、增长知识。家庭阅读潜移默化地影响读者的思想、道德、心理、行为、知识结构等，从而提高人的综合素质。[①]

（二）家庭阅读的影响因素

1. 环境因素

人们喜欢用潜移默化来形容人的思想、性格和习惯在不知不觉中受到外界影响而逐渐发生变化。家庭阅读孕育于一定的家庭环境中，环境因素对家庭阅读的影响不容忽视。影响家庭阅读的环境因素具体又可细分为显性的物质环境和隐性的心理环境，前者包括家庭藏书的种类、数量和质量，家庭阅读场所——房屋的装修设计、书桌书架的摆放位置等；后者包括父母及其他家庭成员的知识、学识、见识，家长的教养方式、态度与期望，亲子关系所构成的人际关系环境等。[②]多数家庭中的书桌、书架均是成年人用的，不适合学龄前儿童，为培养孩子形成良好的家庭阅读习惯，须准备一些适用于低龄儿童使用的书房、书橱、书桌，为养成家庭阅读习惯提供基础。此外，家庭中良好的"书香"氛围，也能促进家庭阅读习惯的养成及持续发展。家庭成员对阅读的正确态度、良好的阅读习惯均能促进家庭书香氛围的形成，一些无知型、武断型、滥书型、训斥型的阅读倾向则会有不良影响。

---

① 周海英.论图书馆在家庭阅读指导中的实践与探索 [J] .图书馆学研究，2008（08）.
② 李慧.对幼儿家庭阅读环境现状的调查 [J] .太原城市职业技术学院学报，2011（04）.

2. 策略因素

策略因素也称方法因素，家庭阅读要讲究方法。首先，选书要有策略，选书要遵循三大基本原则：一是不同年龄读不同的书，先读图画书，循序渐进，最后是文字书，这是儿童阅读必然要经历的一个过程，每个阶段都要有相当的阅读量，积累到一定阶段自然会进入下一阶段，尊重孩子的阅读发展规律，为孩子选择宜读图书，是选书的重要原则之一；二是选择孩子能懂、感兴趣的书，孩子会对自己感兴趣的书爱不释手，家长需要寻找、发现此类图书，它们可以是与孩子年龄相似的儿童主人公或是与孩子生活有关的事件，或是直线型的故事进程，抑或是语言具体鲜明，不复杂，陌生词语集中于人物名称和动作；三是选择样子好玩的书，从外在形式吸引小读者，使其慢慢养成阅读习惯。① 其次，在阅读形式上，推荐以亲子阅读为主的灵活多样的阅读形式。亲子阅读是儿童阅读习惯养成的必经阶段，通过亲子阅读激发孩子的阅读兴趣，提高阅读效果，还可营造亲密的家庭氛围，从而推进家庭阅读的发展。最后，父母还应通过学习掌握必要的家庭阅读指导策略，恰当安排阅读时间引导孩子正确阅读。

3. 社会因素

社会因素包括政治、经济、文化、教育、科技等各类因素。社会经济的发展也给家庭阅读带来影响，自 20 世纪 80 年代改革开放以来，我国经济实现飞速发展，与此同时，人们的生活水平提高，各种娱乐活动层出不穷，大大挤占了读书时间。在教育实践中，教师自身的阅读素养与阅读能力会影响学生的阅读，教师需要充实自己，唤起学生对阅读的思考，激发学生对阅读的兴趣。在这些影响因素中，带来巨大影响的当属科技因素。

家庭以外的力量支持，也是影响家庭阅读发展的重要因素之一。如教育工作者，特别是语言类教师对家庭阅读的指引，再如公益性文化事业单位——各级公共图书馆、学校图书馆也为家庭阅读氛围的形成贡献着自身力量。凝聚全社会的力量，合力推进家庭阅读是长远发展之计。

---

① 杨宝忠.儿童家庭阅读浅谈［J］.家长，2014（Z2）.

（三）家庭阅读推广实践

1. 开展家长阅读指导培训

家庭阅读是倡导家长在家中参与到孩子的阅读推广活动当中，但是，由于知识水平有限，很多家长并不知道如何培养孩子的阅读兴趣，因此就需要公共图书馆参与进来，扮演一个阅读培训师的角色。国外公共图书馆的家庭素养服务就有所体现。在我国，阅读培训角色扮演者更多是少儿图书馆，它们除了为少年儿童提供各种各样的服务外，还应该为家长提供一些服务，包括阅读指导培训，如帮助家长正确教育孩子、引导孩子阅读等。苏州图书馆少儿园地（苏州图书馆少儿馆）为此开展了一项特色活动，名为"家长沙龙"，邀请儿童教育专家、心理咨询师和家庭阅读成功示范家长，通过讲座与互动的形式，在家长之间、家长与专家之间建立一个面对面的交流平台，帮助大家解决家庭阅读或是家庭教育中遇到的困惑和难题，让更多的家庭分享成功的亲子阅读经验和科学的育儿方法，帮助孩子轻松、愉快地迈出人生的第一步。类似活动，很多图书馆都有开展。

2. 提供多样家庭阅读资源

公共图书馆具备丰富的软硬件资源，在家庭阅读推广中，公共图书馆在扮演角色——"资源供应者"时，可着手两块：一是提供文献，二是提供场所。提供文献资源方面，公共图书馆需要为读者考虑，尤其是小读者，他们适合阅读什么书籍，图书馆应该提供什么书籍。例如，苏州图书馆于2011年启动"悦读宝贝计划"，向苏州市（包括姑苏、吴中、相城、虎丘、工业园区）户籍的居民提供1000份0—3岁婴幼儿"阅读大礼包"，同时推荐亲子阅读书目。苏州图书馆希望通过"悦读宝贝计划"吸引更多孩子和父母参与幼儿早期阅读，提升亲子阅读的质量和水平，促进家庭阅读。公共图书馆还可发挥其在居民生活第三空间中的作用，给人们提供一个休闲娱乐场所，在这个场所中，潜移默化地影响居民阅读，逐渐培养阅读习惯。杭州少年儿童图书馆就提供了这样一个场所，它是一座花园式图书馆，建筑面积5482平方米，整体建筑分为地下一层，地上三层，与西湖名景"黄龙吐翠"毗邻，其近90%的面积是开放的，特别开设了玩具天地、绘本区、动漫区、英文区、电影放映室等特色区域，提供一个阅读、休闲场所。[①]

3. 进行家庭阅读辅助引导

由于家长缺少家庭阅读方面的专业知识素养，或缺少家庭阅读意识，开展家庭阅读可能会遇到一系列困难，公共图书馆可以通过提供儿童阅读推荐书目、编写家庭阅读大纲，为家长提供阅读信息，开展主题书展、"书香家庭"评选活动，引导家庭阅读。广州少儿图书馆除了定期提供寒暑假图书推荐手册这类主题范围广的图书，还提供专门领域的图书推荐书目，如针对亚运会提供的"迎亚运图书推荐手册""文化遗产专题推介""学英语好帮手——影像资料专题推介""心理学书目文摘"等。

4. 开展阅读成果展示活动

公共图书馆担任资源供应者角色主要解决少儿在什么地方读书，抑或是在什么环境下读书，读什么书等问题。担任阅读培训师这一角色主要是辅导家长如何帮助孩子进行阅读。这两个角色所承担的一系列活动解决了孩子的阅读输入问题，同时公共图书馆针对未成年人阅读服务还应担任成果输出台这一角色，开展阅读成果展示活动，促进孩子以听、说、读、写等方式进行阅读输出。例如，杭州少年儿童图书馆在扮演成果输出台这一角色方面，起到了一个模范作用。它举办"少年讲台"，通过讲演这一形式促进儿童阅读输出。杭州少年儿童图书馆鼓励五年级以上的青少年独立或以组团方式报名"少年讲台"，传递知识、见解。杭州少年儿童图书馆还鼓励小朋友加入由其创办，并由著名诗人黄亚洲、儿童文学作家冰波等作为专家顾问团的"太阳风"文学社，通过参加文学沙龙、社会实践、名家互动、定期征稿等活动，提高社员写作能力。

[①] 杭州市少年儿童图书馆.关于我们［EB/OL］.（2014–12–01）［2019–05–30］.http: //www.hzst.net/hzggxx/index.htm

附：《儿童情绪疗愈绘本解题书目》^①

　　陈书梅女士编选的《儿童情绪疗愈绘本解题书目》（台湾大学出版中心，2009 年 12 月版），是一部针对儿童阅读治疗的很有特色的专题书目，这本书的缘起是汶川地震，由台湾儿童情绪疗愈绘本选书小组辑选、陈书梅编著，主要帮助孩子们从情绪中解脱并释放自己。该书目是我国第一本有关儿童情绪疗愈绘本的本土性中文解题书目。儿童情绪教育的相关研究，多肯定绘本（picture book）对儿童情绪发展的帮助。绘本故事的内容，常为现实生活中的人、事、物，与儿童常遭遇到之情绪困扰问题有关，因而能使儿童在阅读时重新体验日常生活中熟悉的事件。优秀绘本的情节结构良好，易激起儿童的情绪反应，使小读者更能融入故事中与角色互动。因而在阅读绘本时，儿童能投射个人情感，认同其中的角色，并借助于绘本中的角色、情节，反映出小读者自身的情绪经验，进而能释放负面情绪，净化自身，领悟道理。

　　书目的编写者陈书梅，是台湾大学图书信息学系教授，同时具备心理学与图书资讯学的专业背景，长期致力于阅读疗法、阅读心理研究等，教学之余，亦积极从事社会公益服务。《儿童情绪疗愈绘本解题书目》选取儿童情绪疗愈绘本书目进行介绍，并且包括阅读疗法简介、选书会议报告、选书考量说明、选书作业规则及参与绘本征集活动的出版社一览表等，是对整个活动的介绍说明。

　　为方便读者使用，将部分已经在大陆公开出版的图书书目附录于后，供参考：

---

① 摘自徐雁，陈亮主编 . 全民阅读参考读本 [M] . 深圳：海天出版社，2011.

表2-4　儿童情绪疗愈绘本解题书目（部分）

书名	针对情绪	情绪困扰问题类型	出版社	出版时间
《妈妈的红沙发》	不安	灾难后重建新家园过程中的忧虑与不安	河北教育出版社	2007年
《小恩的秘密花园》	不安、寂寞	寄宿在外的寂寞与不安感	河北教育出版社	2010年
《大猩猩》	寂寞	单亲父母无暇陪伴	河北教育出版社	2007年
《开往远方的列车》	开始新生活的焦虑	14位孤儿被送往新的居住地面对新生活	河北教育出版社	2010年
《小鲁的池塘》	悲伤、失望	同学过世的失落感	河北教育出版社	2010年
《爷爷有没有穿西装》	悲伤、失落	亲人过世的不解与失望	江苏少年儿童出版社	2007年
《獾的礼物》	亲人亡故的悲伤	长者离世衍生的难过情绪	明天出版社	2008年
《爷爷的天使》	学会感恩	爷爷对一生际遇的讲述带来的感悟	湖北美术出版社	2009年
《爷爷变成了幽灵》	亲人亡故的悲伤	面对亲人过世	湖北美术出版社	2009年
《爸爸的围巾》	感受父爱	对离世父亲的爱的感悟	二十一世纪出版社	2009年
《没有人喜欢我》	寂寞	无法融入同伴群体的孤独感	二十一世纪出版社	2008年
《没关系没关系》	成长	慰藉心灵、呵护	二十一世纪出版社	2009年
《和猪奶奶说再见》	悲伤、不安	面对亲人即将过世的恐惧与不安感	贵州人民出版社	2009年
《再见了，艾玛奶奶》	悲伤、不安	面对亲人即将过世的不安	南海出版公司	2006年
《长大做个好爷爷》	亲人亡故的悲伤	面对亲人过世的悲伤	外语教学与研究出版社	2006年
《一片叶子落下来》	生长、死亡	一片叶子的生命，如何看待生命、生死	南海出版公司	2009年

（续表）

书名	针对情绪	情绪困扰问题类型	出版社	出版时间
《阿莲娜、老鼠和巨猫》	恐惧	面对恐惧的情绪	华东师范大学出版社	2009年
《我要来抓你啦》	悬疑、好奇、恐惧	面对恐惧的情绪	浙江少年儿童出版社	2008年
《第五个》	恐惧	对黑暗与未知的恐惧	南海出版公司	2010年
《鳄鱼怕怕，牙医怕怕》	恐惧	面对牙医的恐惧	明天出版社	2008年
《你睡不着吗？》	恐惧	面对黑夜的恐惧	明天出版社	2008年
《我的壁橱里有个大噩梦》	恐惧	对黑暗与未知的恐惧	贵州人民出版社	2008年
《小凯的家不一样了》	手足关系	面对新家庭成员的到来	河北教育出版社	2009年
《彼得的椅子》	手足关系	面对新家庭成员的到来	明天出版社	2008年
《我要大蜥蜴》	与父母沟通	渴望饲养宠物遭到拒绝的烦恼	湖北美术出版社	2009年
《生气的亚瑟》	愤怒	面对愤怒的情绪	河北教育出版社	2009年
《菲菲生气了——非常、非常的生气》	愤怒	面对愤怒的情绪	河北教育出版社	2009年
《小阿力的大学校》	担忧、不安	面对因新环境而衍生的不安情绪	明天出版社	2009年
《生气汤》	愤怒	面对愤怒的情绪	明天出版社	2008年
《是蜗牛开始的》	责备、愤怒	遭受他人恶言辱骂而产生的愤怒	二十一世纪出版社	2008年
《凯能行！》	自信、勇气	自信、勇气	湖北美术出版社	2007年
《勇气》	自信、勇气	自信、勇气	南海出版公司	2010年
《壁橱里的冒险》	恐怖、冒险	恐怖、冒险、反抗、友情	南海出版公司	2007年
《梦的守护者》	未知、梦境	有关未知世界、梦境	南海出版公司	2009年
《一个黑黑的、黑黑的故事》	悬疑、好奇、恐惧	悬念、好奇、恐惧、探索	浙江少年儿童出版社	2008年

特殊需要儿童阅读的指导与服务

第一节　阅读对于特殊需要儿童发展的意义[①]

一、残疾儿童、特殊儿童与特殊需要儿童

残疾儿童是指在精神、生理、人体结构上，某种组织、功能丧失或障碍，全部或部分丧失从事某种活动能力，以致影响其日常生活和社会参与的儿童。到目前为止我国将残疾人分为视力残疾、听力残疾、言语残疾、肢体残疾、智力残疾、精神残疾和多重残疾 7 种，并按照严重程度分为 1—4 级不等。在国际上，2007年世界卫生组织颁布了《国际功能、残疾和健康分类（儿童和青少年版）》（ICF-CY）。ICF-CY 吸收联合国《残疾人权利公约》所规定的基本人权的理念，用广泛的类目编码描述儿童和青少年的活动能力和健康状况。

2006 年《第二次全国残疾人抽样调查主要数据公报》显示，我国 6—14 岁学龄残疾儿童为 246 万人，其中视力残疾儿童 13 万人，听力残疾儿童 11 万人，言语残疾儿童 17 万人，肢体残疾儿童 48 万人，智力残疾儿童 76 万人，精神残疾儿童 6 万人，多重残疾儿童 75 万人。学龄残疾儿童中，63.19％正在普通教育或特殊教育学校接受义务教育。我国残疾儿童的绝对数量列世界之最，残疾儿童康复、教育事业任重道远。

随着社会文明的进步，人们对残疾的看法在不断改变，大家开始意识到大多数人在其一生都有可能出现某种残障，残疾人的称谓也在不断改变，"特殊儿童""特殊需要儿童"的概念应运而生。

"特殊儿童"广义指与普通儿童在各个方面有显著差异的各类儿童。这些差异表现在智力、感官、情绪、肢体、行为或语言等方面，既包括低于或高于正

———————————
① 本章内容受 2017 年江苏省高校哲学社会科学基金支持，项目编号2017SJB0665。

常发展的儿童，也包括有轻微违法犯罪的儿童。狭义理解是专指残疾儿童，又称"缺陷儿童""障碍儿童"，包括智力残疾、听力残疾、视力残疾、肢体残疾、语言障碍、情绪行为障碍、多重残疾等。[1]与"残疾儿童"不同，"特殊儿童"不再强调人的生理病理性疾病、器官缺损或障碍，而是在说明某种正常值的偏离。这种偏离有暂时性、可变性。"特殊需要儿童"的概念则认为生理性缺陷不构成障碍的充分条件，一旦环境给予的支持足够，障碍有可能不复存在。

二、现代特殊儿童教育观

特殊儿童作为儿童群体的一部分，同样应享有儿童的基本权益。1989 年 11 月 20 日第 44 届联合国大会第 25 号决议通过《儿童权利公约》，规定儿童的四项基本权利：生存权、受保护权、发展权与参与权。因此，我们不仅要为特殊儿童提供生活基础，确保他们免受歧视与虐待，同时还要考虑特殊儿童的发展需求，为他们提供一切可能的教育机会，满足其身心发展的良好的社会环境，以及参与家庭、文化与社会生活的途径。

现代特殊教育与康复理念认为特殊儿童的教育康复应把握以下三个方面：

1. 全人教育

所谓全人教育，最早的提出者是日本教育学家小原国芳。他于 1921 年将全人教育表述为：塑造"完善的人"的教育，"全人格"的教育，人的多方面和谐发展的教育（主要包含学问、道德、艺术、宗教、身体和生活六个方面。学问的理想在于真，道德的理想在于善，艺术的理想在于美，宗教的理想在于圣，身体的理想在于健，生活的理想在于富）。[2]全人教育旨在塑造全面发展的儿童，既强调儿童本身的身体、情绪、社会性、认知能力、创造能力的发展，同时认为儿童自身的发展与社会分不开，教育培养的是能在社会生活中认知、创造、保持情绪

---

① 朴永馨 . 特殊教育辞典 [M] . 北京：华夏出版社，2006.

② 钟启泉 . 现代课程论 [M] . 上海：上海教育出版社，2003.

健康和身体健康的儿童。

残疾儿童虽然有某方面的身心障碍，我们依然应全面看待他们的发展，不为障碍所累，突破缺陷、障碍的羁绊，让身心障碍儿童获得全人发展。视特殊儿童的身心健康为第一要义，促进特殊儿童生活正常化、社会化，引导他们养成自我选择、自我决定的能力是特殊教育过程中需要特别重视的。①

2. 全纳教育

1994 年，联合国教科文组织在西班牙召开"世界特殊教育大会"，通过了《萨拉曼卡宣言》和《特殊需要教育行动纲领》，首次正式提出"全纳教育（ inclusive education ）"的概念。全纳教育的主要内容是教育应当满足所有儿童的需要，而无论这些儿童处于何种身体、智力、情感、语言及其他状况，每一所普通教育学校必须接受服务区域内的所有儿童入学，并为这些儿童都能享受到自身发展所需要的保证质量的教育提供条件。②2008 年，联合国教科文组织在日内瓦召开的第 48 届国际教育大会，题为"全纳教育：未来之路"，全纳教育再一次被提及，并成为全社会共识和积极倡导推动的理念。

全纳教育相对于隔离教育而言，力求将特殊儿童从隔离的教育制度中解放出来，与普通儿童一起享受公平的教育。全纳教育为特殊儿童创造了公平、友好的全新的人文环境，保障了特殊儿童的基本权益，促进了社会的和谐发展。在此教育理念指导下，越来越多的特殊儿童走出家庭和特殊教育学校，进入主流社会接受教育，参与社会生活。

3. 家长参与

家长是孩子的第一任老师，家长的一言一行都对孩子起到教育和示范的作用。对于特殊儿童而言，陪伴他们最久，也最了解他们的人就是家长。家长参与特殊儿童的教育康复有着非常重要的意义。一方面，家长能够为学校提供必要的信息和辅助支持，并协助学校实施康复教育计划，另一方面，家长的陪伴可以提高特

---

① 乔梁，张文京.特殊教育的全人教育观［J］.中国特殊教育，2001（04）.

② 柳树森.全纳教育导论［M］.武汉：华中师范大学出版社，2007.

殊儿童的自信心和学习动机。

家长对儿童有监护与教育的权利义务，因此有必要且必须参与儿童的教育。《萨拉曼卡宣言》明确指出："教育有特殊教育需要的孩子，是家长和教师共同的任务。"特殊儿童的成长离不开家长的悉心照料与积极参与，家长在特殊儿童康复教育中的地位日益凸显。

三、阅读对于特殊儿童发展的意义、作用

阅读是读者从书面材料中获取信息，经过心理加工后表现出的一种心智活动和行为。阅读能力是指读者能够顺利完成阅读任务，达到阅读目的的智力活动所必备的个性心理特征，即阅读者辨认和理解书面语言，并将书面语言转换为有意义的言语和心理活动的能力。对于特殊儿童而言，无论他们是否具备阅读能力，阅读首先是他们的权利。

联合国于 1989 年通过的《儿童权利公约》中强调：每个儿童都有平等享受充分发展其潜能，自由获取信息、文化设施以及文化活动等权利，而不受年龄、种族、性别、宗教、国籍及文化背景、语言、社会地位或者个人技能和能力的限制。联合国于 1994 年通过的《公共图书馆宣言》中表示：每一个人都有平等享受公共图书馆服务的权利，而不受年龄、种族、性别、宗教信仰、国籍、语言或社会地位的限制。对因故不能享用常规服务和资料的用户，例如少数民族用户、残疾用户、医院病人或监狱囚犯，必须向其提供特殊服务和资料。《中华人民共和国公共文化服务保障法》中提道：各级人民政府应当根据未成年人、老年人、残疾人和流动人口等群体的特点与需求，提供相应的公共文化服务。

全世界对于特殊儿童的阅读权利都有共识，并出台了相应的法律与制度。我国正处于全面建成小康社会、构建全民阅读服务体系新时期，特殊儿童群体应该成为重点关注的群体，特殊儿童参与阅读活动的程度，检验着公共文化服务活动的广度和深度，体现着和谐社会的公平和公正，展现着党和政府对特殊儿童的关心和关爱。

同时对于特殊儿童而言，阅读是他们内心的渴望，是他们认识世界、发展自我的窗口，融入主流社会的利器，获得价值感与尊严的方法。中国残疾人联合会主席张海迪女士就曾说过："我深知残疾人对于阅读的渴望，阅读可以帮助我们开阔眼界，拓展视野，获取知识，而知识可以改变命运。"

1992 年，世界重要阅读推广机构英国图书信托基金会（Book Trust）委托伯明翰大学两位专门研究早期儿童阅读的学者巴里·韦德（Barry Wade）教授和麦格·摩尔（Maggie Moore）教授做专项研究来量化早期阅读对于学龄儿童在校表现的一系列影响。结果证明，早期儿童阅读对学龄儿童的很多能力都有非常重要的提升作用。这些领域分别是听说能力（Listening and Talking）、阅读能力（Reading）、写作能力（Writing）、环境理解能力（Understanding the environment）、个人情绪与社会发展能力（Personal emotional and social development）、表达与沟通能力（Expressive communication）、身体协调能力（Physical coordination）、数学能力（Mathematics）。由此可见，阅读对儿童发展的影响是全方位的，特别是在儿童语言、认知、思维、社会性与情感发展方面具有不可替代的作用。

1. 阅读提升特殊儿童语言能力

语言学家威尔斯（Wells）的一项研究发现，一个 2 岁幼儿的语言学习有 50% 发生在绘本阅读中。进一步研究发现，如果母亲在绘本阅读时采用一些指导性策略，幼儿通常更快、更容易地掌握和使用语言。喜欢阅读、有丰富早期阅读经验的幼儿，在语言表达的词汇量、流畅性、积极性以及听的能力方面都明显优于不喜欢或者缺乏阅读经验的儿童。儿童读物如绘本、童谣、童话等，通常图文并茂、趣味性强，能吸引特殊儿童。同时儿童读物的语言更简单直白、充满韵律，便于理解和掌握。特殊儿童通过早期的听觉理解、故事讲述、故事重组的不断练习，能提高语言的理解、运用能力。

2. 阅读促进特殊儿童认知发展

自身条件的限制导致特殊儿童接受来自社会的信息刺激较少，但特殊儿童对生活环境中的一事一物都有着强烈的好奇心与求知欲。儿童读物中通常包含非常丰富的认知信息，引导和陪同特殊儿童一起阅读，能潜移默化让他们获得更多社会知识与科学知识，补偿身体机能带来的信息损失和局限，使特殊儿童开阔眼界，增长知识。

3. 阅读发展特殊儿童思维力

儿童的思维以形象思维为主要特征，他们通常依靠体验与感知去理解事物。阅读可以帮助儿童发展想象力、推理能力、分析与综合能力，让儿童从形象思维向逻辑思维过度，增进对事物的认识。鼓励特殊儿童阅读，可以促进他们思维能力的发展，提升思辨能力。

4. 阅读帮助特殊儿童理解社会生活与人类情感

特殊儿童生活经验明显不足，情绪理解与情感控制能力普遍弱于同龄儿童。儿童读物中有相当一部分以社会生活与人类情绪情感为主题，引导与陪伴特殊儿童阅读此类图书，可以帮助他们理解环境、提高自我认识与情感控制能力，促进他们身心健康和谐发展。

5. 阅读还能改善特殊儿童家庭亲子关系

美国心理学家哈洛（Harry）的恒河猴实验证明了安全依恋关系对于婴幼儿发展的重要性。在儿童早期阅读中，亲子共读满足了幼儿的安全依恋需求。家长温暖的怀抱、温柔的话语、亲情的流动带给孩子感官与心灵上的安全感与幸福感，是其他活动无法给予的。很多特殊儿童的童年都在寻医问药、康复训练中度过，家长们往往疏忽了特殊儿童的心理建设。阅读为亲子关系的重构提供了很好的模式。亲子共读一本书，交流一本书，提高了亲子互动质量，有利于改善亲子关系，促进特殊儿童全面发展。

6. 阅读是特殊儿童融入主流社会的必然选择

目前教育界对阅读的重视达到空前的高度，几乎所有的学校、教育机构、专家学者都在积极编撰各类推荐书目，鼓励学生阅读。一些学校将阅读课程提到语文教育的重中之重，围绕阅读开展一系列教学研究活动。越来越多的家庭开始重视亲子共读，并大量购买儿童读物。教育从业者逐渐深刻地认识到阅读的力量，将阅读视为儿童发展的关键钥匙。在如火如荼的阅读浪潮中，特殊儿童不应该成为旁观者。只有具备丰富的阅读经验和良好的阅读技能才能更容易地跟上普通教育的步伐，免遭被隔离与排斥的命运。

阅读是特殊儿童认识世界、解释世界、融入社会、发展自我的重要途径，对特殊儿童的一生都将产生至关重要的作用。我们要重视特殊儿童阅读兴趣、阅读习惯的培养，教授他们阅读知识、阅读技巧，提升他们的阅读能力，为特殊儿童融合发展打好基础。我们要让特殊儿童从出生起就接触阅读，并掌握自主阅读能力，享受阅读乐趣，成为阅读的终生受益者。

第二节 特殊需要儿童阅读现状

一、国外特殊需要儿童阅读现状

1. 美国

美国的儿童阅读得到国家层面的重视。克林顿总统在任期间提出了"美国阅读挑战"运动，目标是让所有美国儿童在三年级末达到独立有效的阅读水平。克林顿卸任后，布什政府推出 NCLB（No Child Left Behind，"不让一个孩子落后"）法案，并先后拨款 50 亿美元用来改善儿童阅读的现状。"美国阅读挑战"运动与"不让一个孩子落后"法案的推行，都在某种程度上惠及了特殊需要儿童，提高了特殊需要儿童的阅读能力。此外美国社会通行的分级阅读体系对于特殊需要儿童阅读有一定帮助，家长可以根据孩子的阅读能力选择合适的读物，并在分级阅读的指导下帮助孩子逐渐提高阅读能力。

美国特殊需要儿童的阅读还得益于制度保障。美国有相对完备的保障特殊需要儿童各项基本权益的法案，如《特殊教育法案》《美国残障人士法案》《所有残障儿童教育法》《家庭支持法》《抗击自闭症法案》等，给特殊儿童提供了多元、宽容的社会环境。除此之外，美国图书馆协会、美国盲人服务标准与评估委员会先后制定了一系列专门条例，如《图书馆听障人士信息服务指南》《图书馆精神病患读者服务指南》《图书馆智力障碍人士服务指南》《图书馆残疾人服务政策》《图书馆盲人服务标准》等，指导与规范图书馆为残障群体提供的各项服务。

美国公共图书馆为特殊需要儿童阅读提供了良好的公共文化环境。2010年，宾夕法尼亚州兰开斯特公共图书馆获得了 LSCA（Library Services and Construction Act）基金 32000 美元的资助，建设自闭症资源中心。该中心收藏了 800 份纸本文献、音频和视频文献、游戏，将自闭症多方面的资源整合到一起，提高了自闭症家庭（儿童）对文献资源的利用率。2013 年，明尼苏达州教育部出资，委托一家自闭症非营利组织——"自闭症干预中心"培训了 50 多名馆员，教授他们如何组织面向自闭症儿童的"感统故事会"（"感统故事会"是一种针对残疾儿童设计的故事会，其重点在于感觉统合活动，目前这种形式已在全美公共图书馆得到广泛采用）。①针对阅读障碍儿童，美国不少公共图书馆与社会服务机构开展合作，提供专门阅读资源的同时长期开展多样化活动。②此外美国公共图书馆还积极开拓各种形式，如编制特殊需要儿童专题书目、编写特殊需要儿童入馆指南、组织特殊需要儿童暑期读书俱乐部等，为特殊需要儿童提供服务。

2. 英国

英国是世界上图书馆事业发展最早的国家，英国特殊需要儿童阅读工作的开展也起步较早。

"阅读起跑线计划"（Book Start）是世界上第一个国家性质的专为婴幼儿提供阅读指导服务的计划，旨在让每一个儿童都能够从早期阅读中受益，享受阅读的乐趣并将阅读作为终身爱好。该计划始于 1992 年，由英国图书信托基金会发起，经过多年的发展，已成为全球最有影响力的婴幼儿阅读推广计划。"阅读起跑线计划"最核心的工作内容是由公共图书馆、教育和健康等多家机构联手为每个婴幼儿发放一个免费阅读包（Books for babies），当孩子进入幼儿园，图书馆会再次送出一份学龄前儿童书籍资源包（Treasure Bag），对于聋哑儿童、视障儿童、读写障碍儿童会额外增加 "Book touch" "Book shine" 两个资源包。同时图书馆还推出家庭信息服务，要求家长持续更新儿童信息，以方便教育部门与图书馆推送合适的信息与服务。③

---

① 邓咏秋，张婧.美国图书馆自闭症儿童服务及其推动因素研究 [J].图书馆建设，2016（07）.

② 黄耀东，钟凤贵.美国公共图书馆与社会服务机构协同开展阅读障碍症儿童服务的研究 [J].图书馆建设，2016（11）.

③ 宋双秀，束漫.英国公共图书馆"阅读障碍症"群体服务研究 [J].国家图书馆学刊，2014，23（04）.

与美国一样，英国同样推行分级阅读，在众多分级读物之外，巴林顿·斯托克（Barrington Stoke）出版的图书受到各家图书馆关注。这家英国出版商出版的作品主要致力于为有阅读障碍的孩子提供帮助，出版的书籍有以下特征：以奶油色为纸张背景；语句简洁使读者重拾信心；每部分内容短小精悍使读者不会感到阅读疲劳；提供相关内容的注释，便于读者理解；注重字体和页面布局的设计，使读者在阅读过程中感到愉悦。[①]值得一提的是英国还专门设有南森特殊教育需要童书奖（NASEN&TES Special Educational Needs Children's Book Award），以鼓励特殊教育题材童书的出版。

英国以郡、市为单位发展图书馆网络，推行社区图书馆服务，截至 2012 年，英国人口不足 6500 万，却拥有 4000 余所公共图书馆，政府每年为其投入 10 亿英镑的经费，60% 的英国人拥有借阅证，79% 的儿童长期使用公共图书馆提供的服务。[②]可以说图书馆是英国儿童活动的主要场所，英国特殊需要儿童的公共阅读环境是非常友好的。

英国图书馆为特殊需要儿童提供的资源与服务也非常专业。如莱斯特郡设有一个专门服务阅读障碍症儿童的网站——Lovereading 4 kids。网站制定了"阅读障碍症友好书籍"标准，并把特殊读者的年龄细致地划分为 5+、7+、9+、11+、14+ 等几个阶段，分别推荐图书。不少公共图书馆还为特殊儿童准备了大字书、有声书、助视器、辅助阅读软件，提供志愿者与馆员专门服务。2003 年英国政府出版了《未来框架：新十年图书馆、学习和信息报告》，尤为强调公共图书馆"为弱势群体提供信息资源服务，帮助建立社区身份，并减少社会排斥"的重要使命。2015 年 11 月，由英国政府成立的"图书馆特别工作组"提交了一份 2015 年 4—9 月的英格兰图书馆工作进展报告。报告阐述了图书馆借阅、电子

---

① 张旭，王琳琳，郭冬梅.英国图书馆服务阅读障碍人群的实践及启示[J].图书馆学刊，2016，38(08)

② 周力虹，黄如花，Tim zijlstra.世界经济危机下英国公共图书馆的生存与发展[J].中国图书馆学报，2015，41(01).

书、Wi-Fi 普及成果，其中包括斥资 10 万英镑用以提供服务，帮助特殊群体获得数字化技能和服务，对超过 80% 的图书馆员（约 14000 人）进行特殊群体服务的数字技能培训。[①]

3. 国际图联及其他国家地区的探索

国际图联早在 1931 年就成立了图书馆弱势群体服务委员会（Libraries Serving Disadvantaged Persons Section，LSDP），2009 年该委员会正式更名为图书馆特殊人群服务委员会（Library Services to People with Special Needs Section），并出台了《失智群体图书馆服务指南》《听障人员图书馆服务指南》《阅读障碍群体图书馆服务指南（修订与扩展）》《信息时代图书馆盲人服务发展指南》《图书馆残疾人服务清单》等一系列指南。这些指南对图书馆服务特殊儿童有一定的指导意义。

1988 年瑞典国家视障图书馆（TPB）主导 DAISY[②]计划。1994 年，第一个 DAISY 有声书原型正式出现。目前 DAISY 格式的文件作为崭新的数字有声书，帮助学生以及其他身心障碍学生阅读，已获得世界范围的认同与推广。

日本公共图书馆均设有特殊文库为特殊需要儿童提供服务。例如针对视觉残疾儿童的点字文库。视觉残疾儿童点字文库自 1996 年开始外借服务，除了半价提供资料邮寄，每月会至少开展两期读书朗读会。[③]

从世界范围来看，特殊需要儿童的阅读与社会经济文化发展水平密切相关，与国家政策法规健全程度直接相关，是社会文明程度的体现。目前世界发达地区针对特殊需要儿童阅读所举办的活动具有针对性与专业性，体现了融合与共享的

---

① 李传颖.英国图书馆特殊群体服务及其对我国的启示 [J].情报理论与实践，2016，39（10）.

② 数字无障碍信息系统（Digital Accessible Information System），简写为 DAISY，是一种多媒体文件的制作标准，也可算是一种电子书格式。DAISY 标准由世界各国服务阅读障碍者（如视障者或学习障碍者）的图书馆与组织共同联合开发，是一套可让阅读障碍者方便使用的数位阅读技术。

③ 陈学锋.国内公共图书馆特殊儿童服务的不足与探讨 [J].兰台世界，2017（23）.

理念，对其他地区特殊需要儿童阅读工作的开展起到良好的启发与示范作用。相信随着科学技术的进步、康复教育事业的发展，全世界越来越多的特殊需要儿童将走进阅读的世界，享受阅读陪伴的童年。

二、我国特殊需要儿童阅读现状

2012 年，中国新闻出版报一篇题为《让书籍帮助自闭症儿童走出阴影》的报道直指中国长期以来忽视自闭症儿童阅读，针对自闭症儿童的出版物基本上处于空白状态的情况。文章提道："据上海的一项调查显示，在辅读学校教材方面，由于各辅读学校教育对象已经从以轻度为主转向以中、重度学生为主，至今仍在使用的 1994 年版《全日制培智学校教科书》中的大部分内容，已经与学校的教学实际不相适应，而全国至今仍没有一套专门针对中、重度智障学生的教科书，各校均在自编校本教材以应付教学之需，有的还停留在使用学校自行编写的讲义阶段。而教材之外的面向自闭症儿童的读物，在图书市场更是无处寻觅。"

的确，我国对特殊需要儿童阅读重视程度不足、阅读推广工作起步较晚。这一方面源于特殊需要儿童自身阅读、理解能力有限的问题，另一方面，与我国对特殊需要儿童阅读研究开展较晚、推广力量不足，人们对这一群体的认识存在误区有很大关系。许多人对特殊需要儿童的阅读能力持怀疑态度，认为他们不会阅读；还有一些人会选择不符合特殊需要儿童身心特点的图书，破坏了他们的阅读兴趣。然而，随着人们对阅读价值的深入了解，以及对残障儿童教育康复的新认识，我国的特殊需要儿童阅读工作进入跨越式发展。

1. 法律制度

特殊需要儿童的权利一直受国家关注，尤其是近年来，我国出台了一系列政策法规保障残疾儿童阅读权益，促进残疾儿童阅读工作的开展。

《中华人民共和国残疾人保障法》第三条指出：残疾人在政治、经济、文化、社会和家庭生活等方面享有同其他公民平等的权利。《中华人民共和国公共图书馆法》第三十四条指出：政府设立的公共图书馆应当设置少年儿童阅览区域，根据少年儿童的特点配备相应的专业人员，开展面向少年儿童的阅读指导和社会教育活动，并为学校开展有关课外活动提供支持。有条件的地区可以单独设立少年儿童图书馆。政府设立的公共图书馆应当考虑老年人、残疾人等群体的特点，积极创造条件，提供适合其需要的文献信息、无障碍设施设备和服务等。《中华人民共和国残疾人保障法》《中华人民共和国公共图书馆法》从法律层面保障了残疾儿童的阅读权益。

《全民阅读"十三五"时期发展规划》提到坚持少儿优先，保障重点的原则。规划指出应该着力保障残疾人等特殊群体的基本阅读需求；加强盲文出版基地建设，实施盲文出版工程，支持有声读物开发，扩大各类盲人读物的有效供给，完善盲文出版物、有声出版物邮寄借阅平台，推动各级图书馆开设视障阅览室，面向视力障碍人群，提供阅读服务。

2. 新闻出版

2000 年左右，随着绘本的引入，儿童出版市场迅速崛起。2017 年，儿童读物占总出版量的 23%，接近 200 亿码洋。尽管部分特殊需要儿童对阅读文本有特别需求，比如盲童，需要可触摸、可听的读物，但大部分普通儿童读物对于特殊需要儿童同样适用。比如未来出版社的洞洞书，海豚出版社的低幼感统书，对特殊需要儿童感知觉发展很有帮助；化学工业出版社的一系列情绪管理读物对于特殊需要儿童的心智发展有很大帮助，华夏出版社翻译出版的"悦纳丛书"以特殊需要儿童为故事人物，有利于特殊需要儿童的自我认同，社会融合。前文提到特殊学校教科书的问题目前也有了新进展，2016 年年底随着新课标出台，全新的特教学校教科书也相继出版发行。总之，儿童出版市场的繁荣对特殊需要儿童来说同样利好。

中国盲文出版社，是全国唯一的盲文出版社，截至 2017 年已累计出版盲文书 9000 多种，大字书 1200 余种。这些书当中有一大部分是盲童教材、中医推拿、文学名著等盲人特需的图书。但这样的出版量无法满足盲人的阅读需求。随着信息技术的发展，盲人的阅读方式也在不断丰富，读屏软件、点显仪、有声读书机等，数字阅读逐渐成为盲人的主要阅读形式。2016 年年底公布的《全民阅读"十三五"时期发展规划》提出要加强盲文出版基地建设，实施盲文出版工程，支持有声读物开发，扩大各类盲文读物有效供给。2017 年，中宣部、文化部、财政部、国家新闻出版广电总局和中国残联共同组织实施了"盲人数字阅读推广工程"。这项工程将构建"盲人阅读融合出版与传播平台"，生产精准化的电子盲文、数字有声读物，将惠及不少学龄盲童，给他们提供丰富的阅读素材和辅助阅读工具。

在出版物的形式上，一些出版社尝试开拓创新。山东友谊出版社出版的《彩虹汉字丛书（盲文版）·触摸阳光草木》专门针对盲人和低视力人群学习的特点进行创作，明盲对照、嵌入音频。这本图书从设计到编辑加工、印刷技术等各环节都精心组织，受到盲童的好评，被评为 2017 中国十大数字阅读作品。

3. 阅读实践

特殊需要儿童的阅读逐渐受到特殊教育学校、康复机构、公共图书馆、残障儿童家庭的普遍重视。

特殊教育学校及康复机构非常重视阅读，紧跟书香社会建设步伐，积极开展绘本课程与教学。中国听力语言康复研究中心与听障儿童公益救助联盟发起"爱·带我阅读"公益项目。通过帮助基层地区建立"爱·带我阅读"图书馆，帮助全国的听障儿童有书读、读好书、会读书，用阅读的力量温暖他们的美好童心。2019 年暑期，西南大学绘本阅读研究中心和北京启发世纪图书有限责任公司共同发起"牵手阅读成长"活动，组织近百所特校 1000 多名特殊需要儿童及其家长共同参与阅读活动，引导特殊教育学校的教师、家长了解绘本对特殊需要儿童成长的重要性，帮助教师家长初步掌握绘本阅读的基本方法，提高他们开展亲子阅读活动的能力，让特殊需要儿童爱上阅读。

作为社会公器的公共图书馆，服务特殊需要儿童是它们的职责所在。全国很多公共图书馆都积极探索服务特殊需要儿童的方法。2004 年 11 月，深圳少年儿童图书馆推行"康乃馨"无差别阅读计划，在深圳元平特殊教育学校建立了全国第一所特殊需要少年儿童图书馆，让元平特殊教育学校里那些盲、聋、哑和智力障碍儿童享受"无差别"阅读；重庆图书馆视障阅览室自制盲童绘本，定期开展盲童故事会，受到盲童的欢迎；黑龙江省图书馆自 2012 年起，开始向自闭症儿童提供服务，保障"星星的孩子"的阅读权利；广东省立中山图书馆定期举办"感统故事会"，邀请自闭症儿童共同参与，享受阅读乐趣；辽宁省图书馆针对听障儿童开展的"手语世界"活动持续十余年，为听障儿童提供更为广阔的学习、阅读、交流空间。

在日益兴盛的亲子共读潮中，涌现出一批特殊需要儿童的明星家长，他们在引领特殊需要儿童阅读方面起到非常关键的作用。听障儿童家长游妈深入研究绘本阅读与听障儿童言语康复，已成为专业的阅读推广人，她在互联网开设的绘本阅读课程，为听障儿童家长提供阅读指导。视障儿童家长小面包妈妈，专注视障儿童阅读研究，开设的微信公众号"小面包乐园"提供非常有价值的视障儿童阅读经验。

香港地区的特殊需要儿童阅读在国内实践中比较突出。香港 41 所智障儿童学校都配备了图书馆（室），除了提供舒适的阅读环境，还划出了用于儿童交流、游戏、休闲的空间。[1]而台湾地区开展的"全民儿童阅读计划"促进了包括特殊需要儿童在内的儿童阅读。

---

[1] 陈玉婷，束漫 . 我国香港智障儿童学校图书馆服务［J］. 图书馆论坛，2018，38（03）.

一、视障儿童与阅读

视力障碍是指由于各种原因导致双眼不同程度的视力缺损或视野缩小，难以从事一般人所能从事的工作、学习或其他活动。视力残疾包括盲和低视力两大类别四个级别。[①]

表 3-1　视力残疾分级表[②]

级别	视力、视野
一级	无光感至小于0.02或视野半径小于5°
二级	0.02至小于0.05或视野半径小于10°
三级	0.05至小于0.1
四级	0.1至小于0.3

需要特别说明的是，上面所说的视力均指最佳矫正视力（best corrected visual acuity，BCVA），即以最适当的镜片进行屈光矫正后所能达到的最好视力。视力残疾也指双眼，若双眼视力不同，则以视力较好的一眼为准，如果仅有单眼为视力残疾，而另一眼的视力达到或优于 0.3，则不属于视力残疾的范畴。视野以注视点为中心，视野半径小于 10° 者，不论其视力如何均属于盲。

① 朴永馨.特殊教育辞典［M］.北京：华夏出版社，2006.
② 资料来自《残疾人残疾分类和分级》。

　　所以按照通常的理解，目亡为盲，很多人一提到盲人，都觉得是完全看不见的，这是对视力障碍的误解。在视障者中完全看不见的仅占很小的一部分，大部分都有残存视力。比如一级盲中，有的在一米远处，仍然可以看到对方的移动，能分辨白天黑夜。二级盲中，有的在一米处可以看清对方的手指。这些残存视力，对视障者的生活、学习及工作都有着不可低估的作用。

　　同时，一个人在实际生活中利用视力的能力，即功能性视力与生理视力不一定完全吻合，还受到心理水平、视觉技能、认知环境等因素的影响。我们可以用一个三维模型图表示。[①]

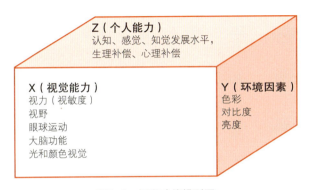

图3-1　视觉功能模型图

　　根据这个三维模型图，我们可以把功能性视觉表述为：功能性视觉 =X*Y*Z，其中 X= 视觉能力，Y= 环境因素，Z= 个人能力。从理论上讲，这三维立方体的体积越大，儿童的功能性视觉就越好。而在三个维度中，视觉能力是最基本的。在现实生活中有很多具有同等视力的儿童，他们的功能性视觉存在很大差异。比如一个生理视力是 0.04 的孩子，经过视觉功能训练，又掌握了用眼方法，其功能性视力可能达到阅读放大了的普通教材的水平；而一个生理视力是 0.06 的孩子不加以训练，则达不到以上效果。

　　由于阅读是从视觉材料中获取信息的过程，对于视障孩子而言，他们更多的

① 教育部师范教育司 . 盲童心理学 [M] . 北京：人民教育出版社，2000.

是以手代目，以听代看，形成了特有的阅读方式。

（一）视障儿童身心特点及阅读挑战

1. 以手代目、以听代看，阅读材料不足成最大难题

视障读者阅读的主要方式有视觉、听觉、触觉三种。通常来说矫正视力在0.05—0.3之间的三四级视力残疾可以阅读大字本图书，或使用助视器、放大镜等仪器设备帮助阅读。视觉功能不好的盲人会学习点字盲文，通过触摸盲文书、点显器进行阅读。有声读物，如磁带、CD、MP3、DAISY格式文件是视障人士阅读的重要资源。阳光、争渡、讯飞等读屏软件的开发也大大拓展了视障读者听读的资源。

然而和普通读者相比，视障人士所能获得的阅读材料还是非常有限的。以盲文图书为例，中国盲文出版社是目前中国盲文图书编印的唯一单位，盲文图书的年出版量在800—1000种，盲文期刊10种，每册印刷数量为1000—2000册，少则只有几十册。同时，盲文图书的题材非常单一，基本集中在中小学教材、中医按摩等方面。尽管这两年读物的题材类型有所拓展，增加了英文、音乐、计算机等类别的图书，但是和中国图书市场年30万种图书的出版量相比，仍然是不成比例的。

当然，视障读者的"书荒"并不是中国独有的现象，每年全世界都有数以百万计的图书出版，而其中仅有1%—7%的图书能够为世界上2.85亿盲人和视力障碍者所获得。为了解决这个问题，2013年6月27日，世界知识产权组织的成员国在摩洛哥的马拉喀什达成共识，签订了《关于盲人、视力障碍者或其他阅读障碍群体获得已出版作品提供便利的马拉喀什条约》（简称《马拉喀什条约》）。该条约指出了允许跨境交流特殊格式的书籍，为视障者提供著作权例外和限制。2019年2月，美国加入世界知识产权组织《马拉喀什条约》，成为第50个成员国。作为全球拥有无障碍格式英文文本最多的国家，美国的加入是全球视障读者的福音。目前全球共有370000部作品可以根据条约进行跨境交换，我国也正在为落实《马拉喀什条约》而努力。

2017 年 9 月，由中宣部、财政部、文化部、国家新闻出版广电总局、中国残联组织实施的"盲人数字阅读推广工程"启动。工程首期为全国 400 家设有盲人阅览室的公共图书馆配置 20 万台基于互联网的智能听书机，为全国 100 所盲人教育机构配置 1000 台盲文电脑和盲文电子显示器，免费向盲人出借，并协同开展持续性阅读推广和知识文化服务，大幅度提升盲文出版社的服务效能和盲人受益面。此外，中国盲文出版社在儿童盲文读物的研发与制作上也取得突破性进展，截至 2019 年 3 月，中国盲文出版社已制作了 84 个系列，近 800 种明盲对照儿童读物，内容包括成语故事、幼儿安全、英语儿歌、成长故事、启蒙教育等。盲人数字阅读推广工程与儿童读物研发工作的开展有助于盲童获得更多更优质的阅读资源。

2. 低视力儿童辨识字形困难

低视力儿童阅读的主要困难在于对汉字字形的学习和掌握。由于受到视觉能力的限制，低视力儿童对按一定数量（如几点、几横）、一定量度（如笔画的长短、出头与否、封口与否等）、一定的空间结构（如左右、上下、内外等）构成的基本笔画的理解远远不如视觉正常的儿童。患有视野狭窄眼病的低视力儿童，视读广度不可能很大，一般只把一个字、一个词作为认读单位。视觉模糊不清的孩子，汉字的认读分化能力差，对字形的细节和空间结构辨别极为困难。[①]

观察低视力儿童的眼动会发现，他们通常要经过两到三次的眼停才能确认一个字，而普通儿童只需要一到两次就能获得。回视在低视力儿童认读汉字中也是经常出现的，而且容易发生字间、行间的错位或反复回视的情况。

3. 触摸的局限性影响了视障儿童的认知与阅读速度

盲童了解周围的环境，必须依靠各种感觉器官，其中最直接的就是触觉。比如盲童走在一棵树下，可以通过听树叶的摩擦声判断树叶是新鲜还是干枯，也可以通过嗅觉判断树上是不是开花，但是要了解树的粗细、品种、树枝的分杈、树叶的形状，对树获得具体的感性认识，仍然要通过触觉。

---

① 教育部师范教育司 . 盲童心理学［M］. 北京：人民教育出版社，2000.

和视觉感知不同，通过触摸感知事物需要和事物直接接触。但是一些事物如云、星星、摩天大楼、高山、猛兽是不能通过触摸感知的。大多数盲童在认知早期，通过模型或口述在心中构建事物的形象，对事物进行定义，但这与视觉对事物的颜色、形状、大小、距离

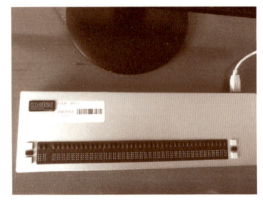

点显器

形成综合的判断仍有差距。比如，一些孩子分不清苍蝇与蜜蜂，还有一些孩子从"乌云密布"判断云是一块布。触摸的片面性、不连续性和碎片化的特点，让很多盲童产生"语义不合"的情况，无法准确地将语言和实物联系起来，但由于一些盲童能说会道，成人通常意识不到这点。

触摸的另一个特点就是需要动用盲童更多的心理努力，观察与辨识的速度较慢。盲童利用触觉不能一次确认完整的事物形象，只能一部分一部分地进行感知，并且要反复多次观察，才能获得对事物的正确认识。不少盲童触觉敏感，或者在触摸时常常有挫败感，产生了不愿触摸的退缩心理，这就给认知带来了更大挑战。点字盲文的学习也并非一帆风顺，由于点字盲文表音的特点，盲童在遇到同音字如"糊、胡、葫"时只能通过词组或上下文反复摸索确认，这样不仅耗费时间，阅读时也更容易产生歧义。通常一个盲生触摸盲文的速度是120—200个字／分钟，这比用视力阅读文字的速度（300—500字／分钟）要慢很多。

4. 长期的听读训练使视障儿童有较强听觉理解力与记忆能力

盲人的记忆力比健视者好，这是人们对视障者的普遍印象。北京师范大学教育系曾对盲校二、三年级16位年龄在9—16岁的盲生进行了口头重复不同位数数字的短时记忆测验，结果每人平均记忆数字位数是二年级10位，三年级9.18位，两个年级平均每人记忆9.44位。

表 3-2 盲生短时记忆测验结果

年级	记住不同位数数字的人数						
	6 位数	7 位数	8 位数	9 位数	10 位数	11 位数	12 位数
二年级			1	1	1	1	1
三年级	1	1	2	1	4	1	1

用同样的方法测试 5 名大学生的短时记忆，结果可重复 8 位数的 1 人，9 位数的 2 人，10 位数的 2 人，每人平均记忆 9.2 位。

结果显示，盲童的短时记忆略优于大学生，而且盲童中有 4 人可以短时记住 11—12 位数字，而没有一位大学生能记住 11 位以上的数字。盲童能记住 10 位以上数字的有 9 人，占 56.25%，而大学生只有 2 人，仅占 40%。从这个结果看，盲童短时记忆似有优势，但因样本较小，可信度难定，还需进一步研究。

此外，盲童教育工作者普遍认为，盲童的长时间记忆也较好，他们对老师上课讲的某些内容，如：古诗词、数学和公式的背诵，对听、摸、闻、尝过的东西，对深刻体验过的情绪、反复练习过的动作等，都有较强的记忆能力。[1]

盲童的听觉记忆优于普通儿童，这并不是天生的。由于听是盲人学习的重要通道，他们在日常生活中所接受的听觉、记忆的训练更多。在盲校也有针对盲生听觉注意、听觉辨识、听觉理解的专门训练，再加上盲童随身携带记录工具，如盲字板（笔）十分不便，随手查阅记录资料也很困难，学校也会针对盲生的记忆做特别的训练。

与视觉阅读与触摸阅读相比，听读也有自身的优势与不足。首先相比触摸阅读，听读的材料更丰富和广泛，而且盲人习惯调快语音速度，每分钟听读内容能达到 275 字，高于摸读的速度。但由于声音讯息往往是一过性的，回听不像回视那么容易，听读过程中会丢失大量信息，一些主要依靠视觉阅读的图像、图表同样无法用声音准确传递。

---

[1] 教育部师范教育司.盲童心理学［M］.北京：人民教育出版社，2000.

（二）视障儿童阅读研究

目前我国关于视障儿童阅读研究的资料非常少，基本上是从公共图书馆、出版社保障视障儿童阅读权利的视角出发。黄梦萦《基于触觉绘本的图书馆盲童阅读推广研究》介绍了触摸绘本这种全新的阅读材料，并特别提到触摸绘本对于盲童提高认知水平、培养阅读兴趣、训练默读技能、增进沟通理解、形成健全人格的重大作用。目前在日本、英国、瑞典等国家盲童的触觉绘本已形成规模，并有专门的出版机构与制作团队。[1]重庆图书馆在视障儿童阅读服务上有非常多的尝试。曾婧、刘晓景在《基于无障碍交互的视障儿童信息资源网络服务》一文中介绍了重庆图书馆"视障未成年人阅读数据库"的建设情况；刘新菊在《浅谈重庆图书馆如何保障盲童读者的阅读权利》一文中全面介绍了重庆图书馆开展视障儿童阅读服务的情况。中国盲文出版社对盲童的阅读偏好进行调查，发现科幻儿童读物受到盲童欢迎。[2]还有少量的文献谈到盲童阅读盲文的重要意义[3]，如何提高

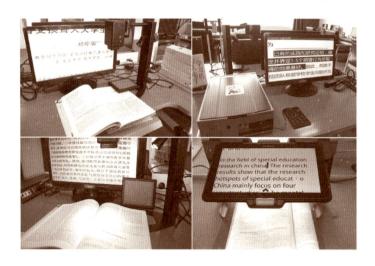

助视器

---

① 黄梦萦.基于触觉绘本的图书馆盲童阅读推广研究 [J].图书馆杂志,2013,32（04）.

② 李娜.盲文出版事业的未来走向——基于盲人读书现状及未来需求的调查研究 [J].出版与印刷,2015（04）.

③ 刘晓政.浅谈盲文阅读的特殊意义 [J].现代特殊教育,2005（21）.

盲童的摸读速度[①]，以及助视器对盲童视力康复和阅读能力的影响[②]。

二、视障儿童读物的选择

1. 选择高对比度的色彩搭配

很多视障儿童的色彩认知是有缺陷的，比如色素性视网膜炎、色盲症等对一些色彩特别敏锐，对另一些色彩辨识困难。一些畏光症患者喜欢使用黑底白字的影像，一方面，白字有强烈的反光，可大大提高阅读的效率与速度，另一方面，黑底白字可降低屏幕亮度，避免产生刺目眩晕感。有人对长沙市盲聋哑学校的十名低视力学生做过一个详细调查，发现除了在小学随班就读几年后的个别低视力学生外，其他低视力学生对蓝绿色的辨认有困难，部分学生对黄色陌生，只有红色都能准确辨认。[③] 因此无论哪种病因，在选择读物时都建议色彩对比度高的搭配，方便视障儿童辨认识别。

2. 慎选触觉绘本

触觉绘本（Tactile Picture Books）是一种色彩缤纷的图画书，不仅可以供健全儿童阅读，也包含盲文和触觉图片供盲童触摸，通过不同的材料甚至香味、声音来刺激读者的其他感官。[④]目前由于早期阅读概念的兴起，以及儿童多感官教育的流行，我国图书市场上出现不少触摸绘本，但是从现有的触摸书来看，品质参差不齐，触摸书理念并没有很好地体现在设计中，普通儿童阅读没有问题，但对盲童来说反而会造成认知干扰。

通常来说一本优秀的触摸绘本应该符合如下设计理念。第一，绘本是图画和

---

① 董铁英.补偿基础 排除障碍 快乐阅读［J］.现代特殊教育，2012（01）.

② 江龙飞，等.近用电子助视器对盲童近视力康复和阅读能力的影响［J］.中国妇幼保健，2013，28（26）.

③ 低视力儿童色彩辨别能力的训练［EB/OL］.（2013-04-10）［2019-05-19］.http://www.spe-edu.net/Html/mangjiaoxue/201304/33856.html.

④ 黄梦萦.基于触觉绘本的图书馆盲童阅读推广研究［J］.图书馆杂志，2013，32（04）.

文字共同叙事的，除了文字以外，图画也传达故事，透露细节。触摸绘本也同样应遵循这样的理念，可触摸的部分要通过不同的纹理、材质向阅读者传达不同的讯息。第二，由于盲童的触摸是非连续性的，视觉图像中呈现的过于复杂的线条盲童触摸起来会相对困难，因此要尽量使用简洁清晰的线条方便盲童辨识。第三，触摸绘本中点字盲文的印刷要符合国家标准，点字过小、过大都会给盲童的摸读造成困难，产生不好的阅读体验。

日本 1970 年左右就出现触觉绘本，并成立了"大阪触觉绘本联络委员会""盲文绘本出版普及会"从事触觉绘本出版制作工作。英国儿童触觉图书邮政借阅图书馆（Clear Vision）自 2000 年起建立起了一个儿童触觉绘本图书馆项目，目前已收集包含盲文和触觉图画的盲文书籍 13000 册，其中手工制作的布书超过 1000 册。①我国触觉绘本工作尚在起步阶段，中国盲文图书馆、重庆图书馆都曾为盲童制作过触摸绘本，相信未来会有更多有情怀的出版人、志愿者加入触摸绘本的制作中来。

3. 自主阅读不可替代

随着现代科学技术的发达，越来越多的视障读者选择听读。虽然有声读物资源更丰富、获取更便捷，对于视障儿童来说，自主阅读仍不可替代。正如屏幕阅读无法替代纸质阅读，视障儿童的阅读同样不能被听读完全占据。无论是阅读大字版图书还是摸读盲文书，自主阅读要求读者精神高度集中，调动各方面的感官，主动构建意义，是一种非常重要的阅读方式，也是视障儿童学习活动最主要的阅读方式。因此，为视障儿童选择读物，盲文书与大字书应作为首选。

4. 选择经典读物与流行读物，为盲童融合提供话题

在给盲童选择阅读材料时，一些家长存在误区，他们认为普通儿童阅读的绘本上都是图画，视障儿童看不了。事实上，普通儿童阅读的图画书视障儿童同样可以阅读。

我们在谈儿童的早期阅读时强调绘本是用来"听"的，孩子坐在家长的怀中，

① 黄梦萦.基于触觉绘本的图书馆盲童阅读推广研究［J］.图书馆杂志，2013，32（04）.

享受着父母温柔的朗读，这种声音带来的安全感对亲子关系的建立非常有帮助。对于盲童来说，早期的亲子共读经验同样可以帮助他们建立良好的亲子关系。更为重要的是，视障孩子由于移动范围受限，尤其需要通过阅读领略丰富多彩的世界。

视障孩子与普通孩子阅读相同读物的另一个好处是为他们今后的融合制造话题。孩子们在一起就会谈论各自的兴趣爱好，如果他们有一个共同点，彼此接纳的可能性就更高。比如普通儿童喜欢恐龙主题的读物，视障儿童如果也读过相似的题材，他们就可以在一起谈论、游戏，很快彼此融入。

我们为视障儿童制作的推荐书目见本章附录。

三、视障儿童阅读策略

（一）选择友好的阅读环境

视障读者在阅读时对环境要求较高，室内光线、气温、噪声、家具色彩对比度都有可能对阅读产生影响。比如有些视障读者畏光，需要坐在光线较暗的地方，有些则需要光线刺激，喜欢坐在宽敞明亮的地方。又比如室内气温过低，视障读者的摸读速度会大大降低，周围环境

广州图书馆工作人员引导小读者了解盲文（王奕 摄）

太吵也影响他们听读音频文献。家长在为视障儿童创设阅读环境时要根据孩子的具体情况，提供适合儿童的、友好的阅读环境。

（二）重视概念的准确理解

前文提到，一些视障儿童在早期认知学习中，由于观察不仔细、不全面，对事物的理解存在偏差。认知偏差会影响视障儿童对概念的准确把握，从而影响其后期形象思维向抽象思维的过渡。兴趣是最好的老师，家长在实践中要培养视障儿童观察事物的兴趣，丰富其感性认识，同时也要运用一些技巧，引导视障儿童科学有序地观察，增加其理性知识。视障儿童对事物的认知越全面、概念掌握得越准确，对今后的发展越有帮助。

1. 引导多感官观察

儿童通过"视、听、味、触、嗅"等多种感官认识事物的多种属性，引导视障孩子观察事物时也要调动他们的多种感觉器官，反复多次观察，以对事物形成全面完整的认识。比如盲童在认识汽车时可以引导他们触摸汽车模型，对汽车的材质、形状、各部分名称功能有一个大致的认识，然后还可以引导盲童听消防车、警车、救护车等不同汽车的声音，通过汽车行驶声音的不同判断汽车的方位、距离与速度。尤其要注意的是，一些事物在不同的时间，或者事物发展的不同阶段会产生变化，要引导视障儿童观察这些变化，以进一步了解事物的局部与整体、内部与外部、本质与特征之间的联系。

2. 提供口述影像

口述影像是将视障者无法通过视觉获取的影像讯息转换成听觉讯息的一种方式。口述影像没有统一的标准，但有很深的学问与技巧，需要不断学习与实践才能体会。通常来说口述影像需要客观描述，不能加入太多个人喜恶；在描述的时候语言要简练生动、规范严谨，不能前后不一致；描述的时候不仅要讲述事物的典型特点，也要描述细节，适当拓展。口述影像是视障儿童认知世界的重要途径，要尽可能从多维度去介绍事物，如从颜色、形状、气味、味道、触感、功能、心理感受、社会评价等方面去描述，让他们获得足够的信息以掌握事物的准确概念。

3. 运用类比推理、象征替代等技巧

类比推理法是运用视障儿童已知的同类事物或特征，通过比较、推理认识不

广州图书馆视障人士服务区
（王奕 摄）

能直接观察的事物的方法。这种方法常用于视障儿童区分大小，以及了解有毒有害的事物等教学活动中。比如认识老虎可以以猫做类比，也可以用玩具或模型让视障儿童先了解虎的形状，再触摸猫的皮毛，以此类推虎皮毛的感觉。

象征替代法是教视障儿童认识无法感知的事物或现象时使用的方法。比如盲童无法感知颜色，可以说"红色象征着热情、热烈、喜气洋洋"，"绿油油象征着庄稼长得生机勃勃、挺有精神"等。[1]

（三）掌握阅读技巧

1. 听读效率训练

听读效率对视障儿童来说十分重要，每次听读所保留的材料和细节越多，听读效率就越高。在日常生活中要训练视障儿童回忆听觉材料的细节，回忆的内容也从最开始的时间、地点、人物、事情逐渐加长句子，增加细节，最后实现复述完整故事和主要情节的能力。

2. 图像摸读训练

盲童认知大多依靠实物教学，那是三维立体的触觉形象。实物一旦转换成平

---

① 教育部师范教育司. 盲童教育学［M］. 北京：人民教育出版社，2000.

面图像，盲童辨识起来就非常困难。可以用毛线勾勒简笔画的轮廓，让盲童练习触摸，转换思维，形成对实物的二维印象。

3. 盲文快速摸读训练

从盲文摸读的信息加工过程看，首先是触觉信息，通过手指输入大脑，使人感知突起的小点；其次是知觉整个点符，建立点符形状同语音之间的联系；最后是建立音义之间的联系。从这个过程来看，要快速摸读，手指触觉的敏感性、手的运动是首要条件。因此盲童要加强手指触觉辨认、手指灵活性、手指和手指的协调运动、触摸时压力等方面的技能训练。[①]另有研究发现，双手摸读的盲童比单手摸读的盲童摸读速度要快，用右手摸读的盲童比用左手摸读的盲童摸读速度快，这些研究对提高盲童的摸读速度也有一定的参考意义。

----

① 教育部师范教育司.盲童心理学［M］.北京：人民教育出版社，2000.

一、听障儿童与阅读

人类的耳朵有非常精巧的构造，主要分为外耳、中耳、内耳三个部分。内耳直接连接听神经，构成人类的听觉系统。当声音发出时，声波会通过介质传播到外耳道，再传到鼓膜。鼓膜震动，通过听小骨传到内耳，刺激耳蜗内毛细胞产生神经冲动。神经冲动沿着听神经传到大脑皮质的听觉中枢，形成听觉。

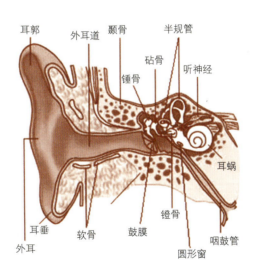

图3-2　人耳结构图

人耳不同部位不同器官产生病变都有可能影响听力。耳朵的传声装置受损，即为传导性听觉障碍——耳朵的感音装置受损，必然会发生感音性听觉障碍（感音神经性耳聋）。如果两个方面都有损害，则会发生混合性耳聋。近年来临床上又逐渐认识到一种新的听力障碍，听神经病（AN），病患言语识别损失大于听力损失，双耳听不清说话声，有言语交流的困难，并区别于感音神经性耳聋。

通常来说听觉障碍的发生分为先天和后天两种。细菌、病毒的感染，暴力的打击，气压变化，药物或化学品中毒，强噪声等都会对听力产生影响。而妊娠期感染、发育畸形、遗传性疾病也会导致听力损失。

我国《残疾人残疾分类和分级》国家标准（GB/26341–2010）按平均听力损失，及听觉系统的结构、功能，活动和参与，环境和支持等因素分级（不配戴助听放大装置），将听力障碍分为四级：

1. 听力残疾一级

听觉系统的结构和功能极重度损伤，较好耳平均听力损失大于 90 dB HL，不能依靠听觉进行言语交流，在理解、交流等活动上极重度受限，在参与社会生活方面存在极严重障碍。

2. 听力残疾二级

听觉系统的结构和功能重度损伤，较好耳平均听力损失在 81—90dB HL 之间，在理解和交流等活动上重度受限，在参与社会生活方面存在严重障碍。

3. 听力残疾三级

听觉系统的结构和功能中重度损伤，较好耳平均听力损失在 61—80dB HL 之间，在理解和交流等活动上中度受限，在参与社会生活方面存在中度障碍。

4. 听力残疾四级

听觉系统的结构和功能中度损伤，较好耳平均听力损失在 41—60dB HL 之间，在理解和交流等活动上轻度受限，在参与社会生活方面存在轻度障碍。

据调查，目前我国有听力语言残疾人 2057 万名，15 岁以下儿童为 170 万名，其中 7 岁以下儿童约 80 万名。每年，我国新增听力障碍儿童 2 万至 4 万名。

（一）听障儿童阅读挑战及其原因

大脑听觉中枢负责分析理解声音，与语言中枢有密切的关系。当一个孩子出生时即伴有严重的听觉障碍，他的语言发育也会受到影响。为了方便交流，听障人士使用手语或阅读唇语。但近年来随着世界听觉医学、听力康复技术的跨越式发展，很多重度、极重度听障患者借助助听器、人工耳蜗进行了听觉重建。一些年龄较小的孩子，在一周岁左右植入人工耳蜗，经过科学的语言康复，和健听儿童的语言发展水平接近。

对于一些通过各种康复手段依旧未能获得良好听觉理解的儿童，家长需特别关注其今后的阅读能力的发展。对于听损儿童而言，视觉输入是他们获取信息的主要渠道，阅读理解与他们的学习成绩、受教育程度、生活质量、社会化发展程度息息相关。因此，提高阅读理解能力对于听觉通道缺失的听障孩子而言意义非凡。

从现实来看，听障儿童的总体阅读水平低于健听儿童，听障儿童在阅读方面确实存在困难。早在 1916 年，宾特那和帕特森（Pintner&Patterson）就通过"伍德沃斯和威尔斯测验"（Woodworth and Wells Test）对一群 14—16 岁听觉障碍学生进行过评量，结果发现他们在阅读方面的平均分数只相当于普通儿童7 岁的水平；1963 年，Wrightstone, Aronow 和 Moskowitz 对 5307 名 10—16 岁听觉障碍学生进行研究，结果发现只有 8% 的听觉障碍学生的阅读水平在四年级程度以上，10—11 岁被试学生的阅读程度大约为二年级水平，15—16 岁被试学生的阅读程度大约为三年级水平；此外，1991 年，美国加劳德特大学测量与人口统计研究中心（Center for Assessment and Demographic Studies, CADS）的一项报告指出，13—14 岁听觉障碍学生的阅读理解能力仅相当于三年级或四年级的阅读水平，而且他们的阅读能力每年只增加大约 0.3 个年级。[①]

除总体的阅读水平低之外，听障儿童阅读理解能力还具有发展速度慢和发展不均衡的特点。Di Francesca 对 17000 名 6—21 岁的听障学生进行研究，结果表明，听障学生每年增加的平均分数仅为 0.2 个年级。Pugh 研究了一个寄宿学校的听障学生在"洛瓦默读测验（Lowa Silent Reading Test）"中的分数，发现在所有测试中，各年龄组的得分均低于六年级，听障学生的阅读成绩在七至

---

① 张茂林.听觉障碍学生阅读策略及相关干预［M］.南京：南京师范大学出版社，2016.

十三年级之间几乎没有提高。Gentile 对 16908 名听障学生的阅读测验得分说明，20 岁以后仍待在学校里接受教育的听障学生，学业上的发展几乎为零。①

在中国，听障儿童的阅读情况也基本类似。何文明对听障学生语文学习情况进行调查，结果发现，九年级听障学生在毕业时甚至阅读普通报刊还比较困难。台湾学者林宝贵、李真贤针对聋校高职与初中学生、普通初中及小学聋生班学生所做的调查研究发现，聋校里高职学生平均阅读能力为 3.2 年级水平，初中学生平均阅读能力为 1.7 年级水平；在普通中学聋生班就读的学生平均阅读能力为五年级，小学聋生班学生平均阅读能力为 2.1 年级。张蓓莉针对小学三至六年级融合学校中的听觉障碍学生进行的研究显示，小学阶段融合学校中听觉障碍学生的阅读能力比同年级听觉正常学生落后 2 个月至 3 年不等，而且存在较大的个性差异。②

听障儿童阅读能力落后，与以下原因有关：

1. 听觉思维能力缺乏，以形象思维为主

"语音加工"在健听者的阅读中起着重要作用。对于健听读者而言，文字的音、形、义是相伴随出现的，他们将复杂的文字转换成大脑的内部语言，大脑再进行听觉思维，理解文本。而听障儿童（特别是以手语为第一语言的听障儿童）在思维时主要通过视觉编码，字音不占优势。

大多数听觉障碍儿童到青少年中晚期抽象思维才逐渐占据主要地位，比健听儿童要晚很多。在此之前，他们均依靠情景表象或手势进行思维。在表述一件事情时，听障儿童不会用语言文字提炼概括，而是停留在现象中，具有很强的直观形象性和运动性。比如在看到几个人打架时，他们不会用"打架"这个词来说明这几个人在干什么，而是通过模仿这些人的动作、手势，通过模拟情景来表达他们在打架。

---

① 刘晓明.听障大学生阅读理解监控的眼动研究[J].中国特殊教育，2012（01）.

② 张茂林.听觉障碍学生阅读策略及相关干预[M].南京：南京师范大学出版社，2016.

长期的形象思维使听障儿童在理解抽象概念时存在困难。虽然听障儿童在康复学习中普遍经历"字音激活"的过程，但每个人的能力不同，掌握程度不同，语音加工的程度也不同。第二十一届全国心理学学术会议上，兰泽波等人发布的研究报告《听障中学生汉语阅读中的语音加工》显示：两组健听学生在同音字条件下的阅读时间显著短于无关字，表现出同音优势，但听障学生在这两种条件下的差异不显著。进一步将听障中学生分为高阅读能力组和低阅读能力组发现，高阅读能力组表现出同音字优势，而低阅读能力组在同音字和无关字条件下的阅读时间无显著差异。可见，阅读时是否进行语音加工是影响阅读的重要因素，听障儿童语音加工能力缺乏，阅读理解的水平就会受限。

2. 薄弱的语法能力与有限的词汇

健听儿童在开始阅读之前经历了相当长时间的"口语阶段"。他们在使用口语的过程中不断地学习、理解、使用语言，积累了相当丰富的词汇和语法知识，这对他们今后的阅读帮助很大。

听障儿童则正好相反，他们没有经过大量口语的积累，语法和词汇的知识十分有限，他们通过阅读学习语言的使用。听障儿童的语法学习非常生硬，他们像学习第二语言一样先掌握简单的主、谓、宾顺序，然后在理论框架中对句子进行加工，而对于丰富的语言形式，他们通常不能灵活掌握。Tervoort 对听障儿童理解被动句的能力进行了调查，结果发现 13 岁以下的听障学生能正确理解被动句的只有 27.5%，13 岁以上听障学生能正确理解被动句的为 74%[①]，而对于健听学生，7—10 岁就能完全掌握被动句。

词汇是语言发展的基石，造成听障儿童阅读理解困难的另一重要原因是词汇上的限制。Davis，Elfenbein，Schum 与 Bentler 以 PPVT-R（Peabody Picture Vocabulary Test-Revised，毕宝德图画词汇测验修订版）测量 5—17 岁的听障儿童，发现听障儿童的词汇发展落后于普通儿童，落后的程度约为 2—4 年，平均的年龄差距是 2.18 岁。林宝贵对台湾 3—6 岁的 268 名学前听障儿童进

---

① 刘晓明. 听障大学生阅读理解监控的眼动研究［J］. 中国特殊教育，2012（01）.

行毕宝德图画词汇测验，并与同年龄普通儿童比较后发现，学前听障儿童的词汇理解能力落后普通儿童 2—4 年左右。

此外研究者还发现，听障儿童对不同类型的词汇理解能力也有不同。白银婷和唐文婷对上海 146 名 3—5 岁听障儿童的形容词理解能力进行研究，发现听障儿童对性质评价形容词理解较好，而对品行行为形容词和机体感觉形容词的理解较弱。林宝贵等对听障儿童进行 PPVT-R 测试后，通过词类归类分析后发现，在听障儿童已经学得的词汇中，以名词占绝大多数，动词及形容词所占的比例较少，可见听障儿童所能理解的词汇范围与类型没有普通儿童广博。①

3. 早期阅读训练不足，马太效应凸显

美国科学史研究者罗伯特·莫顿（Robert K.Merton）提出"马太效应"这一概念，用来解释"已有声誉的科学家被给予的荣誉越来越多，而那些未出名的科学家所做的成绩则不被认可"这一现象。简而言之就是好的越好，坏的越坏，多的越多，少的越少。这样的情况也同样存在于早期阅读中。

喜欢阅读的孩子倾向于阅读更多，在阅读过程中阅读能力得到发展，阅读体验愉悦，学业成绩有所提高，阅读动机也就更加旺盛，这样，孩子形成了一个阅读的良性循环；相反阅读基础差的孩子不喜欢阅读，阅读能力得不到训练，阅读使他变得非常沮丧，同时影响了学业成绩的提升，由此，孩子的阅读进入了一个恶性循环。

黄红燕 2004 年对昆明盲哑学校的一次调查发现，大部分听障学生课外阅读的习惯较差：除了阅读一些日常报纸和几本他们喜欢的杂志以外，很少阅读其他书籍。黄红燕认为，听障学生从小没有养成多读书的好习惯，以至于一般阅读材料对他们而言难度较大。为了降低自身挫败感，他们就逃避阅读。②刘建华 2003 年对北京四所聋校 129 名四至高中二年级的听障学生所做的阅读现状的调查也有类似结果。其中 63.5% 的学生年图书阅读量不足 3 本，一些学生周阅读时间不足

① 牟奕蒙.4—5 岁听力障碍儿童词汇水平研究 [D] .南京：南京师范大学，2018.
② 黄红燕.关于聋生书面语技能的培养及训练 [J] .中国特殊教育，2004（04）.

两小时，作文病句比例达 91.8%。[①]

听障儿童的阅读劣势，除了听障儿童自身生理缺陷之外，与家庭社会没有引起足够重视，为他们提供充足友好的阅读环境也有很大关系。朱苏娜 2016 年在江苏省无锡市特殊教育学校做的听障学生亲子阅读现状调查显示，65.5% 的家长对"亲子阅读"完全不了解，经常陪伴孩子阅读的家长不足 13.8%。[②]而公共图书馆针对听障人士提供的阅读服务也十分有限。

（二）听障儿童阅读研究

随着全民阅读浪潮的兴起和人们对儿童教育的重视，近年来大家对儿童阅读、传统教育又有了新的认识，利用绘本进行阅读教育成为教育领域中新的课题。这一动向给特殊教育工作者带来了启发，他们也把目光聚焦在"绘本"上，希望从绘本阅读寻找特殊教育新的突破口。刘殿波等呼吁将绘本阅读作为特殊教育教学的有效补充。他们认为，特殊教育"去应试化"的特点为绘本阅读的应用提供了土壤。另外，绘本语言简练、画面生动更有助于发展落后的特殊儿童理解。[③]

从现有的文献来看，围绕绘本进行听障儿童阅读研究侧重课堂教学、亲子共读两个方面：

1. 课堂教学

作为特殊教育教学的重要补充，绘本教学在特殊教育学校逐渐推广开来。如何组织课堂教学、采用什么样的教学策略才能达到预期的教学效果是特殊教育工作者普遍关注的话题。韩映虹等通过实验，观察互动式阅读与传统阅读方式下听障儿童的阅读行为差异。他们发现采用互动式阅读方法进行阅读的听障儿童在回答问题的行为、愉快的情绪表现、靠近教师或多媒体、触摸图画书或多媒体、模

[①] 刘建华.听障生阅读现状的调查分析与阅读指导的建议[J].北京联合大学学报，2003（02）.

[②] 朱苏娜.中年级听障学生亲子阅读现状调查及引导方法[J].现代特殊教育，2016（06）.

[③] 刘殿波，邓猛.绘本应用于特殊教育的思考[J].现代特殊教育，2016（16）.

志愿者为江苏省听力语言
康复中心小朋友讲读绘本
《小种子》

仿人物表情等方面的表现均优于采用传统阅读方法的听障儿童。因此他们鼓励对听障儿童采用互动式阅读法。①台湾刘俊荣、刘秀丹探索了融合教育情境下，手语双语教学对听障儿童阅读理解的影响。结果发现加入手语的双语教学方案，可以让学生在不妨碍阅读学习的情况下，多学一种语言；听障学生的识字量、阅读理解进步量均高于同伴健听同学。②除了学者的研究，一线教师的课堂教学实践也值得关注。

2. 亲子共读

绘本阅读实践不仅仅在学校中，家庭也是非常重要的力量。在听障儿童成长中，家长是陪伴孩子时间最长、对孩子的影响最大的人。借助家长的力量，提高孩子的阅读水平十分关键。很多研究者意识到这一点，并着力推进听障儿童亲子共读。陈晓通过个案研究发现，亲子共读对听障儿童阅读常规、语言理解能力、口语表达能力具有积极促进作用；亲子共读中家长的阅读习惯、阅读环境，以及

① 韩映红，刘佳，孙琳琳.4—6 岁听障幼儿互动阅读与传统式阅读的比较研究 [J].中国听力语言康复科学杂志，2018，16（04）.

② 刘俊荣，刘秀丹.台湾手语双语绘本阅读教学在听觉障碍融合班级之实施成效 [J].北京联合大学学报，2017，31（02）.

家长对教学方法、策略的掌握程度直接影响听障儿童的阅读水平。[1]吴晓燕提出七个家庭共读的方法，希望家长利用"绘本"这把钥匙，打开孩子的"听觉大门"。朱苏娜调研无锡市特殊教育学校亲子阅读现状，提出引导亲子共读的三种方法。南京特殊教育师范学院"袋鼠妈妈绘本角——特殊需要儿童阅读疗愈项目"提倡"以家庭为中心的儿童康复"，通过举办家长课堂、家长故事会，丰富特殊儿童家长的绘本知识，促进亲子共读。

任何儿童的阅读都是在老师、家长的陪伴指导下逐渐走向独立的，听障儿童也不例外。早期阅读有利于听障儿童读写萌发，为下一阶段自主阅读做准备。

除了绘本阅读研究，一些学者从语言学、认知心理学的角度展开听障儿童阅读研究。王文清、卢海丹分析了阅读成分理论模型，从语音意识、词汇、流利性及文本理解四个维度提出提高听障儿童阅读效率的训练策略。[2]赵英等研究了语音意识和词汇知识对听力障碍儿童阅读流畅性的影响。张茂林、杜晓新分析了阅读策略的基本类型，提出了认知策略与元认知策略在听障学生篇章阅读中的应用。[3]这些策略的效度如何目前尚未得到验证，也是未来听障儿童阅读研究亟待开拓的领域。

二、听障儿童读物的选择

儿童身心发展遵循普遍规律，儿童读物的选择也具有一般共性。本章第五节提到自闭症儿童绘本读物的选择标准也同样适用于听障儿童。与自闭症儿童不同的是，听障儿童的康复技术已相对成熟，形成范式。临床上建议患儿及早配戴助听器或植入人工耳蜗，并接受科学系统的语言康复。大部分听障儿童在语言训练

① 陈晓.亲子共读对聋童阅读常规及语言能力影响之个案研究[D].重庆：重庆师范大学，2012.
② 王文清，卢海丹.基于阅读成分理论模型探讨听障儿童阅读能力建设[J].中国听力语言康复科学杂志，2019，17(01).
③ 张茂林，杜晓新.听力障碍学生阅读策略研究概述[J].中国特殊教育，2011(07).

后能恢复到接近普通儿童的水平，进入普校学习。康复界进一步的追求则是提高听障儿童的综合素养与学业表现，关心他们的心理健康与人格养成。利用阅读帮助听障儿童全面发展，是目前特殊教育界、康复界的普遍共识。

为听障儿童选择书籍有如下建议：

1. 难易适中、循序渐进，与儿童能力相匹配

听障儿童听觉重建后九个月被认为是语言康复的黄金时期。国际通行的听觉发展四阶段是听觉察知、听觉分辨、听觉识别、听觉理解，家长可以根据幼儿不同的发展阶段，选择适合的绘本。比如在听觉察知、听觉分辨阶段，家长可以选择"听什么声音"系列，包括《动物园》《交通工具》等表现世界各种声音的绘本，让儿童感知声音的有无与变化；在听觉识别阶段，家长可以选择《喂——哎——》《噗～噗～噗～》《我们要去捉狗熊》《蹦！》这种频繁使用拟声词、叠音的绘本，帮助儿童提高语音意识；在听觉理解阶段则可以选择《听说小猪变地瓜了！》、"相对关系概念图画书"帮助儿童增加语言知识，提高认知水平。

每个儿童的学习都是在原有的知识框架中整合信息形成新的知识。维果茨基"最近发展区理论"也认为儿童的学习是在"既有能力"上往"潜在区域"发展的过程。因此绘本的选择要基于儿童的能力，并适当提高目标，这样才能使他们真正理解并持续不断地进步。

2. 多样体裁、多种主题，促进儿童全面发展

万宇在《儿童阅读的全面营养餐》一文中指出目前儿童阅读中的误区："说到吃饭，我们会给孩子五谷杂粮，肉蛋奶蔬，注意营养搭配，争取做到全面均衡。说到阅读，家长朋友则多侧重在文学性书籍上，儿童文学或故事书上面，往往忽视了阅读的全面性。"[①]万宇的比喻提醒家长，儿童需要不同体裁、不同主题的读物，正如他们需要全面而均衡的营养一样。家长在为孩子选择读物时不能只盯着某一种，要选择丰富多样的作品，帮助他们开启更多认识世界的窗户。

---

① 万宇.儿童阅读的全面营养餐[J].图书馆杂志，2012，31（12）.

　　一些听障儿童家长在孩子早期发展过程中过分关注语言发展，忽视了其他方面，导致孩子进入普校有陌生感，出现不适应、跟不上的情况。因此为听障儿童选择多元阅读材料，让他们及早熟悉不同体裁、不同主题的文本显得更加必要。

　　儿童读物从体裁上来看有韵文、儿童诗、童话、散文、图画书、儿童戏剧等；从主题上来看有知识类、科学类、生活故事类、幻想故事类等。《三字经》《笠翁对韵》《向着明亮那方》、"小牛顿科学馆"等都是不可多得的儿童读物，可帮助听障儿童增长见识，促进思维发展。

　　3. 管理情绪、自我认同，有益儿童的心理健康与人格养成

　　由于听力障碍，听障儿童在理解事物、沟通交流上存在缺陷，在社会交往中往往存在胆小焦虑、固执易怒的倾向。在现实生活中我们看到，听障儿童的情感缺少含蓄性，很容易流露于外。高兴时喜形于色，哈哈大笑；不高兴时大发雷霆，哇哇乱叫。另一现象是，听障儿童总是聚集在一起，很少与健听者交流。一些人工耳蜗术后康复不佳的儿童也会出现"我是听障还是健听"的疑惑，主动放弃人工耳蜗，使用手语。听障儿童的这些行为表现容易让人形成不良的刻板印象，从而影响整个群体向主流社会的融合。

　　给予听障儿童充分的关爱与理解，让他们对自己有客观的认识和评价，培养他们乐观开朗、积极向上、沉稳坚毅的品格将使他们终身受益。目前，以建立安全感、自我认同、情绪管理为主题的绘本很多，人们对于儿童心理健康的发展也越来越重视。

　　我们为听障儿童制作的推荐书目见本章附录。

三、听障儿童的阅读策略

　　父母在儿童成长过程中的作用无可替代。对于特殊儿童而言，一场高质量的亲子共读不亚于一堂个训课。家长如能经年累月坚持陪孩子阅读，对他们的发展将大有裨益。这里，我们列举一些简单易行的阅读策略供家长使用。熟练使用这些策略，将大大提高亲子共读效果，让阅读变得更轻松有趣。

1. 增加语音意识训练

语音意识是对口语中影响语义的音节、首尾韵、音位等语音成分进行辨识、分析和操作的能力，反映了个体对语音系统的敏感性及语音表征的质量。如"今天天气特别好"这句话，从语音意识加工层面包括如下过程：①识别并生成单词："jīn""tiān""tiān""qì""tè""bié""hǎo"；②计算音位：如"qì"一共包含两个音位"q"+"i"，同时按照汉语拼音规则，某些音位已经形成连续规则，如"in""ao""ian"等；③分割单词：如"jīn""tiān"彼此语音之间具有分界线，两个声音分别组成不同的单词等。研究表明，听障儿童由于早期语言受限，语音意识弱于同龄健听儿童，这成了其阅读能力发展滞后的关键因素，因此在对听障儿童进行阅读干预时要特别注重加强语音意识训练。[①]

同类学习法是语音意识训练中常用的方法，其原则是呈现给孩子的字/词具有同样的语音规则，如相同的声母（风、芳、分）、相同的韵母（爸、怕、骂），让孩子在相近的语音中分辨、归类，不断提高语音意识。绘本故事《鳄鱼阿姨变乖了》通过较密集地输入与目标音 a、e、i 有关的语音，加深孩子对目标音的印象。家长在亲子共读中可以采用类似策略，创编形式各样的绘本供孩子阅读。

采用同类学习法编撰的绘本故事《鳄鱼阿姨变乖了》（a e i 发音训练手册）

鳄鱼阿姨饿极了！"饿死了，饿死了！"

"咦？一只鹅！哈哈！"啊呜！鳄鱼阿姨一口咬过去。

咦？衣服？鹅呢？

嘎，嘎，嘎，鹅跑了。"哼！讨厌的鳄鱼！"鹅生气地说。

胸针扎了鳄鱼阿姨的舌头："啊，啊，疼死了！"

---

① 王文清，卢海丹.基于阅读成分理论模型探讨听障儿童阅读能力建设[J].中国听力语言康复科学杂志，2019，17（01）.

鳄鱼来看蚂蚁医生，乖乖躺在椅子上。

蚂蚁爬啊、爬啊，爬到高高的椅子上。啊！可以了！

"张嘴，说……" 蚂蚁说。

"啊……啊……" 鳄鱼说。

呜呜呜，嘴巴包起来了，饭也吃不了，饿死了。鳄鱼阿姨再也不敢咬人了。

——故事摘自《ALSOABA 语言干预绘本 Level1》

2. 激活背景知识

针对阅读主题激活原有的背景知识，在文本信息和已有知识之间建立起联系是一种非常重要的认知策略。皮亚杰（Piaget）建构主义学习理论、奥苏贝尔（Ausubel）的意义学习理论均支持用先前学过的材料去解释、联系、整合新材料。

较之健听儿童，听障儿童记忆中关于知识的表征不够丰富，背景知识相对缺乏，在阅读时利用已有知识解读文本的能力较弱。尽管如此，Andrews（1991）、Banner（2011）等人的研究显示，无论是听障成人还是听障儿童，在阅读中最常用的是意义建构策略，而激活背景知识是其中最主要的类型之一。[1]因此，家长在亲子共读中借助图片、文字、影像、实物等，帮助孩子激活已有的知识经验十分必要。

例如在绘本故事《老虎来喝下午茶》中，一只威风凛凛的大老虎跑到小女孩家喝下午茶。通常听这个故事的大人会觉得，老虎来喝下午茶，不会把小女孩吃了吧。然而故事的发展却一反常识，老虎没有伤害小女孩，小女孩也非常乐意与老虎分享，直到家里的东西都被吃完。这个故事的核心是赞美小女孩面对生活的险境时从容淡然的态度。然而要体会到这层意思，读者必须对老虎是凶猛的、会伤害人有一个基本的认识。家长在共读之前不妨拿出老虎的图片、故事，和小朋

---

[1] 张茂林，杜晓新.听力障碍学生阅读策略研究概述［J］.中国特殊教育，2011（07）.

友重温一下背景知识，以便在其后的阅读中更加深入地探讨。

3. 心理图像表征策略

信息在头脑中的呈现方式即为表征。通常来说信息的表征形式有视觉形象形式、语言听觉形式、抽象概念或命题形式。同一种信息在头脑中可以有不同的表征方式，大脑对不同信息的加工方式也不尽相同。用语言听觉表征知识是十分常用的方法，然而文字有不形象、难理解等特点，而且受到语种的限制，给传播造成了很大的困难。图像则可以跨越国家、民族的界限，具有信息量大、直观、容易理解等特点，是一种强有力的表现形式。将阅读内容用视觉化的形象在头脑中表征出来，形成心理图像，是促进理解记忆的重要方式。

由于听觉发展受限，大部分听障儿童都是视觉思考者，在阅读过程中更倾向于使用心理图像策略。Schirmer（1995）以 9 名使用手语、年龄在 7—11 岁的重度至极重度听障儿童为对象，鼓励和引导他们在阅读的过程中积极使用心理图像策略，结果发现该策略能有效促进学生的阅读理解，尤其是可以提升回忆、再认、推理、评估等思维过程的品质。Gentry 等人（2004）使用多媒体技术对 5 名年龄在 12—13 岁的听障学生的阅读情况进行了考察，结果发现被试者在"文字 + 图片"条件下的阅读理解成绩明显优于单纯的文字条件和"文字 + 图片 + 手语录像"条件。研究者认为听障学生在阅读中有将文字转换成图像表征的优势，图片的呈现能促进这种心理图像表征，而手语录像在此却成为额外的干扰刺激。[①]

下图是一位 7 岁普通发展儿童创作的"诗配画"作品。在《春晓》中，儿童将"不觉晓""鸟""花落"等关键词句都描绘在画面中。《塞下曲》中"月夜"与"白天"的变化、弓箭没入石头的细节都说明创作者已经很好地理解诗歌的含义与意境。利用心理图像表征策略，鼓励儿童将抽象的文字转换成图像语言，可以增强儿童对语言的理解，增强记忆，同时提高他们的审美能力。

---

① 张茂林，杜晓新. 听力障碍学生阅读策略研究概述［J］. 中国特殊教育，2011（07）.

小朋友诗配画[①]（王奕 供图）

　　以上三种阅读策略在研究听障儿童阅读的文献中被多次提及，但在应用时也不仅限于听障儿童。本章第五节提及的自闭症儿童家庭阅读策略如"使用图表""对话式阅读""大声朗读"同样适用于听障儿童。

---

① 此画为儿童创作，文字由家长书写。

一、自闭症儿童与阅读

自闭症（autism 或 autistic disorder）又称孤独症，是一种具有生物基础的发育障碍类疾病，包括一系列复杂的神经发育障碍。最新版的《美国精神疾病诊断及标准（第五版）》（*Diagnostic and Statistical Manual of Mental Disorders-V*，*DSM-V*）已将自闭症的核心症状归结为社交障碍、沟通困难和有限的、重复和刻板的行为。自闭症谱系障碍（Autism spectrum disorder，ASD）是这类疾病的总称。较严重的状况称为自闭症或经典自闭症谱系障碍，其他的类型有阿斯伯格综合征（Asperger's Syndrome）、儿童期分裂障碍（childhood disintegrative disorder）和非特异的广泛性发育障碍（pervasive developmental disorder not otherwise specified，PDD-NOS）等。[1]

ASD 的特征和严重程度各异，在各种族和经济阶层中都会出现，并对任何年龄段人群都可能造成影响。不容乐观的是自闭症的患病人数在逐年增加。据美国疾病控制与预防中心统计，截至 2010 年，美国 8 岁的儿童中每 68 人中就有一人患有 ASD。[2]

有关自闭症儿童阅读的研究在国外已经开展三十多年，在国内还处于起步阶段。自 1982 年中国第一例自闭症病例报道以来，已经有相当一部分具有学业能力的 ASD 儿童进入小学。在学校教育中，阅读，尤其是文字材料的阅读成为个体获得知识和发展能力的重要途径，几乎所有功课的学习都必须以一定的阅读能

---

[1][2] 段云峰，吴晓丽，金锋. 自闭症的病因和治疗方法研究进展 [J]. 中国科学：生命科学，2015，45（09）.

力为基础。因此自闭症儿童的学习能力和特点，尤其是阅读的方法和如何提高他们的阅读理解力等问题，引起家长、教育工作者、学者的关注。

（一）自闭症儿童身心特点及阅读挑战

阅读是一种复杂的学习技能。对阅读进行深入研究分析的学者吉布森和利文（Gibson&Levin）在 1975 年时就指出："阅读乃是从篇章中提取意义的过程。"而要从篇章中提取意义需要做到：（1）把书写符号译码为声音；（2）具有相应的心理词典，因而可以从语义记忆中获得书写词的意义；（3）能够把这些词的意义进行整合。[①]Perfetti，Landi 和 Oakhill（2005）有类似的观点，认为成功的阅读必须完成两类主要信息的加工：（1）对词的辨认和确认；（2）将词确认中获得的信息纳入更高一级的语言加工机制并使其发挥更大的作用。一个完整的阅读过程需要调动感知、想象、联想、思维、记忆等心理过程，分析、综合、推理、判断、归纳、演绎等思维技巧，以及动机、兴趣、情感、意志等情智因素。

阅读和所有技能一样并非与生俱来，需要长时间的积累与训练。而对于自闭症儿童来说，他们的某些缺陷让阅读过程因关键要素的缺失变得更为困难。

加州大学心理学和精神病学系教授玛丽安 · 西格曼（Marian Sigman）在《自闭症儿童》一书详细分析了自闭症儿童发展的一些特点[②]：

1. 早期的感知觉障碍

自闭症儿童的知觉和感觉器官似乎完好无损，但他们的反应却往往过激或者迟钝。他们可能被怀疑耳聋，或者在较大声音的环境下显得烦躁不安。一些自闭症儿童用眼的方式也是异常奇特的。许多自闭症儿童使用的是"边缘视觉"而不是"中央视觉"。也就是说，他们注视的是物体的边缘，而不是物体的中心。

---

① 张必隐.阅读心理学［M］.北京：北京师范大学出版社，2004.

② 玛丽安·西格曼，莉萨·卡普斯.自闭症儿童［M］.佘玲，谢志良，译.成都：四川教育出版社，2008.

2. 社交沟通与情绪理解障碍

自闭症儿童很少看其他人并分享他们的体验，同样他们也不会通过观察别人的表情来获取信息。心理学家曾经做过这样的实验，把一个发出声响、眨着眼睛的小机器人移向一个儿童，这个儿童身边坐着自己的母亲和一位实验人员。当机器人靠近时，儿童的母亲和实验人员装作害怕这个机器人，呼吸急促，身体向后退。所有正常发育的儿童以及 30 名智力迟滞儿童中的 28 名儿童，都向表现恐惧的成年人至少看了一眼。但是在 29 名自闭症儿童中，只有 13 名看了看成年人的脸，而且只匆匆看了一眼。

另一个实验中，照看者在实验人员的要求下，在儿童玩玩具的时候，不经任何提示，突然挡住了儿童的手。普通儿童和智力迟滞儿童都会去看照看者的脸，以求得一个解释，但自闭症儿童对这种干涉视而不见，继续玩手中的玩具。

发展心理学家指出，幼儿对事物与成人反应的联合注意以及社会参照对认知发展非常重要，他们尝试通过理解成人的表情来确认陌生及不确定的情形，并以此来引导自己的行为。而缺乏联合注意与社会参照，不仅削弱了儿童对应该接近还是远离陌生情景的判断，而且影响了他们对事物特性、情绪以及社会关系的理解，减少了他们建立社会性情感、参与社会文化生活的机会。

3. 语言障碍

语言受损是自闭症的一个重要特征。在自闭症人群中几乎有一半的人从未掌握过功能性语言。虽然语言能力与智力障碍的程度是紧密联系在一起的，但是即使是非智力迟滞的自闭症患者，其语言的获得相对于整体认知水平的发展而言也是明显延迟的。

一些学者在对自闭症儿童的观察中并没有发现他们在语音上有什么缺陷，但在语法和语用上，自闭症儿童却存在较大问题。代词，尤其是"你"和"我"之间的转换，经常被自闭症儿童混用。同时他们会不恰当地变换语调、响度、音量、重音和节奏，让人听上去"无节奏""空洞""沉闷""刻板"。与自闭症患者谈话的过程很少被中断，这说明他们在发起话题与维持谈话方面存在困难。他们在谈话时也缺少对社交规则的理解，经常会问出令人感觉唐突的问题。由于缺乏设想听者需要什么或者想要听什么的能力，自闭症患者自发性语言受到抑制，大约80%的自闭症患者会鹦鹉学舌般地随声附和。

基于以上对自闭症儿童身心特点的了解，自闭症儿童在阅读过程中存在以下障碍：

1. 对阅读环境有较高要求

自闭症儿童对各种刺激的反应通常会过激或迟钝。因此一旦环境嘈杂、混乱，比如商场人头攒动、灯光炫目，就会让自闭症儿童感觉超负荷，从而出现负面行为。自闭症儿童阅读应选择在相对安静、舒适、有安全感的地方。

2. 视觉提取困难

自闭症儿童在阅读时采用的"边缘视觉"不利于阅读。在阅读图画书时他们很难从丰富的画面中提取与故事内容相关的关键信息；图画中人物动作、神态等助推故事发展的关键细节自闭症儿童同样很难捕捉。

3. 阅读理解困难

儿童的阅读能力与他们的词汇掌握情况成正相关。但许多研究发现，自闭症个体，尤其是高功能自闭症和阿斯伯格症个体，存在较强的词汇阅读技能和较差的阅读理解水平并存的矛盾，这种矛盾模式与"超读障碍（hyperlexia）"有相似的特征。超读障碍患者的整体阅读能力低于局部解码能力，例如在完形填空中，他们所选择的词往往是语法正确，但语义不恰当；过于复杂的语法结构也会让ASD学生的阅读理解水平受到影响。[①]

闽南师范大学陈顺森等人的研究发现，自闭症儿童图画书故事理解能力与社交缺陷水平存在负相关，社交缺陷越严重，图画书故事理解能力越弱；自闭症儿童对图画书中图画形象、事件行动和角色状态的理解水平显著劣于普通儿童；自闭症儿童图画书中社交信息的关注与故事理解呈正相关，对社交信息关注越多，故事理解能力越好。总之，自闭症儿童的社交缺陷极可能影响其对社交信息的提取和加工，从而影响对整个文本的理解。

---

① 李伟亚，方俊明.自闭症谱系阅读障碍研究综述［J］.中国特殊教育，2007（11）.

4. 阅读后用语言进行互动困难

一个完整的阅读理解的循环应该包括：阅读—反馈（就文本进行讨论／评估）—修正（文本再认识／发展）三个环节。儿童阅读从被动阅读向自主阅读过渡，成人的介入与辅助尤为重要，阅读过程也更加重视反馈与修正。但自闭症儿童语言与理解能力的不一致使反馈过程变得困难，与成人或同伴的沟通不畅也让自闭症儿童感到挫败。

（二）自闭症儿童阅读研究

自闭症儿童阅读研究涉及认知心理学、应用语言学、阅读学、儿童文学等多学科、多领域，是综合性非常强的课题。在西方，ASD 的阅读研究主要采用实验比较法、单一被试实验法来考察自闭症儿童与同龄普通儿童阅读能力的差距，以及自闭症儿童在接受干预后情况是否好转。近期，随着神经生物学的大力发展，新技术、新方法的出现，以及各学科融合进程的加剧，自闭症儿童阅读研究进入了新视界。

一些学者从神经生物学的视角展开研究，希望给予自闭症儿童的阅读特征以理论解释。Goldberg 研究认为，自闭症儿童程序性记忆系统受损，陈述性记忆相对没有受损。程序性障碍造成他们在顺序确定的活动方面有困难，很难将可以获得的知识与行为相联系。Mehegan 和 Dreifuss 依据成人模型推测，自闭症儿童可能存在颞额叶的障碍，但还没有影响布罗卡区或维尼卡区等语言中枢。总之，神经生物学关于自闭症儿童的研究才刚刚起步，未来是一块非常大的处女地，人们也寄希望于此，希望自闭症儿童的核心障碍能够突破。

新技术、新方法被更广泛地应用于自闭症儿童的阅读研究中。为了使研究结果更具科学性，研究工作者采用眼动仪、动态脑电图采集数据，分析自闭症儿童的视动特点及阅读过程中神经中枢的运作情况。一些研究者探讨电脑辅助教学与自闭症语言康复的关系，将自闭症儿童阅读研究从心理干预层面向综合治疗、协调康复方向推进。Tobii Dynavox 公司提供全球眼球技术和 AAC（Augmentative and Alternative Communication）辅助沟通解决方案，他们研发的 ACC 辅助沟通设备正在改善自闭症儿童的语言状况。美国兰开斯特公共图书馆为自闭症用户提供装 Boardmaker 软件的电脑，自闭症用户可以通过这种软件来制作有声读物，设计自己的学习和教育课程。无论是研究还是应用，新技术无疑是一个给力的助推器，带来前所未有的新思路。

　　一个特别需要注意的现象是，国外公共图书馆及社会机构在促进自闭症儿童阅读方面起着相当重要的作用。他们以项目促研究，在实践中积累资料、寻求策略，拥有非常多宝贵的经验。美国兰开斯特公共图书馆建立了自闭症资源中心，为自闭症患者及其家庭、老师们和治疗专家提供自闭症相关的各种类型的几百种资料；美国阿普尔顿公共图书馆拥有大量关于自闭症儿童的馆藏资源，为自闭症儿童开展了美丽新项目，让自闭症儿童能在图书馆真实地表现自我，也让家长们更好地了解自闭症儿童。澳大利亚 Aspect Hunter 学校为自闭症儿童设置了专门的图书馆，为自闭症儿童学习生活提供各种服务，帮助他们学习融入主流学校和社会所必要的一些技能。在日本，名为"日本支持网络"的组织有专门为自闭症患者提供服务的日语迷你图书馆，为自闭症患者提供适合他们阅读的馆藏资源，包括图书、杂志、录像带等，研究者则采取样本跟踪或者特例研究的方法，结合心理学、社会学理论分析探讨阅读对自闭症儿童治疗康复的影响。[1]

　　近年来，我国自闭症儿童阅读研究有很大进展，其中特殊教育工作者、图书馆工作者以及语言学专家成为最重要的研究主体。他们关注国外研究前沿，以实验、实测、案例分析为主要手段，探讨自闭症儿童阅读的诸多问题，提出帮助自闭症儿童提高阅读能力的有效策略。如刘友群等人提出通过阅读故事、理解角色等，帮助自闭症儿童正确对待各种情绪，学会正确处理情绪问题的方法[2]；马晓晨等围绕自闭症儿童认知能力、语言沟通及交往能力的提升，研究针对自闭症儿童阅读的绘本教学策略，包括采用以"做"为主的教学方法，选择经典的低幼绘

① 束漫，田花蔓．图书馆自闭症儿童服务研究［J］．图书与情报，2013（02）．
② 刘友群．运用社交故事矫正自闭症儿童的情绪问题［J］．现代特殊教育，2016（01）．

本、安排圆形或模块形的座位排列、使用三合一的教学媒介、实践个别化教学[①]；郭家俊等研究自闭症儿童图画书阅读中社会性信息加工特点和社会认知特点，探讨社会性缺陷对图画书阅读过程的影响和社交信息注意表现，并为自闭症儿童的教育干预提供参考和建议[②]；陈西梅等则通过社会故事研究影响自闭症儿童亲社会行为的成效和同伴交往能力变化[③]。邓咏秋、陈西梅等在介绍海外图书馆服务自闭症儿童经验的同时，大声疾呼，希望我国加强为自闭症患者阅读服务的资源和基础设施建设，提出公共和少儿图书馆要首先创造条件，积极推进"自闭症儿童阅读"阅览室建设。让政府、社会、家庭形成共识和合力，把对自闭症儿童阅读的关怀提高到社会包容性，社会多元化发展，以及"知识均等"的高度认识和对待。这些研究成果对促进我国自闭症儿童阅读研究起到了不同程度的主题引导、思路开拓的积极作用。

二、自闭症儿童读物的选择

儿童文学题材丰富、形式多样。为自闭症儿童挑选高品质图书首先要遵循儿童阅读的共性，注重图书的品质，选择优秀的，符合儿童身心特点、兴趣习惯的图书。同时也要照顾自闭症儿童的个性，避免过于抽象复杂的文本，并以提高认知、语言、情绪控制等一系列能力发展为目标。

较之一般儿童读物，自闭症儿童读物应该突出以下特点：

1. 图画色彩鲜明、主题突出、具体形象，容易吸引他们的注意力，唤醒审美体验

自闭症儿童认知能力不一，其中 80% 认知落后。为他们提供的图书应质地

---

① 马晓晨.自闭症儿童绘本教学的有效策略 [J].现代特殊教育，2018（13）.

② 郭家俊.自闭症儿童图画书阅读中社会性信息加工特点的研究 [D].上海：华东师范大学，2012.

③ 陈西梅.社会故事影响自闭症儿童亲社会行为的成效研究 [D].重庆：重庆师范大学，2012.

轻巧、安全耐用。类似洞洞书、翻翻书、折叠书、触摸书的装帧，会让他们觉得书和玩具一样，非常有趣。

如果自闭症儿童正处于学习基本生活技能和拓展词汇阶段，为他们提供色彩鲜明、形象具体的图画书比较合适。对于此阶段儿童来说，阅读主要是通过图画来联想内容、判断意义的。一本好的图画书能传递信息，与文字形成良好的呼应。

由于自闭症儿童视觉注意存在缺陷，背景过于复杂的图画书反而会引起思维的混乱。

"金色童书名家精选"系列

主题突出的作品例如"米菲""鼠小弟""企鹅乔比"系列绘本可以帮助他们很轻松地找到故事主角，理解内容。自闭症儿童对抽象事物的理解也相对不足，为自闭症儿童提供的图画书也不宜过于抽象。玛格丽特·怀斯·布朗等一系列绘本大师的"金色童书名家精选"系列就比较形象具体，理解起来也相对容易。

总之，简洁大方、色调明朗、图案生动的图画书符合自闭症儿童的思维特点，更容易吸引他们的注意力，让他们感受到心灵的愉悦，帮助他们思维与审美的共同发展。那些描绘过多的图画反而容易分散自闭症儿童的注意力，达不到阅读的目的。

2. 内容贴近生活情境

大部分儿童的认知来自生活经验，自闭症儿童也是一样。选择读物需要注意内容贴近生活情境，能让自闭症儿童将阅读内容与个人体验链接，从而提高认知能力。他们通过自己的手、眼、口、鼻、耳等多感官多通道认识世界，选择与儿童生活情境相关的绘本，可以提高他们的阅读兴趣，也便于他们理解。

佐佐木洋子的小熊宝宝绘本系列有刷牙、睡觉、尿床了、拉粑粑、午饭等主题，都是小朋友生活中常见的事情，用孩子们喜欢的卡通人物表现出来，生动活泼，简单易懂。可爱憨厚的卡通形象也给人温暖、安全的感觉，非常受孩子的欢迎。

《第一次上街买东西》《第一次去图书馆》《妈妈买绿豆》介绍了孩子们人生中的"第一次"社会经历，适合年龄稍大的自闭症儿童。家长可在共读的同时，结合文本，创造生活体验，如和孩子一起购物、游览博物馆等。经验与文本的结合可以帮助自闭症儿童更好地理解环境，提高认知。

特殊儿童视角的读物如《不可思议的朋友》《看！我的条纹》有意识地贴近自闭症儿童的独特体验，告诉孩子，"我"为什么与众不同，帮助自闭症儿童认识自我，接纳自我，获得价值感与自信心。以上读物写实、具体、条理清晰、视角新颖，呈现儿童的独特经验与精神世界，都是不可多得的阅读材料。

3. 文字简练、句型简单、朗朗上口，方便自闭症儿童理解，树立阅读自信

美国图书馆学家克利佩尔在《怎样组织面向自闭症儿童的图书馆活动》一书中提到自闭症儿童的理解能力和分析能力较弱，书目应避免出现俗语、惯用语或没有意义的文字，防止儿童无法理解；选择故事情节应可预测、含有重复元素并能反映现实生活的故事，插图也最好是现实主义风格。[1]

自闭症儿童的"超读障碍"使他们在解读复杂语法及社会性情节时存在困难。对于自闭症儿童来说，复杂的文字叙述既无意义，也会削弱他们的阅读兴趣，造成心理负担。为自闭症儿童选择的读物宜简单生动、通俗易懂、接近儿童的语言，避免过多使用俚语、俗语、代词，这样有利于自闭症儿童树立阅读自信。

4. 重视阅读兴趣，尊重个性化需求，兼顾康复作用

爱玩是孩子的天性，玩具是他们的最爱。与普通儿童不同，自闭症儿童不会对玩具表现出强烈的兴趣。一些基于临床观察的研究表明，大约有 75% 的自闭症儿童会表现出相对于普通儿童而言远为狭窄的兴趣与行为。例如他们会对周围的玩具或音响视而不见听而不闻，沉湎于自己有限的天地之中。

当然自闭症儿童也有他们的兴趣和所爱做的事情。只是他们的兴趣和爱好往

---

[1] 邓咏秋，张婧.面向自闭症儿童的感统故事会——美国图书馆实践分析 [J].图书馆研究与工作，2018（06）.

往狭窄且异常。比如他们可能会对塑料瓶盖产生兴趣，把玩一整天；也有可能花很多时间把地上的拖鞋一遍又一遍摆放整齐。

自闭症儿童的这一特点决定了他们对读物的兴趣也会有限。家长在亲子共读中可能会发生孩子不愿意参与阅读，无法继续阅读的情况。因此在读物主题与内容的选择上，家长应积极观察孩子的兴趣点，选择与孩子兴趣相匹配的书籍与强化物。当成功引起儿童的阅读兴趣之后，家长还可以就读物进行拓展，在日常生活中形成泛化，一步一步打开孩子的兴趣之门，提高他们的认知水平。

阅读的种种好处不言而喻，但是众多教育家、阅读推广人仍支持"不功利"地阅读，多读"无用之书"。这些观点的潜台词是，阅读的兴趣是首要的，阅读的影响是潜移默化的，不应将儿童的阅读建立在破坏阅读兴趣的基础之上。自闭症儿童的阅读同样应遵循这样的原则，但家长还是应该看到阅读对儿童语言、认知、社交等多方面发展的益处，意识到阅读的康复功能，针对儿童需要特别发展的某项能力，有目的地选择相关读物，进行阅读。

自2000年左右中国出版业大量引进绘本开始，国内的儿童阅读市场绘本占有很大比重。和童谣、童话、儿童诗不同，绘本并不是一种专门的儿童文学题材，而是一种综合性很强的艺术形态。儿童文学作家梅子涵曾说过，绘本几乎涉及儿童世界遇到的一切主题，可以在儿童成长过程中起到相当重要的作用。绘本作家在绘本创作过程中十分重视用儿童视角展现童真童趣，或幽默，或抒情，或劝导，或启发，不仅是儿童，连陪伴儿童成长的家长、老师、文化工作者都被深深吸引。

由于绘本的主题繁多，适读年龄的跨度较大，很多机构、学校、育儿专家开出书单，希望家长在浩瀚的绘本世界中能迅速找到适合自己孩子阅读的图书。一些特殊教育专家与康复专家也将视线聚焦在绘本上，希望借助合适的绘本帮助特殊儿童全面发展。

在此，我们也从帮助自闭症儿童感知觉发展、帮助自闭症儿童发展语言、帮助自闭症儿童理解环境、帮助自闭症儿童疗愈情绪四个方面提供思路，列出"给自闭症儿童的书单"。这些书单并非简单地将自闭症主题的绘本如《亚斯的国王新衣》《不可思议的朋友》《拉塞尔的天空》作为推荐读物，相反我们认为这些书也适合普通读者阅读，还有益于他们对自闭症的了解。我们希望成为文本与读者之间的桥梁，为自闭症儿童选择符合其身心特点，让他们感觉愉悦、对他们身心有益的图书。我们为自闭症儿童制作的推荐书目见本章附录。

三、自闭症儿童阅读策略

（一）积极使用图表

图表组织者（Graphic Organizer），在一些地方也被称为概念图、实体关系图或思维导图，是构建知识和组织信息的图形方式。图表组织者策略是将许多看似脱节的信息转换并压缩成结构化、易于阅读的图形显示，从而帮助阅读者理解复杂文本内容的阅读策略。

通常来说，自闭症儿童尤其是一些高功能自闭症儿童的智力正常，也有较好的理解词汇的能力，但让他们提取和整合故事中的有效信息、将注意力从故事的一个成分转向另一个成分则存在挑战。另有研究显示，自闭症儿童的认知特点表现出明显的视觉优势，通过图形、图表的提示，帮助自闭症儿童更好地集中精力、理解故事被越来越多地应用到自闭症儿童阅读研究中。

众多学者的研究证明，图表组织者可以更好地帮助自闭症儿童提高阅读理解水平。有学者采用"故事地图"的方式，对3名8—12岁的高功能自闭症儿童进行阅读理解水平的干预研究。他们首先对什么是"故事地图"进行了解释，随后指导被试者完成"故事地图"的制作，包括梳理故事的时间、地点、人物、经过和结果等，最后进行阅读理解的测试。结果表明，3名被试者均能在指导下学会制作"故事地图"，并在"故事地图"的辅助下，阅读理解水平显著提升。另外，Bethune 和 Wood 使用"5W"问题组织者（wh-question graphic organizer）对3名8—10岁自闭症学生的阅读理解水平进行干预，结果发现被试者回答文后问题的正确率显著提高，并获得了良好的泛化效果。特别值得一提的是，在一些实验中研究者发现，当实验撤出图表辅助，被试者的阅读理解水平没有出现明显的下降。这说明高功能自闭症儿童有视觉记忆优势，在掌握"图形组织者"的方法后，可以将其内化，从而在之后的阅读理解中不再依赖真实的图形。

在实际应用中有非常多的图表形式，比如圆圈图（Circle Map）、气泡图（Bubble Map）、双气泡图（Double Bubble Map）、树形图（Tree Map）、流程图（Flow Map）、桥形图（Bridge Map）等，家长应该根据实际需要，灵活选择恰当的图表揭示文本内容。

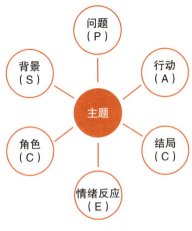

图3-3　故事地图

（二）明确指代关系

自闭症儿童在心理理论上的缺陷已经得到大量研究的证实，这就导致其在理解自我与他人的关系、他人的情绪状态及观点等方面存在障碍。这些障碍影响自闭症儿童对文本中代词及其指代关系的理解。一些报告显示，自闭症儿童在使用代词与识别代词中存在困难，和普通儿童相比，自闭症儿童在语言表达中更少使用代词，并出现更多误用的情况。[①] 在阅读过程中对代词的指代关系给予提示，明确指代关系（Anaphoric velation），能够帮助自闭症儿童克服理解障碍。

学者曾在 20 名自闭症儿童中尝试过"明确指代关系"的阅读方法。他们将

---

① 冯雅静.自闭症儿童篇章阅读理解干预的研究综述［J］.中国特殊教育，2018（07）.

平均分布在文章中的 12 个代词位置空出，让被试者从三个选项中选出指代正确的内容。他们想通过这个实验论证对代词指代内容进行反复思考和判断是否有助于被试者理解文本。结果显示，通过专门选择和判断代词指代的内容，文中 12个问题的正确率得到显著提升，即被试者表现出较好的阅读理解水平，且显著优于对照组。另外一个实验得出相似的结论。研究者选取了 10 名 7—12 岁的高功能自闭症儿童，并对他们进行代词及指代关系讲解、举例等，结果表明干预后的实验组在伍德科克—约翰逊认知能力测验（第三版）（Woodcock–Johnson iii Tests of Cognitive Abilities）的篇章理解和 Letter–Word Identification 子测验上得分显著高于对照组，证明了明确指代关系策略在提升高功能自闭症儿童阅读理解水平上的有效性。[1]

在亲子共读中，家长可以采用相似的策略。比如将文章中代词的位置重点标记，让孩子反复揣摩代词的指代关系等。如果孩子尚不能很好地理解指代关系，家长可以将代词替换成名词，降低文章难度，帮助孩子理解。

（三）对话式阅读

20 世纪 80 年代怀特·赫斯特（White Hurst）教授等人发展出一套适用于亲子共读的引导技巧：对话式阅读法（Dialogic Reading）。与传统亲子共读法不同，在对话式阅读中家长与孩子不再是讲读——接受的单线状态。家长通过技巧的运用，不断激发孩子对故事的关注与理解，拓展他们的认知领域，鼓励语言表达。在对话式阅读法中，家长由"故事讲述者"变成了"故事理解协助者"，孩子也一改以往被动接受的状态，更加积极主动地参与，将听到的故事内化并表达。整个阅读活动由儿童与家长共同参与完成。

对话式阅读对儿童语言能力提升的帮助是显著的，尤其是特殊儿童，获益明显。香港中文大学曾做过实验，他们教导一组 5—9 岁听障儿童的父母与他们的孩子使用对话式阅读法开展阅读，在进行了为期 8 周共 32 次（一次 15—30 分钟）

---

[1] 冯雅静.自闭症儿童篇章阅读理解干预的研究综述［J］.中国特殊教育，2018（07）.

实验后发现，相较于一般共读的对照组，采用对话式阅读法的听障儿童在词汇量、句式长度、听觉理解以及自发性口语等诸多方面的能力均有提升。

对话式阅读法的核心内容由 CROWD 诱发技巧与 PEER 回应技巧两部分组成：

1. CROWD 诱发技巧

C：完成句子（Completion Questions）。讲述者故意不把句子或短语说完整，在关键地方停顿，鼓励孩子补充完整。这种方法有利于孩子的听觉理解，并增加他们使用语言的机会。孩子在熟知这样的策略以后会与家长之间形成默契，在重复循环的故事与有图片作为辅助的故事中，使用该技巧效果最好。

R：回忆故事（Recall）。鼓励孩子回想之前的故事情节，尤其是一些有助于故事理解的细节。回想故事可以提高孩子的参与性，帮助他们提高听觉记忆与听觉理解。这个技巧并不一定要在故事讲完以后才进行，在一些关键情节，或者一个小段落完成之后就可以使用。

O：开放性问题（Open-ended）。让孩子描述图片上都发生了什么事情，孩子的答案不一定要正确标准，利用线索展开思考才是关键。开放性问题可以给孩子更多使用语言的机会，每一次讨论对于家长来说也是评估孩子能力的机会。

W：事实问句（Wh-Questions）。事实问句包括：谁（who）、哪里（where）、为什么（why）、何时（when）以及什么（what）。五个 Wh 是故事的核心要素，掌握这五个要素有利于孩子对故事主干的把握。事实问句不仅促进了孩子词汇的学习，更锻炼了他们从故事中提炼要素的能力。

D：连接生活（Distancing）。问孩子一些问题，让他们把生活体验与故事中的内容联系起来。生活中的体验往往更深刻，也更容易理解与接受。把书本中的知识应用于生活是我们阅读的重要目的，孩子在这个过程中也锻炼了语言能力。

表3-3　CROWD 诱发技巧

	Type	What you do	What it does	Example
C	Completion Questions	Ask your child to complete a word or phrase	-Increases listening comprehension -Increase use of language	And—pop!—out of the egg came a very hungry... what?
R	Recall (Memory Questions)	Ask your child about past events in the story	-Engages your child in the story -Helps them recall details	How many apples did the caterpillar eat?
O	Open-ended (those questions that can't be answered with "yes" or "no")	Ask your child to describe what is happening in the picture	Gives your child a chance to use language	-Why does the caterpillar have a stomachache?
W	Wh-Questions (The Basic Questions: What, Where, When, Who, Why, How)	Point to something in the picture and ask your child to name it	Helps build vocabulary	What is this called?
D	Distancing (those that connect the story to the child's life)	Ask questions that tie back to your child's life	-Helps your child make connections between stories and his/her own life -Gives your child a chance to use language & practice vocabulary	Have you ever gotten a stomachache? what happened?

2. PEER 回应技巧

P：激发（Prompt）。用简单的提问开启话题，诱发孩子的兴趣，鼓励孩子说一说和书的主题有关的内容。

E：评估（Evaluate）。对孩子的反馈给予反馈、鼓励或修正。当孩子说出正确答案，家长给予鼓励。当孩子说出错误或者无关的答案，引导他们发现问题、纠正答案。

E：拓展（Expand）。当孩子说出答案时，用更多的问题激发他们进一步思考，将孩子说出来的内容延伸、重组。

R：重复（Repeat）。重复孩子正确的答案，在必要的情况下进行拓展，让孩子跟着家长把重新组织的句子再复述一遍。

表 3-4　PEER 回应技巧

	Type	What you do	Why you do it	Example
P	Prompt	Ask a simple question to start the conversation. Avoid using questions that can beanswered with "yes" or "no"	Gives your child the opportunity to engage in conversation	What is this?
E	Evaluate	Think about the child's response.Make necessary corrections and praise your child!	Moves along the conversation and teachers child important information	You're right, it is a caterpillar! Or, it looks like a worm but it's actually a caterpillar
E	Expand	Follow answers with more questions	Keeps the conversation moving	What color is the caterpillar? Where did we see a caterpillar?
R	Repeat	Let your child know the answer is correct by repeating it back, or give your child the opportunity to practice new vocabulary	Re-enforces vocabulary	Yes, it's a green caterpillar. The green caterpillar wiggles.Can you say "wiggles" with me?

3. 对话式阅读实践课例

作品：《从窗外送来的礼物》　作者：五味太郎

（以下 ST：故事讲述者　C：孩子）

ST：小朋友，今天是什么日子啊?

C：圣诞节！

ST：圣诞节你有没有收到礼物呢？

C：没有。

ST：一定是圣诞老人太忙啦，还没来得及送，你还要再耐心等待哦。

ST：你猜猜圣诞老人送礼物都乘坐什么交通工具呢？

C：火车、轮船。

　　（讲述者试图连接生活，诱发孩子对圣诞老人送礼物的兴趣。）

ST：哇，你的想象力可真丰富啊，说得很好，圣诞老人乘坐火车和轮船
　　送礼物。（重复孩子的回答）今天我要给你讲一个故事，书名叫作
　　《从窗外送来的礼物》。让我们一起看一看，圣诞老人是怎么送礼物
　　的吧。

ST：瞧，这是圣诞老人，他乘的是什么交通工具呢？

C：直升机！

（事实问句，明确了之前的提问。）

ST：对了。今天是平安夜，圣诞老人背着一个大大的袋子，里面一定
　　是——（等待）

C：圣诞礼物！

（运用等待技巧，让孩子完成句子。）

ST：很好，是圣诞礼物。（模仿圣诞老人的语气）我来送礼物了。这是谁
　　的家呢？

　　（对原文进行了改编，通过事实问句吸引孩子的注意力，对画面进行
　　了解释，有利于儿童理解，同时家长也能够通过答案评估孩子的理
　　解水平）

C：小老鼠的家！

ST：（模仿圣诞老人的语气）啊，那我送他一双帅气的长筒靴吧。

ST：（模仿圣诞老人的语气）我来送礼物了。这是谁的家呢？

　　（重复句式的出现增强孩子的记忆与模仿兴趣）

C：小猫咪！

ST：（模仿圣诞老人的语气）啊，小猫咪的家，那我送它一个可爱的蝴蝶结吧。（翻页等待孩子发现错误）

C：错了，不是小猫咪，是小猪。

　　（孩子发现了错误，成就感十足）

ST：哎呀，圣诞老人，错了错了，这里不是小猫咪的家，是小猪的家。

ST：（模仿圣诞老人的语气）我来送礼物了。这是谁的家呢？

C：斑马。

ST：（模仿圣诞老人的语气）啊，这里是斑马的家，那我送它一条黑白相间的条纹围巾吧。（翻页等待孩子发现错误）

C：错了，不是斑马，是鸵鸟。

ST：哎呀，圣诞老人，错了错了，这里不是斑马的家，是鸵鸟的家。

ST：（模仿圣诞老人的语气）我来送礼物了。这是谁的家呢？

C：没有人。

ST：（模仿圣诞老人的语气）哎呀，这里黑漆漆的没有人，那我就什么也不送了。（翻页等待孩子发现错误）

C：错了，大灰熊在家。

ST：哎呀，圣诞老人，错了错了，家里有人，大灰熊在家呢。

ST：（模仿圣诞老人的语气）我来送礼物了。这是谁的家呢？

C：狐狸。

ST：（模仿圣诞老人的语气）这里是狐狸的家，那我就送它一顶尖尖顶的帽子吧。（翻页等待孩子发现错误）

C：错了，错了，这里是鳄鱼的家。

ST：哎呀，圣诞老人，错了错了，这里是鳄鱼的家。

ST：（模仿圣诞老人的语气）这儿怎么看都是鳄鱼的家呀，好害怕，要把礼物从窗户送进去吗？这可有点吓人啊！（等待）

　　（孩子已经理解了故事内容，"我来送礼物了"这句话开始撤离）

C：错了，是兔子！

ST：圣诞老人又错了，这里是八只小白兔的家啊。

ST：（模仿圣诞老人的语气）这里应该是一对双胞胎的家。所以我送两份礼物。（翻页等待孩子发现错误）

C：（没有发现错误）

ST：圣诞老人有没有送错啊？

C：没有。

ST：你看这幅画，这个小朋友的头下面怎么是一根线呢？

（对孩子的反应进行评估，引导孩子发现细节，给出正确答案）

C：气球。

ST：对了这是一个小朋友，另一个是气球呢。第二天早上，哇，小朋友收到了两份礼物。"要赖皮，要赖皮。"哎，窗外是谁在说话？

C：小猪。

ST：小猪为什么说要赖皮呢？

C：（孩子不知道原因）

ST：看一看所有的小动物都有礼物了吗？

（对孩子的反应进行评估，引导孩子发现细节，给出正确答案）

C：大灰熊没有礼物。

ST：因为大灰熊没有礼物，小男孩有两份礼物，不公平，所以小猪说要赖皮，要赖皮。大灰熊为什么没有礼物啊？

C：（孩子不知道原因）

ST：还记得吗？刚才圣诞老人往屋子里面看，黑洞洞的什么也没有，以为没有人呢，所以没有给大灰熊送礼物。大灰熊没有礼物，怎么办呢？

（帮助孩子回忆故事，明白大灰熊为什么没有礼物）

C：（孩子不知道原因）

ST：如果你有两份礼物，愿意分一份给大灰熊吗？

（通过延伸问句让孩子理解分享礼物这件事）

C：愿意。

ST：很好，你愿意分享，很友爱。小男孩和你一样，他也很友爱。小男孩分了一架飞机给大灰熊，好棒！现在每个小动物都有礼物了。鳄鱼得到了一顶有尖尖顶的帽子，小老鼠得到了一双帅气的长筒靴，大灰熊得到了男孩分给他的飞机，小猪得到了一个可爱的蝴蝶结，鸵鸟得到了一条黑白相间的条纹围巾。看看还漏了谁？

（帮助回忆，提高孩子的注意力与听觉记忆）

C：小兔子。

ST：小兔子在这里呢，你看他们在干什么呢？

（开放性提问，让孩子获得语言表达的机会）

C：他们在睡觉。

ST：你看他们并没有安安静静躺着睡觉哦，他们在干什么？

（对孩子的反应进行评估，引导孩子发现细节，给出正确答案）

C：在玩。

ST：啊，他们在大大的毛衣里钻来钻去，正玩得开心呢。

ST：我们的故事讲完了，你今天表现得很专注，圣诞老人有礼物送给你哦……

（结束）

在对话式阅读法的基础上，一些学者进行了调整，提出 RECALL（Reading to Engage Children with Autism in Language and Learning）阅读法。RECALL 阅读法提供了提示→评价→拓展→表扬的阅读指导步骤，并将指导模式从至少到至多分为四级，根据自闭症儿童的不同表现，提供不同的帮助，最大限度促进自闭症儿童的阅读参与和学习。

表 3-5 RECALL 指导步骤和层级指导模式

PEEP 指导步骤	RECALL 层级指导模式 （遵循PEEP的指导顺序，根据对提问的回应，评估判断 所处的水平）
1. 提示（Prompt）：提示 儿童说一些与书本相关的 内容	水平1：儿童正确回应，讲述者继续进行PEEP指导：评估→拓展→ 表扬；儿童5秒内无回应或错误回应，提供三个视觉回应（如：发生 了什么？下雪了、刮风了还是下雨了？同时手指向这些视觉提示）
2. 评估（Evaluate）：对儿 童的回应给予反馈	水平2：儿童正确回应，讲述者继续进行PEEP指导：评估→拓展→ 表扬；儿童5秒内无回应或错误回应，讲述者提供两个选择（如：发 生了什么？下雪了还是刮风了？同时手指向这些视觉提示）
3. 拓展（Expand）：通过 改变措辞和增加信息扩 展儿童的回应	水平3：儿童正确回应，讲述者继续进行PEEP指导：评估→拓展→ 表扬；儿童5秒内无回应或错误回应，讲述者提供直接的示范（如： 刮风了，然后让儿童重复）
4. 表扬（Praise）：表扬儿 童正确的回应	水平4：儿童正确回应，讲述者继续进行PEEP指导：评估→拓展→ 表扬；如果儿童5秒内无模仿，讲述者肢体辅助儿童指向代表正确 回应的图片，然后请儿童重复（如刮风了，指导儿童指向刮风的图 片，然后全部或部分复述刚才说的"刮风了"短语）

　　2016 年，佛罗里达州立大学的 Kelly Whalon 等人又通过指导一名自闭症儿童的父母应用 RECALL 来验证其效果，结果发现，经过 6 周的干预，自闭症儿童的正确、自发地回应得到了提升，且干预效果得到了较好的维持，同时，经过指导，父母也在家庭环境中应用 RECALL 这种对话式的分享阅读法进行干预。Kelly Whalon 等人的研究发现，通过支持和辅助，自闭症儿童能参与 RECALL 分享式阅读，并从中受益，且老师和家长都可以用 RECALL 来帮助自闭症儿童提高阅读技能和学习能力。①

---

① 邹酬云.RECALL 对话式分享阅读能提升孤独症儿童的阅读技能和学习能力 [EB/OL]. https：//mp.weixin.qq.com/s?__biz=MzA5NDkzMjkzNw%3D%3D&idx=1&mid=2653040272&sn=69f9835e622a0a83af5a50841eba7d8e.2019.1.15

（四）大声朗读

当我们的眼睛扫描书页，内心在忙着寻找意义时，我们可能并没有意识到默读是接近 10 世纪才在西方普及的阅读方法。而在此之前，人类更习惯大声朗读，而非默读。很多宗教法典的早期传播都是通过口授来完成，人们只有"听"，文章才能通过心灵进入身体，而不仅仅经过眼睛。①

美国著名的阅读推广专家吉姆·崔利斯（Jim Trelease）在其阅读研究著作《朗读手册》中提到的两个案例值得关注。在全美 40 万学生参加的美国高考 ACT（American College Test）中，只有 58 人获得满分，其中有一个孩子从婴幼儿起就参加了一项免费课程：每天晚上，他的父母为他朗读 30 分钟，年复一年，直至他学会自主阅读之后也是如此。另一则案例提到一位染色体受到破坏的特殊儿童，她出生时情况特别糟糕，脾脏、肾脏、口腔都有缺陷，肌肉有痉挛，弱视，然而她的母亲从四个月大的时候开始给她朗读，在这个孩子 5 岁的时候，心理学家发现她的智能发展已经超出了一般孩子的平均水平，且社交适应能力良好。1985 年美国阅读委员会发布的《成为阅读大国》（*Becoming a Nation of Readers*）研究报告也特别强调了大声朗读的作用："建立孩子必备的知识体系，引导他们最终踏上成功的阅读之路，唯一且最重要的方式就是为孩子大声朗读。朗读应该在各年级都进行，证据显示，朗读不只在家庭中有效，在课堂里也成果非凡。"②

语言是思维的武器，思维要借助于语言才能进行。人类的语言采用声音作为重要手段，思维在很大程度上也依赖于声音。然而自闭症儿童通常是视觉学习者，他们通过视觉通道学习的能力优于听觉，听觉理解力的缺陷是导致他们阅读理解困难的重要原因。家长在日常生活中应该重视朗读的作用，不仅让孩子朗读，更要给孩子朗读，通过大量声音的刺激提升自闭症儿童听觉理解的能力。

---

① 顾晓光 . 旅行之阅　阅读之美 [M] . 北京：清华大学出版社，2017.
② 吉姆·崔利斯 . 朗读手册Ⅱ [M] . 梅莉，译 . 北京：新星出版社，2016.

Jim Trelease 在《朗读手册》中花费了一个章节的内容介绍朗读的要领与朗读禁忌，值得家长们参考。[①]

朗读要领（部分）

- 尽早给孩子朗读。你越早开始，做起来越容易，效果越好。
- 给刚出生到学步的孩子朗读的主要内容是文句重复的书；随着孩子的成长，再增加可预测情节发展的书和韵文书。
- 每天至少安排一段固定的读故事时间。
- 切记：聆听的习惯是后天养成的，我们必须逐步教导、培养孩子——聆听不会在一夕之间学会。
- 不妨从一页只有几行字的绘本开始，再逐步使用文字较多、图画较少的童书，然后到章节故事书及小说。
- 要注意变换读物的类型长度与主题。
- 为了鼓励参与，在时机适当时，请孩子帮忙翻页。
- 在第一次读一本书时，与孩子讨论一下封面上的图。"你认为这张图在说些什么？"
- 朗读时，间或问孩子"你认为接下来会发生什么"，以保证孩子参与其中。
- 如果你朗读的是绘本，要确保孩子可以很容易地看到图画。在学校朗读时，让小朋友围成半圆，你坐得稍微高一些，好让后排的孩子能够看到图画，而不会被其他人的脑袋挡住视线。
- 只有极少数人天生会朗读，你必须通过练习，才能轻松自如地朗读故事。
- 朗读时伴以丰富的表情。如果可能，还可以根据人物对话改变声调。
- 根据故事情节调整语速。读到悬念部分，慢下来，降低声音。适当的

---

① 吉姆·崔利斯.朗读手册Ⅱ[M].梅莉，译.北京：新星出版社，2016.

时候压低声音，可以让孩子全神贯注。

- 朗读最常犯的错误是：读得太快——不论朗读者是 7 岁还是 40 岁，都常犯这个毛病。慢慢念可以让孩子将听到的内容在脑海中勾勒出图像。放慢速度可以让孩子仔细观看书中的画面，匆促朗读会影响朗读者的声音表达。

- 事先读一遍，这样能标出你希望缩减、删除或者详细描述的内容。

- 不情愿的读者或者好动的孩子往往很难坐下来听故事。给他们纸、蜡笔或铅笔，允许他们一边听，手里一边忙活（你打电话时不也胡写乱画吗）。

朗读禁忌（部分）

- 不要让孩子负担太重，选书时，考虑一下孩子的智能、社交与情感状况。永远别读超过孩子情感接受度的书。

- 在选择朗读的小说时，避免对话太冗长的书。因为这种书朗读起来有困难，聆听也不容易。冗长的对话较适合默读。读者看到引号，就知道这是新的声音，是另一个人在说话，但听众听不出来。

- 如果没有足够的时间做好这件事，不要开始朗读。读一两页就停下来，非但无法刺激孩子的阅读兴趣，反而会扼杀阅读兴趣。

- 朗读时不可以让自己和孩子坐得过于舒服。斜倚或懒散的坐姿只会造成困倦。

- 不要对故事内容强加解释。故事只要有趣味即可，不必问原因，但仍有许多可讨论的话题。听完故事后，乐于讨论的孩子最能增进语言能力。

- 不要把质和量搞混。每天专注而热情地朗读 10 分钟，在孩子的脑海中留下的印象，超过孩子独自看电视两小时。

- 别把书当成威胁——"如果不收拾房间，今晚没故事听！"当孩子的看见你把书当成武器时，对书的态度会由积极转向消极。

四、公共图书馆为自闭症儿童服务

由于自闭症儿童普遍存在感知觉障碍、社交障碍与语言障碍，让他们参与公共生活、享受公共文化福祉、接受社会教育存在一定的困难。同时，现代康复医学与特殊教育研究表明，早期积极有效的干预、社会环境互动与人际交往的适应对于改善自闭症儿童的症状，促进自闭症儿童融入主流社会有着非常关键的作用。图书馆作为提供丰富图书与资源的公共文化机构，面向自闭症儿童及其家庭提供服务至关重要。

世界各地不少公共图书馆在服务自闭症儿童方面做出了有益的尝试，积累了很多经验。我们参考了这些经验与做法，制订了"自闭症儿童入馆服务指南"：

（一）环境创设

● 要给自闭症儿童营造一个安全、舒适、有吸引力、没有威胁感的场所。强烈的光线、喧嚣的声音、拥挤的人流及过多的触碰都会让孩子感觉不适。

● 如果可以，在闭馆后组织自闭症儿童探访图书馆，或举办"自闭症一小时"，调暗灯光，让其他到馆人员保持安静、减少走动，让自闭症儿童在光线柔和、人流较少、较为安静的环境享受阅读。

● 如果有条件，为自闭症儿童设立一个专门的阅读区域，提供符合他们身心特点的环境布置。如图书馆人流较少的区域，较为简单整洁的设计，提供儿童尺寸的家具、小黑板、视觉提示符号、玩具等。

● 所有的卫生间、茶水间、文印处、问讯处、借还处均配有图案标识。

● 馆内设备要考虑安全性，尽量减少危害产生的可能性。例如在家具和书架的尖角处采取保护措施，在电插头上设防护罩，玩具要符合国家标准，等等。

● 馆内书籍及玩具要定期清洁消毒，避免疾病的传染。

（二）读物的选择

● 在进行藏书建设和提供服务的过程中，图书馆员应选择高质量的、符合自闭症儿童身心特点的读物。这些读物应对自闭症儿童发展有帮助，内容积极健康、无歧视、无偏见，受广大读者的欢迎。

● 儿童读物的内容应丰富多彩，包含故事、童谣、诗歌、图画书、传奇故事，等等。

● 儿童读物的形式应该是多种多样的，如软布书、触摸感知书、玩具书，等等。

● 收集、整理自闭症相关支援信息，如各种自闭症书籍、信息、网站等，为自闭症家庭提供实用的康复知识与康复资讯。

● 按主题细分，推荐更为细致专业的书目，如"适合孩子刚刚被诊断为自闭症的家长书目""给自闭症儿童父亲的书单"，等等。

南京特殊教育师范学院志愿者在康复中心给自闭症儿童讲绘本故事《从窗外送来的礼物》（王奕 供图）

（三）提供服务

图书馆为保障自闭症儿童的权益，满足自闭症儿童阅读的需要，可提供多样化服务。

- 为自闭症儿童编制专属的入馆指南。指南可以以照片为主，配以简单的文字，让自闭症儿童了解图书馆的基本情况及借阅规则。

- 做好自闭症相关的文献资源建设，编制专题书目，为自闭症儿童家庭、相关工作人员提供所需资源。

- 面向自闭症家庭提供支援服务。如邀请心理、特教、医学专家为自闭症儿童家长开展公益讲座；组织家长联谊会，鼓励家长分享康复经验与心情故事，帮助家长释放压力、调节情绪；开设信息交流角，为自闭症儿童家长提供各种资讯；联系志愿者为自闭症儿童家长提供喘息服务；等等。

- 开展自闭症儿童故事会。通过阅读活动、感统游戏及艺术创作，为自闭症儿童提供一个融合的社会环境，让自闭症儿童体验阅读的快乐，养成终生阅读的习惯。

- 开展自闭症儿童阅读研究，向自闭症儿童家长提供阅读指导。帮助自闭症儿童提高环境理解力、语言能力与社交能力。

- 联合社会各界力量帮助自闭症儿童。传播正确残障观念，增加人们对自闭

南京欧皮自闭症儿童康复托养中心图书角（王奕 供图）

症的认识，消弭残障歧视，为自闭症儿童创造一个良好的社会环境。

（四）互动技巧

1. 沟通技巧

- 图书管理员可以主动用眼神去迎合自闭症儿童，但不要强求他与你拉手或者持续眼神接触，这是他们的障碍之一。

- 讲解的声音温和，清晰，可以适当放慢语速。

- 我们可以根据孩子的反应调整说话沟通时的音量。

- 最好不要使用麦克风，如果佩戴麦克风，请控制不要出现啸叫，很多特殊儿童对于声音很敏感。他们的语言状况可能会差异比较大，所以不要求孩子能用语言回复。

- 在沟通过程中根据孩子的情况适当采用视觉提示。

- 不要问孩子过于开放与抽象的问题，如"你怎么了"。

2. 行动技巧

- 不要过多地要求与自闭症儿童的身体接触。

- 很多孩子有过敏的情况，给孩子们准备食物应该事先跟监护人沟通，谨慎使用饼干、坚果等零食，谨慎食用带核的水果。可以请家长准备孩子可以食用的零食，或者准备小颗粒的水果（圣女果、葡萄等）。

3. 关系建立技巧

- 事先了解自闭症儿童的优势和特点，在设计活动时注意避免孩子们的弱项，避免出现禁忌行为，让孩子有良好的阅读及活动体验。

- 注意自己的言行，不要过度关心或戴上有色眼镜。

- 不要把照料者视为沟通的中介。

- 事先准备一些材料供自闭症儿童了解图书馆，避免陌生环境给自闭症儿童带来的紧张。为自闭症儿童制作"这是我的图书馆"生活故事书。自闭症儿童进入图书馆，可以先带领他们熟悉图书馆的环境，了解图书馆的相关规定及借阅规则。

- 事先为参与活动的孩子们准备姓名贴。这样，带领者可以准确地叫出孩子的名字。

- 事先了解自闭症儿童的兴趣爱好，从他们感兴趣的事情开始。

- 活动之前可以将所有流程用图片的形式告知，不要随便改变活动的流程，每一次活动基本遵循大致的流程。

- 真诚的笑容，温暖的行为，蹲下来跟孩子的平视，孩子们都能体会得到你的善意。

- 给孩子们的暖身活动，可以以身体活动为主。奥尔夫音乐活动和一些感统训练很合适。

- 反馈活动中，简单的图画和身体性活动比较有趣。根据孩子的能力设计相应的活动，适当降低要求并给予奖励。

特殊需要儿童家长绘本阅读指导

　　根据 R.J. 帕拉西奥的小说改编的电影《奇迹男孩》公映后引起轰动。故事讲述了一个有面部缺陷的小男孩进入普通学校，重拾信心，积极面对生活的励志故事。然而励志还不是作者最想表达的，故事采用复调手法，通过男孩的亲人、朋友的不同视角探讨成长与人生：生活不易，不论残障与否，每一个人都在努力，每一个人都是奇迹。

　　与"特殊"孩子相伴，家长自然要付出更多，但如能放下"特殊"的包袱，看到为人父母必然需要付出，用一颗平常心接纳孩子、面对生活，一切并没有那么糟。现实生活中很多康复效果较好的孩子，其父母大多拥有正确的康复理念和丰富的育儿知识，并在孩子的成长过程中扮演着最为重要的角色。因此我们强调家长陪伴的重要性、家庭生活的重要性，希望家长能在绵长的岁月里、在平静的生活中把握幸福，和孩子一起成长。

　　亲子共读是一种非常好的陪伴儿童成长的方式。孩子坐在家长怀中，聆听父母悦耳动听的声音，看着眼前奇妙丰富的世界，这种体验是非常愉悦的。亲子阅读对儿童全面发展、构建和谐稳定的亲子关系有相当重要的作用。然而亲子共读并非简单的"给孩子读书"，家长共读时的状态、情感、技巧非常关键，掌握一定的亲子共读技巧对提升孩子的阅读效果有很大帮助。

一、亲子共读技巧

1. 建立情感连接

日本绘本大师松居直在《幸福的种子》一书中提到一段有趣的故事。

吃过晚餐以后，五岁的玛丽都会热心地帮我收拾餐桌，清洗餐具，因为她希望早一点听我讲故事。可是，对我这个母亲来说，每天晚上为她讲有趣的故事并不是一件容易的事。幸运的是，电视上正播放一部相当有趣的连续剧——《童话天国》。这让我松了一口气，因为这下子我就不必每天费心准备故事了，但是我的轻松日子没有维持多久。才过了三四天，玛丽就自己关掉电视，对我说："妈咪，讲故事给我听。""电视里的叔叔讲的故事，不是比妈咪讲的故事还好听吗？而且还有美丽的图画。""可是电视里的叔叔不会抱我。"

很多家长有同样的感受，工作一天，疲惫地回到家，孩子拿着一沓书幸福地奔向你："妈妈，你给我讲故事！"孩子缠着父母讲故事，除了故事本身的吸引力外，其实是在寻找与父母的情感连接。情感连接如同阳光、空气和水一样，是儿童成长过程中的必备条件。从小经常体验良好亲情互动的孩子通常情绪稳定，更乐于主动探索认知，自我评价和自我期待更高。

美国国家研究院早期阅读教育委员会认为，有四个因素对促进儿童早期阅读成功有重要作用：一是儿童的智力和感觉能力；二是每个儿童对早期读写能力的自我期待和经历；三是儿童乐于参与有关阅读的各种活动，并愿意从早期的读写活动和学校教育中获益；四是每个儿童都能获得有助于学习的指导环境。[①]可以看出，儿童早期阅读成功，儿童的自我期待与主动参与非常重要。克拉申（Krashen）的情感过滤假说（The Affective Filter Hypothesis）也认为，放松、愉悦、积极的心情会使学习效果更好。因此，亲子共读时，父母要把与儿童建立情感连接作为首要注意的事项。

如果家长想与孩子共读，建议选择自己和孩子精神状态都好，阅读欲望比较强的时间。在讲故事的时候，请密切关注孩子的反应，做到眼到、耳到、口到、手到、心到。眼到，指眼睛不只看着绘本，还要密切观察孩子的状态和表情。孩

---

① 史大胜.美国儿童早期阅读教学研究［M］.北京：北京师范大学出版社，2011.

子是厌倦还是欣喜，是悲伤还是疑惑，家长要仔细观察并及时调整讲述策略。耳到口到，指留心儿童的提问，及时给予回应。手到，指要将绘本大幅展开，面向儿童，必要时，尤其给低月龄小朋友讲绘本时，拥抱儿童，并用手指做一些引导和提示。做到这些，家长就可以与儿童心意相通，和故事融为一体，同喜同悲、同欢同愁，形成情感流动。

2. 找准情感基调

《幼儿园教育指导纲要》把情感态度作为幼儿发展的一个重要方面，指出"各方面的内容都应包含知识技能、情感态度、活动方式方法等多方面的学习"，"引导幼儿接触生活中美好的事物和感人事件，丰富幼儿的感性经验和情感体验"。积极健康的情感和态度是个体持续发展的内在动力，然而幼儿由于生理发展不成熟，很容易出现情绪易变、情感不稳定的情况。

不少家长都有在游乐场"救火"的体验，小月龄的孩子经常会为了争抢一件玩具打起来。在幼儿园，你会看见一个孩子拍桌子，其他孩子也跟着拍。虽然他们并没有具体的原因，但环境与同伴很容易使他们改变。一个较为成熟的个体则不会出现上面的问题，他们拥有更为丰富的认知和情感体验，比如分享的快乐，破坏课堂秩序的羞耻感，等等。

思念、友爱、善良……这些高级的人类情感需要儿童体验与成人教育，绘本是一个很好的媒介。大部分优秀的绘本在讲故事的同时传递出独有的情感基调。《好想马上见到你》中，小悠与奶奶几次前往看望对方，几次擦肩而过，最后两个人急匆匆忍不住，踏上滑板车，骑上电动车去找对方，反映了祖孙之间急迫浓烈的思念之情；《菲菲生气了》中，菲菲与姐姐因为争抢一只玩具大猩猩大打出手，失败的菲菲气急败坏，夺门而出，最后在广大世界的安慰下恢复平静，表现了一个孩子从愤怒悲伤到平静愉悦的心理变化；《每一个善举》通过主人翁"我"拒绝接受转学生玛雅的善意，对玛雅造成巨大伤害，直至失去表达善意的机会，追悔莫及的情感体验；《外婆住在香水村》让孩子直面死亡主题，体验失去亲人的沉重与悲伤，学会珍重身边的亲人。

不同的情感基调需要不同的语言来传递，讲述者要特别注意情绪情感的积累与转换。比如《好想马上见到你》，小悠与奶奶的思念随着时间的推移愈加强烈，家长在讲读时需要一次比一次加快速度，来表达两人迫切见面的愿望。《菲菲生气了》要用激动高亢的声音表达愤怒，用低沉哀婉的语调表达忧伤，用和缓温柔的语调表达平静，用明亮轻快的声音表达喜悦。

不少家长都"小瞧"过绘本，觉得绘本简单字少，通常都在毫无准备的情况下"信口读来"。其实每一部优秀的绘本都是作者精心设计、仔细推敲、饱含深意之作，其中蕴含的宝藏丰富且珍贵，一点不可小瞧。因此我建议每位家长在给孩子读绘本之前，首先将故事浏览一遍，找准蕴藏其中的情绪基调，用恰当的语言感染力将情感表现出来，帮助儿童获得准确的情感体验。

3. 利用好奇心

婴儿诞生到这个世界上，周遭的一切对他来说都是全新的。成人习以为常的一切，比如红绿灯、洗衣机、电话、遥控器……对他来说都是新的。这时人类天生的好奇心会驱使他们去靠近、探索这些新鲜事物，等到长大学会使用语言，他们就会不停地提问"为什么"。儿童的好奇心以及心智发育的不成熟会使他们在一件事物上停留的时间较短，但情况也不是那么绝对。好奇心并不是导致儿童注意力分散的因素，如能恰当利用好奇心，儿童的专注力会迅速提升。

一个非常简单有效的方法就是减少强化物。亲子共读的时候如果儿童的手中还有玩具，周边有哒哒的响声，玩具铺得满地都是，要求儿童保持注意力会有难度。只有将环境变得整洁有序，简单干净，儿童才能够静下来听你说话。

利用儿童的好奇心，选择充满悬念的绘本并使用一定技巧，可以让阅读变得和魔术、游戏一样有趣。比如低月龄的孩子，你可以将书本的封面进行遮挡或部分遮挡，让小朋友猜猜这是什么，这时小朋友会迫不及待地上前扯遮挡物，这样你就完全抓住了他的好奇心。适合低幼儿童阅读的"小波系列翻翻书""奇妙洞洞书系列"就运用了这个技巧。再比如提供一个与书中图画类似的实物。低月龄孩子对实物的兴趣更大，因为实物对他们的感官刺激比图片更丰富、更强烈。当他们发现眼前的实物与书上的图案类似，注意力很容易被吸引过去。对于年龄稍微大一点的孩子而言，特别的题目和搞怪的画风会激发他们的好奇心。《胡椒生长在哪里？》《风到哪里去了》《有麻烦了！》会激发他们探寻问题的答案。《地下 100 层的房子》会吸引孩子看个究竟，地下 100 层的房子到底是什么样的。《没耳朵的兔子》封面上是一只傻萌的圆脑袋怪物，要不是它的龅牙和三瓣嘴，你怎么也想不到这是一只兔子。孩子会好奇这只兔子身上会发生什么有趣的故事呢。《我们要去捉狗熊》，一家五口带着小狗蹑手蹑脚去捉狗熊。他们能捉到狗熊吗？他们会遇到危险吗？这样的话题总会让孩子欲罢不能。选对了有意思的绘本，找到孩子的兴奋点，成功的共读就完成了一半。

很多时候孩子的兴奋点与大人的完全不同，这就需要家长在育儿的过程中注意观察。对于孩子在共读过程中产生的疑问，大人要积极回应，用儿童能够理解的语言解答。暂时不能给出答案的也要告诉孩子，我也不知道，等故事结束了，我们一起去寻找答案。一旦养成良好的阅读习惯，孩子受环境影响就会降低，这是众多家长愿意看到的。

4. 把握故事节奏

绘本通常用一组连贯的图像讲述一个故事或主题，一般不会太厚，连环衬和扉页在内不超过 40 页。由于篇幅限制，绘本作者十分重视故事的推进，起承转合，疏密排列，努力让情节层层递进、张弛有度。精心构思的绘本好似一首美妙的曲子，轻重缓急、强弱长短，具有很强的节奏感、趣味性与可读性。

回旋结构是绘本作家爱用的形式，《和甘伯伯去游河》就是一个典型的例子。

有一天，甘伯伯正要撑船去游河。

两个小孩儿说："我们跟你去好不好？"

甘伯伯说："好是好，只要你们不吵闹。"

野兔说："甘伯伯，我也一起去行不行？"

甘伯伯说："行是行，但是你不能乱蹦跳。"

猫说："我很想坐一回船。"

甘伯伯说："好吧，但是你不能追兔子。"

狗说："可不可以带我一起去？"

甘伯伯说："可以，但是你不能招惹猫。"

…………

不断有动物打招呼要求上船，两个小孩、兔子、猫、狗、猪、绵羊、鸡、牛和山羊陆续上了船。

仔细观察版式，你可以发现画面同样遵循回旋结构。开本的左边是甘伯伯和他的船，右边则是占据整个画面的动物。假设甘伯伯的回答是1，动物的提问是2，左边画面是1，右边画面是2，那么整本书就是12、12、12的节奏，一共反复循环了9次。家长在共读时要把握12、12的节奏，适当地等待、停顿。停顿一方面可以突出故事的节奏，让儿童有更多时间去观察画面，熟悉文本内容，另一方面可以方便家长观察儿童的反应，及时判断儿童对文本的兴趣和理解程度。

当然故事不止12、12的回旋。在每一个小的回旋结构里我们能感受到一些细微的变化。"我们跟你去好不好？""我也一起去行不行？""我很想坐一回船。"甘伯伯和动物们在表达同一个意思时使用了不同的句式。这种微小的变化犹如音乐中的变奏，增添了故事的灵活性。家长可以通过反复阅读让儿童掌握这些变化，增加语言表达的丰富性。

经过9次12、12的回旋节奏，故事进入高潮。

起初，大家都很高兴，但是不久以后……山羊乱踢，牛乱踩东西，鸡乱扑翅膀，绵羊咩咩乱叫，猪到处乱晃。狗招惹了猫，猫就去追兔子，兔子乱蹦乱跳，小孩大吵大闹，船就翻了……

这一段紧凑的描写犹如交响乐的协奏，家长可以用短平快的语气表现船翻时的混乱嘈杂，用昂扬急促的语调表现人仰马翻时的惊慌错乱。故事就这样层层递进，一气呵成。最后甘伯伯和小动物们游回岸边，甘伯伯邀请所有小动物到家里喝茶，并相约下次再一起游河。至此，故事画上了一个完美的休止符。

5. 运用声音的魅力

好的声音至少包含以下几个方面：正确的发音、合适的音量、恰当的语速、饱满的气息与运用自如的语气技巧。

日常生活中我们观察到一些语言发展迟缓的儿童，排除自身器质性病变，喂养环境有着相当大的影响。儿童的语言学习与儿童暴露在语言环境中的绝对时间、语言环境的丰富性有很大关联。当一个孩子长期处于双语或多语的环境，他则需要花费更多时间去理解、掌握多种语言的使用规则与技巧。语言是一种思维载体，通常人的母语只有一种。良好的语言示范，包括准确的语音语调、精确的词汇选择、规范的语言结构，对于儿童听觉思维的迅速发展有很大帮助。一些家长出于望子成龙的迫切心理在亲子共读中频繁使用双语，随意替换词汇，最终使孩子在语言表达中出现断片、词语混用的情况。因此，不论家长期待儿童掌握多少种语言，必须首先让儿童牢固掌握一种语言，这直接决定了儿童的语言发展与思维能力。

一些家长在共读时，担心孩子听不清或者为了对抗环境噪声会特别提高音量，听障儿童家长尤其明显。但是从发声学角度来看，太大声会使韵母响度提高，使声母响度相对变小，不利于儿童对声母的提取。[1]当然气息不足，声音过小同样会让儿童听不清，家长要注意使用恰当的音量，与儿童保持适当的距离。

为低月龄孩子阅读要特别注意语言速度。儿童的语言理解能力有限，需要更缓慢的语言速度和更简洁的语言表达。这种体验和我们学习英语时老师播放缓速英语相仿。把自己的外语学习体会套在儿童身上，做一定的换位思考，能够增进家长对儿童语言学习的理解，放弃急于求成的心态。由简单到复杂，从词汇到句子再到篇章，这是所有语言习得的规律，不可违背。

不同的声音气息给人不一样的感觉，表达不同的思想感情。舒缓轻柔的声音给人温柔的感觉，表达爱的感情；沉重缓慢的声音给人迟滞的感觉，表达悲的感情；饱满高亢的声音给人跳跃的感觉，表达喜的感情；短暂急促的声音给人紧迫

---

[1] 管美玲. 听损儿童听觉技巧训练课程（第二版）[M].台北：心理出版社，2012.

的感觉，表达急的感情；沉重粗暴的声音给人震动的感觉，表达怒的感情。家长细心体会故事情境和人物心理，并适当运用声音技巧，可迅速提升故事的魅力。以《鸭子骑车记》为例。疯狂的鸭子突发奇想要骑车，当他骑着车左摇右晃穿过农场时，动物们的反应是这样的：

> "哞——"母牛应了一声。可她心里想："一只鸭子在骑车？这可是我见过的最愚蠢的事！"
>
> "咩——"绵羊应了一声。可她心里想："要是不小心，他会受伤的！"
>
> "汪！"狗应了一声。可他心里想："这可是真功夫啊！"
>
> "咯！咯！"母鸡应了一声。可她心里想："你看着点路，鸭子！"

虽然动物们都回应了鸭子，可是每个人内心的想法是不同的。母牛对鸭子的突发奇想表示不解，认为鸭子这样做很傻。讲述者用怀疑的口气，强调"最愚蠢"，则能较好地表现母牛的不屑。绵羊对鸭子则充满了关切与担忧，讲述者可以用不安的语气表现。狗的声音干脆响亮，他对鸭子充满赞叹，应该用略带羡慕的语气。母鸡看到这么大个摇摇晃晃的自行车向自己驶来，自然是受到惊吓，用责备的语气强调"看着点路"则能体现母鸡的惊魂未定。

6. 兼顾文与图

大多数成人拿到绘本，通常会阅读其中的文字。如果恰巧碰上一本无字书，他们会不知所措：这算什么书，根本读不懂嘛！这是成人学会文字之后的可悲之处——习惯解读语言符号，失去了解读图像的能力。

不论图画或文字，在讲述故事上都有局限。图画擅长表现空间、情绪，却不擅长表现时间、声音、事情的因果关系，而这些对于文字来说却不在话下。米契尔（Mitchell，1986）提出，绘本的图画和伴随它的文字是一种复杂的关系，它们相互转译、诠释、说明，相互启蒙。松居直也说，绘本是图画 × 文字，图文并茂、图文合奏，共同创造一个世界。

彭懿则把绘本的图与文比作一对恋人。这两个恋人有时感情很好，手拉手，相互补充，一起努力把故事讲好；有时感情不和，乍看上去还在手拉手讲一个故事，但实际上已经同步不同调，在各说各话了。图画与文字相互补充、缺一不可。家长在共读时如果只读文字，不看图画，不仅会丢失很多信息，还有可能会完全错误理解故事的深意。下面介绍两个有趣的例子。

《菲菲生气了》中小女孩菲菲因为和姐姐争抢玩具，生气跑出家门。之后发生了什么？让我们看看文字是怎么描写的：

> 她跑啊，跑啊，一直跑到再也跑不动了。然后，她哭了一会儿。她看看石头，看看大树，又看看羊齿草。她听见了鸟叫。菲菲来到老榉树下。她爬了上去。……

菲菲跑出家门后心情如何？文字在心理描写上其实是有优势的，但作者却故意避开了，用了一系列动作，对菲菲的行踪进行描写。如何把握菲菲的心情呢？画面给出了答案。菲菲跑出家门，整个森林的轮廓都是火红色的，菲菲的怒气势若燎原；接下来菲菲哭了，所有树的轮廓从鲜红变成了酱紫，菲菲孤单落寞的身影突显了忧郁的气氛；当菲菲将视线落在身边的石头、大树与羊齿草上时，画面出现了轻松温暖的粉色，菲菲的内心已不再悲伤；菲菲来到榉树下，爬了上去，整个画面已经变成开阔、平静、柔和的蓝色，菲菲的情绪得到安慰与释放。所有的情绪，作者通过画面的构图、色彩表现出来。

另一则有趣的故事是《米歇尔，一只倒霉的羊》。一只名叫米歇尔的羊总是觉得自己倒霉透了。他想吃悬崖上的果子，却被围栏拦住；他想在树下躲雨，却被同伴挤了出来；他想躲在树林里，却被牧羊犬发现，赶回队伍；他贪吃路边的果实，却与同伴走散了；他走在黑夜里，不小心滑进了牛粪堆……从文字上看，这只名叫米歇尔的羊实在是太倒霉了。但事实果真如此吗？我们看画面就知道米歇尔实在是太幸运啦。悬崖很快就坍塌了，在树下躲雨的同伴被雷击中，树林被狂风吹倒了，同伴被拉往屠宰场了，而米歇尔因为满身牛粪味，熏走了觊觎他很久的大灰狼。《米歇尔，一只倒霉的羊》中文字和画面讲述完全不一样的两个故事，可以对比出祸福相依的哲学意蕴，发人深省。

7. 增添幼儿体验

绘本世界的丰富很好地拓展了儿童的生命经验，让他们听说来自远方的故事，看见从未见过的新奇，体验从未到达的世界。然而绘本不能成为儿童认知的单一来源，绘本的阅读也不能替代儿童成长的体验。

让我们来观察儿童在第一次认识剪刀时发生的有趣经历：

一个孩子发现了剪刀，并拿起来把玩。他一不小心用剪刀剪坏了手中的书，他觉得非常欣喜，仿佛发现了新大陆，拼命地用剪刀剪手中的书。之后他又开始用剪刀剪触手可及的任何物品，他发现似乎布比纸更难剪。过了一会儿，他不小心把手戳破了，哇哇大哭起来。

在整个过程中，并没有成人教任何关于剪刀的知识，但这个孩子已经从中开始学习，并掌握了一系列关于剪刀的知识。真正让智力发展的不是知识，而是体验。[1]儿童在抽象思维建立之前，所有的认知都来源于自己的感官体验。父母在教育孩子认识苹果的时候，用苹果实物让儿童观察、触摸、品尝，并配合语言的输入，其认知效果要好于父母脱离实物，空洞地进行语言输入。认识到儿童学习的特点，在给儿童阅读绘本时可以适当创造条件，让孩子增加感官体验。

绘本《妈妈，买绿豆！》通过妈妈和孩子一起买绿豆、煮绿豆、做绿豆冰棒、种绿豆的场景，展现了浓浓的生活情趣和亲子之间最美好的爱的记忆。故事中出现的生活细节，比如把绿豆放在水里泡大了才能煮，绿豆汤煮得时间长了会从锅里溢出来，把煮好的绿豆汤放在冷水中降温等，如果没有亲身经历，孩子很难理解。因此建议家长在读绘本之前不妨和孩子一起做一次绿豆汤、种一次绿豆。在拥有了诸多生活经验之后，再看绘本，对于书中提到的种种细节，以及故事传递出来的愉快气氛，孩子一定能感同身受，终生难忘。

---

① 李雪.当我遇见一个人：母婴关系决定孩子的一切关系［M］.北京：北京联合出版公司，2016.

再比如绘本《黎明》。故事改编自柳宗元《渔翁》，讲述了爷孙夜宿湖边，黎明晨起，驾舟远行的故事。这是一篇描写黎明风光的散文诗，其中最难的部分就是感受黎明到来时的节奏。我们结合《渔翁》体会一下《黎明》的节奏：

> 渔翁夜傍西岩宿，晓汲清湘燃楚竹。
>
> 烟销日出不见人，欸乃一声山水绿。
>
> 回看天际下中流，岩上无心云相逐。

黎明万籁俱寂，突然一个声音打破死寂，万物逐渐复苏。欸乃一声山水绿是全文的重点，画面从灰暗到翠绿，出现了一个非常大的跳跃。没有经历过黎明的人，无法体会这种白天瞬间来临的感觉。要让孩子明白这种感觉，最好带孩子去体验一次黎明，无须太多解释，他马上就能体会到什么是"欸乃一声山水绿"，什么叫作黎明。

二、绘本拓展活动

1. 节奏韵律游戏

音韵是语言构成的要素。低月龄宝宝词汇量和理解力有限，听绘本如同听天书，爸爸妈妈忘情的表演未必能引起他们的注意，但有韵律的声音总是能吸引他们的关注。在给低月龄宝宝讲绘本时，家长不妨通过肢体拍打、乐器敲击、音乐欣赏等形式，将绘本故事的音韵节奏传递出来，让孩子在多感官刺激中逐渐掌握汉语的使用规则。

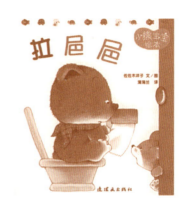

佐佐木洋子的小熊宝宝绘本系列语言简单，和小朋友的生活经验密切相关，很适合0—3岁孩子阅读。《拉屁屁》一册中小熊一直在重复一句话：拉屁屁、拉屁屁，去厕所拉屁

屉。家长在共读时不妨一边说一边轻轻拍打孩子的四肢。随着故事推进，小熊越来越着急，家长也可以逐渐加快拍打速度，让孩子感觉到叠加的情绪。

《拔萝卜》是大家耳熟能详的经典儿童故事，围绕这个故事很多作家都创作了绘本。幼儿园也很喜欢用这个故事做儿童戏剧的脚本。家长给儿童讲完《拔萝卜》的故事后完全可以一边唱拔萝卜的歌曲，一边和孩子跟随音乐的律动前后摇摆，用身体去感知语言节奏。类似节奏感很强，韵律明朗的绘本还有《棕色的熊、棕色的熊，你在看什么？》《一园青菜成了精》《我们要去捉狗熊》等等。

2. 身体运动游戏

运动发育与自我意识形成是儿童早期发展的重要内容。让儿童调动四肢参与游戏往往起到很好的效果。同样举例小熊宝宝绘本系列中的《散步》。家长可以让儿童跟随在自己身后，一起模仿小动物跟着妈妈散步的场景。啾啾，小鸟跟着妈妈散步，家长和孩子一起张开双臂上下舞动；汪汪，小狗跟着妈妈散步，家长和孩子把手放在胸前，装作可爱的小狗模样；呱呱，小青蛙跟着妈妈散步，家长和孩子一起模仿小青蛙跳跃。在这个游戏中孩子一方面活动了身体，感受到自由支配肢体的乐趣，另一方面通过运动加深对文本的理解，增进了亲子感情，可谓一举多得。

艾瑞·卡尔（Evic Carle）的《从头动到脚》也是一本很适合进行身体运动游戏的绘本。家长给孩子读完绘本，可以和孩子一起模仿书中的动物，在床上摆各种造型。看宝宝扭动着身体，是不是感觉孩子已经完全沉浸其中，爱上书中的小动物了呢？

3. 配对游戏

配对游戏可以帮助儿童提高认知能力，是儿童进行视觉思维的重要基础。在低幼绘本中，认知配对类绘本很常见，而其他供大孩子阅读的绘本中也经常暗藏

绘本《点点点》的阅读教具训练儿童的配对能力

玄机，可以生发出许多很有意思的配对游戏。

《9只小猫呼——呼——呼——》中九只不同颜色的猫住在九宫格不同的格子里。家长可以准备毛毡、磁铁、白板等材料，剪各种颜色的小猫，让孩子根据书中图案做一样的排列。如果孩子的能力不够，家长也可适当降低难度，比如将一些空格填好，或者只留一个空格，提供不同颜色的猫咪让孩子选择。

《晚安，大猩猩》的作者佩吉·拉特曼（Peggy Rathmann）是一个充满童趣的人，他在绘本中埋了很多伏笔，等待细心的小读者去发现。比如饲养员身上的这一串钥匙，每一把颜色都不同。仔细观察你会发现，不同的颜色对应不同的笼子。这无疑给家长做配对游戏提供了很好的素材。

《晚安，大猩猩》内页

当然配对游戏可以与其他游戏形式比如假想游戏、运动游戏相结合。家长可以在地上做一些卡纸，让儿童通过跳跃去选择。或者家长引导儿童假想自己是某一种物品，再根据指令参与配对游戏。再讲绘本《是谁嗯嗯在我的头上》后可以玩这样的配对游戏。首先向小朋友解释了吃不同食物会形成不同形状的便便，然后让小朋友假想自己是不同的食物，与不同形状的大便（家长）配对。这个游戏可以让孩子们在奔跑中学习组配知识，锻炼了反应力，并尝试理解不同的游戏规则。总之，配对游戏可以从形状、颜色、分类、功能等多角度展开设计，家长可以拓展思维，充分利用绘本元素，和孩子一起玩起来。

4. 语言游戏

仔细观察儿童，他们在1—3岁语言发展高峰期会有一些有意思的行为。比如不停弹舌或发出一连串没有意义的声音符号；再比如主动用熟练掌握的词汇解释某一个新词；或者不停替换句子的某个部分（有时是主语，有时是宾语），造出新的句子。这些都是他们发现语言奥秘后所做的语言训练。这些自动自发的语言练习在孩子心中都很好玩，都是游戏。

家长同样可以以绘本为媒介，进行词语替换、仿说、接龙等语言游戏。比如绘本《晚安，月亮》中，通篇都是"晚安，某某某"的句式，家长可以和孩子一起，仿照绘本中的句式，与家里的家具、玩具、食物一一打招呼，道晚安。这样的学习过程有情境、有趣味，孩子在不断重复中很自然地掌握了语言。

《晚安，月亮》内页

再比如《我的妹妹是跟屁虫》讲的是跟屁虫妹妹一直学哥哥说话，从早到晚，把哥哥搞得很崩溃。孩子们非常喜欢这个故事，家长也可以先模仿孩子说话，把孩子逗乐，然后让孩子模仿自己，进行语言的仿说训练。仿说训练可以帮助孩子练习听觉辨识、听觉记忆，提高语言模仿能力，对儿童语言发展有一定帮助。

《我的妹妹是跟屁虫》内页

绘本《老鼠偷吃我的糖》采用顶针续麻的文体，对儿童思维和语言训练很有帮助，家长在和孩子共读后可以采用一问一答的形式将整个故事再还原，或者做故事接龙，让儿童自己发挥想象力续写答案。

5. 结构游戏

结构游戏是利用玩具或结构材料进行建构的游戏。儿童在结构游戏中可以很自然地获得分解和合成各种形状的经验，获得不同材料质量、体积、大小、厚薄、位置的概念，对儿童精细动作的发展以及思维能力的训练有很大帮助。

乐高积木是非常好的结构游戏的材料，家长可以引导孩子用乐高拼出毛毛虫、圣诞树、房子、汽车、太阳等一切绘本中出现的元素。此外蘑菇钉、雪花片、磁力片等材料也可以用来进行结构游戏。

孩子们的结构游戏（王奕 供图）

这是一个三岁半孩子的作品，别小看这一摞积木，垒起来还真不容易。建筑保持稳定必须有一个牢固基础，这个孩子通过一次又一次失败、观察、模仿、重建领悟了这个道理，并最终完成了这座城堡。这样的感官经验对儿童今后的认知发展非常宝贵，家长们可以多多为孩子提供这样的机会。类似游戏可以在和孩子共读《我的建筑形状书》《三只小猪》《忙忙碌碌镇》《大房子》等有关建筑的绘本后进行。

再比如讲完圣诞题材绘本后，家长可以和孩子利用不同材料制作家庭圣诞树。没有不可能，只要家长脑洞够大。

6. 生活体验游戏

生活经验是幼儿学习的重要内容，是他们独立生活、融入社会、发展自我的必要条件。在生活中学习，符合儿童大脑逻辑尚未发育成熟的生理特点。每天从睁眼开始，刷牙洗脸、穿衣吃饭，每一个步骤都丰富立体，充满感官刺激，每一个环节都是儿童生长发展事件本身。通过具体的生活，感知事物的性质、变化以及自身在其中的经验态度，是儿童学习的主要方式，更是儿童成长的基本动力。

　　绘本的选题很多来源于幼儿的生活，并对幼儿的生活经验进行拓展。低幼的绘本如《阿立会穿裤子了》《拉臭臭》《我去刷牙》和幼儿的衣食住行紧密相关，大龄儿童阅读的绘本如《妈妈，买绿豆！》《小鸡逛超市》《爸爸烤的苹果派》也充满生活气息，和儿童的生活高度相似。当儿童在阅读中接触到与自我生活相关度高的内容会非常兴奋，会将书上的内容和自己的生活进行关联，产生情感共鸣："我每天都要刷牙，原来小熊也要刷牙啊，我们是一样的"，"我也不会穿裤子，阿立通过自己的努力学会穿裤子，我也要试一试"。家长在给儿童阅读此类绘本时不妨抓住这个特点和孩子一起讨论生活的细节，并创造条件，设计生活游戏，让孩子重新经历生活，得到生活经验的丰富和确认。

　　《妈妈，买绿豆！》是和孩子一起进行生活游戏很好的媒介。仿照书中的细节，家长可以和孩子一起泡绿豆，观察豆子在水中一点一点变大的过程。煮绿豆时，家长可以引导孩子观察水煮开时会满上来，打开盖子水就会落下去，让孩子感受液气转变及气压变化的物理现象。绿豆煮好，可以盛出两碗，一碗置于冷水

《妈妈，买绿豆！》内页

中，一碗置于空气中，让孩子对比哪一种方式冷却得更快，并讨论原因。接下来还可以和孩子一起做绿豆冰棒，种绿豆。如此这般，就可以通过一颗小小的绿豆，让孩子获得丰富的生活经验。

7. 美术创作

美术创作是家长最常使用的绘本延伸活动形式。通过美术创作，儿童感受美、表现美、创造美，表达自己对周围世界的认识和情绪态度。每个幼儿心里都有一颗美的种子，但他们对事物的感受和理解与成人不同，他们独特的笔触、动作和语言往往蕴含着丰富的想象和情感。成人应该充分尊重儿童的艺术表达，切忌用自己的审美标准去评判和要求幼儿。

儿童美术创作主要分绘画和手工两种形式，绘画又分为涂鸦、拼贴画、拓印画、手指画等形式；手工分为泥塑、剪纸、折纸等形式。绘画工具如蜡笔、水彩笔、水粉、墨汁、丙烯颜料，常用手工材料如纽扣、树叶、皱纹纸、毛毡、软陶、纸盘、饮料杯都可以用来进行儿童的美术创作。

绘本大师李欧·李奥尼和艾瑞·卡尔特别擅长运用儿童美术的工具和技巧来表现故事内容，很值得我们学习效仿。李欧·李奥尼的《小黑鱼》采用拓印技巧，根据不同材质的纹理，运用不同颜色的水粉，表现不同的海洋生物。小黑鱼则用印章刻印而成，形象独特鲜明。艾瑞·卡尔的作品大量采用拼贴画的形式，色块对比明显，人物形象生动，有鲜明的个人风格。家长在共读后可以引导儿童对大

《小黑鱼》中印章刻印而成的小黑鱼

《好饿的毛毛虫》中的剪纸蝴蝶

"剪纸绘本"之
《雪精灵之歌》

师作品进行模仿创作，提高幼儿的艺术感受力和审美情趣。

一些有中国美术元素的原创绘本也颇具特色，值得关注。这些"剪纸绘本"用剪纸表现森林春夏秋冬四季，美轮美奂。家长不妨和幼儿一起动动手指，用剪刀刻画森林魅影。

8. 戏剧活动

儿童的戏剧活动指儿童运用动作和语言对文本进行再现。戏剧活动本身具有很强的综合性，从剧本创编，到道具制作，再到演员排练、结果呈现，需要调用小朋友相当多的能力。戏剧活动不仅可以激发儿童对文本更深入地探索，丰富表达方式，还可以增加儿童的情感体验和想象力，提高小朋友的动手能力、组织能力、思辨能力、审美情趣等全方位能力。

戏剧活动可以以大人为主，由大人表演给小朋友看，也可以大人和小朋友共同参与，家长通过引导、支持协助儿童完成戏剧表演。木偶剧、手偶剧都是儿童

木偶剧

喜闻乐见的戏剧形式，很多绘本都研发了相当多的周边产品供家长使用。

没有现成道具也无须担心。下图是家长在网络上检索的一些卡通动物形象，打印出来，并用彩色卡纸镂刻成动物园的笼子，和孩子一起玩《晚安，大猩猩》。

《晚安，大猩猩》游戏道具（王奕 供图）

还有家长直接关上灯，在漆黑的夜晚用一束光和一些剪影讲故事。影子游戏古老且经典，在一片静谧幽暗的气氛中，孩子的注意力被吸引到墙上的聚光处，透过一个个灵动变幻的影子经历一次神奇又刺激的冒险之旅。

与成人戏剧不同，儿童戏剧情节简单、主题鲜明，戏剧语言幼儿化、口语化、动作化。家长在编创剧本时要充分考虑这一特点。在进行戏剧演绎时，家长可以与儿童探讨，根据人物性格设计相应的动作表情，从而进一步把握推进情节发展的线索，促进儿童思维能力的发展。

9.图解故事

图解故事用图画来展示绘本的内容和结构，引导儿童从总体上把握故事情节，理清故事层级关系与逻辑关系，是一种符合儿童心理的阅读策略。

绘本《我们要去捉狗熊》讲了一家人越过草地、跨过溪流、渡过沼泽、穿越森林、经历风雪来到狗熊山洞捉狗熊的故事。这个以场地转换为线索的绘本可以通过绘制地图来提炼故事结构。通过地图儿童可以很好地把握故事结构，复述故事。家长还可寻找一块空地，让儿童根据地图来一场假想的神奇冒险。类似的绘本如《小船的旅行》《巴士到站了》《小种子》都可以采用这种形式。

思维导图是一种成熟的图解方式，它将人的思维形象化，运用图文并重的技

《乌鸦面包店》内页

巧，将各级主题的关系用相互隶属与相关的层级图表现出来，把主题关键词与图像、颜色等建立记忆连接，更利于儿童的理解、记忆，有益于发展思维。常用的思维导图有圆圈、气泡等多种形式，初学的儿童可以从他们最感兴趣的主题关键词开始，不断拓展。

比如《乌鸦面包店》有一页书画满各种奇形怪状的面包，有南瓜面包、汽车面包、海螺面包……家长可以画一张中心导图，在中间主题写上"奇形怪状的面包"，然后对书中已有的面包形状进行分类，比如"食物类""动物类""交通工具类"等，形成导图的第一层。接下来还可以进一步拓展，将动物类分为"天上飞的""陆地走的""水里游的"。这样，通过思维导图层层递进，帮助儿童构建认知思维图式。

10. 感官障碍游戏

在纷繁多元的绘本题材中有一类绘本专门讲到特殊需要儿童，如只有一只翅膀的《故障鸟》，一只老鼠和一只看不见的大象成了朋友（《你是我最好的朋友》），人称《没鼻伙计》的可怜小猫，以及爱笑的苏珊（《苏珊笑》），说真话的亚斯

感官障碍游戏
（王奕 供图）

（《亚斯的国王新衣》），等等。这类题材绘本的存在对儿童来说非常重要，和王子与公主的故事不同，他们让儿童真正感受到生活的本来面目，了解世界的多样性，学会从另外一个视角看世界，懂得理解、接纳与尊重。

　　在阅读此类绘本时，家长可设计一些感官障碍游戏。比如蒙起眼睛走直线、戴手套捡豆子、戴有洞的墨镜走迷宫、看口型猜词汇，等等。感官障碍游戏给儿童完全不同的体验，增进儿童对各种残障的理解，让孩子更具同理心与开放思维。

　　游戏是儿童的天性，更是儿童的生命。亲子阅读与学校教育性质的阅读不同，更注重亲子关系的培养建立；幼儿的学习过程与成人的学习不同，更注重情感体验与审美体验。因此家长在和儿童阅读绘本时无须要求孩子一本正经，一字不落，大可放松心情。

附：特殊需要儿童阅读书目推荐

一、推荐给视障儿童的书单

1.《**一本关于颜色的黑书**》，[委内瑞拉]
梅米娜·哥登著，[委内瑞拉] 露莎娜·法
利亚 / 绘，朱晓卉译，接力出版社

推荐理由：颜色可以触摸到吗？在这本
书里可以。虽然整本书只有黑色，但在黑色
里，我们可以通过凸起的线条触摸到柔软的
羽毛、酸酸的草莓、干枯的落叶、小小的风
筝和蓝色的天空……这是一次奇妙的手指旅
行，也是一次人类通感的体验。在男孩托马
斯看来，色彩不仅可以看到，还能闻到、尝
到、听到、触摸到……换一个角度去感受，
我们就会发现另外一个全新的世界。

2.《**幸福在哪里？**》，[韩] 金喜卿著，
[韩] 池研俊绘，薛舟译，广西师范大学出
版社

推荐理由：这是一本明盲对照读物，也
是为世界上所有孩子写的诗。十二种鸟儿的
啼鸣，演奏出世界上最动听的诗篇。闭上眼
睛，用心听，幸福的种子正在悄悄发芽。

3.《**面条乔闯世界**》，［斯洛文尼亚］阿克辛嘉·柯曼娜著，［斯洛文尼亚］兹万科·科恩绘，赵文伟译，作家出版社

推荐理由：表现了一个不屈服自身命运的小面条努力认识世界的过程。如果你不能看到五彩的世界，也不要灰心，摸摸这本书，感知奇妙的世界，心有多大，世界就有多大。

4.《**来，闻闻大自然的味道**》，［法］玛丽·黛罗斯特著，［法］朱莉·诗赫载德绘，荣信文化编译，未来出版社

推荐理由：对于视障儿童来说用嗅觉来认知非常重要。这是国内首套嗅觉认知书，8 种香味、23 种花卉香料、21 种水果蔬菜、11 种绿植树木，翻开书，香味扑鼻而来。孩子可以根据气味的不同辨识物品，比如洋葱是刺鼻的，薄荷是清凉的，通过嗅觉认知建立对物品的记忆。这还是一本非常有趣的猜猜书，家长通过描述让孩子猜一猜，这是什么？通过描述构建事物的概念，这也是帮助视障儿童认知的重要方法。

5.《**杜莱百变创意玩具书：触摸想象大探险**》，［法］埃尔维·杜莱著，Panda Panda 童书译文馆、赵佼佼译，接力出版社

推荐理由：如果要推荐一本触摸绘本，我愿意推荐埃尔维·杜莱的作品。他是享誉世界的绘本《点点点》的作者，他的作品充满创意性与艺

术性，他是真正懂孩子的艺术大师。

6.《你是我最好的朋友》，[法]拉谢尔·比瑟伊著，[法]克里斯坦·吉博绘，金波审译，外语教学与研究出版社

推荐理由：娜娜是一只很特别的小白鼠，她不愿意和老鼠做朋友，只想找一只大象做朋友。娜娜找啊找啊，终于找到了一只大象——末末。可是，末末是一只盲象，什么都看不见。娜娜决心给末末描述五颜六色的世界！红色、黄色、蓝色、绿色……娜娜会用什么样的语言来描述缤纷的色彩呢？末末最喜欢哪种颜色？这是一本关于友谊的书，能够像娜娜和末末那样互相帮助，不仅友谊会变得更加坚固，人生也会变得更加丰富多彩。

7.《彩虹汉字丛书（盲文版）·触摸阳光草木》，张一清著，山东友谊出版社

推荐理由：我们习以为常的汉字，在盲人的生活里却是"最熟悉的陌生"，但这并不代表盲人不希望学习汉字。为盲童制作一本可触摸的汉字书，开启了从字形、字义角度引导盲人学习汉字、传承中华优秀传统文化的先河。《彩虹汉字丛书（盲文版）·触摸阳光草木》是一本可以触摸、聆听、阅读的书，从策划、编辑到制作都耗费了巨大心血，这是一本书，更是一件艺术品。

二、推荐给听障儿童的书单

（一）帮助听障儿童发展听觉能力的绘本

1.《听，什么声音？》，[比利时] YOYO 出版社著，步步联盟译，中国环境出版社

推荐理由：该丛书有 12 种动物的叫声、6 种交通工具的发动机声、6 种大自然的声音和 12 种乐器的演奏声，音源均采自自然界和器物的原始声音。小朋友只要按一下按钮，就可以听到美妙又有趣的声音。这套绘本画风温柔可爱，结合声音，可以给小朋友丰富的视听刺激，是听障小朋友听觉重建后了解各种声音的最佳伙伴。

2.《大声回答"哎"》，[日] 佐佐木洋子，蒲蒲兰译，连环画出版社

推荐理由：应名反应是听觉理解的开始，利用这本绘本帮助听障儿童学习听自己的名字，并大声回答"哎"。家长可以在家里和孩子学习声音的大小、长短，并利用强化物帮助孩子建立良好的听觉习惯。此外佐佐木洋子的这套小熊宝宝绘本系列简单易懂，贴近幼儿生活，十分适合 0—3 岁的宝宝。

3.《**我们要去捉狗熊**》,[英]迈克尔·罗森著,[英]海伦·奥克森伯里绘,林良译,河北教育出版社

推荐理由：《我们要去捉狗熊》讲的是爸爸带领一家人去捉狗熊的故事。故事里大量使用拟声词与叠音词,读起来韵味十足:草堆里的声音,窸窸窣窣;小河流淌的声音,哗哗啦啦;脚踩烂泥的声音,唧唧吱吱;刮大风的声音,呜呜呼呼。在一系列声音的引导下,孩子们跟随大人经历了一场神奇的冒险。叠音词与拟声词在日常生活中非常常见,听障儿童积累一定数量可以达到听觉分辨的水平,为日后的发音打下基础。

4.《**听说小猪变地瓜了！**》,[日]宫西达也著,李慧娟译,北京联合出版公司

推荐理由：我们都玩过传话的游戏,最后一个人与第一个人说的话大相径庭。宫西达也和读者也玩起了这个游戏,绕来绕去的故事把读者弄晕了。这是非常好的帮助听障小朋友练习听觉记忆的材料。小朋友可以从简单的训练开始,逐渐加大难度,另外和父母一起玩传话的游戏是个不错的主意。

5.**"可爱的鼠小弟"**系列,[日]中江嘉男著,[日]上野纪子绘,赵静、文纪子译,南海出版公司

推荐理由："可爱的鼠小弟"系列是日本绘本作家中江嘉男和上野纪子合作的不朽经典，自 1974 年问世以来就深受孩子们的喜爱，囊括了日本各大童书奖项，累计重印 1200 次，被誉为"世界绘本经典中的经典"。"可爱的鼠小弟"充满奇思妙想、童心童趣，文图配合默契，主题突出，符合儿童的认知习惯，适合当作听障儿童的语言学习材料。

（二）帮助听障儿童提高智力水平（注意力、观察力、想象力、思维力、记忆力）的绘本

1. 《**点点点**》，［法］埃尔维·杜莱著，蒲蒲兰译，二十一世纪出版社

推荐理由：按照指令触摸书上的小点点，然后翻页，小点点竟然会发生神奇的变化！这是一本充满吸引力与魔力的书，如同 iPad 游戏一样，让小读者惊喜连连、欲罢不能。一开始 3 分钟，然后慢慢延长阅读的时间，儿童的注意力将在不知不觉中得到提升。

2. 《**谁藏起来了**》，［日］大西悟著，蒲蒲兰译，二十一世纪出版社

推荐理由：狗、老虎、河马、斑马、袋鼠……18 个动物一起登场亮相，他们瞪大眼睛看着小朋友，你认识我们吗？作者在每一页对个别动物进行了处理，然后让小朋友猜：是谁

藏起来了？是谁哭了？不知不觉地，孩子们发展了观察力、记忆力，对各种动物的不同特征也会有更多深入的理解。

3.《**米莉的帽子变变变**》，［日］喜多村惠著，方素珍译，未来出版社

推荐理由：米莉在放学回家的路上，看上了商店橱窗里的一顶漂亮帽子，可是她没有钱买。不过没关系！好心的店员郑重其事地配合米莉，"卖"给米莉一顶神奇的帽子——想象出来的帽子。一路上米莉都无比快活，享受着想象力带给她的奇妙与丰富的体验。一幅幅绚烂夺目、天马行空的画让孩子看到想象的力量。家长可以带着孩子在家里一起创作各式各样的帽子：蛋糕帽子、火箭帽子、螃蟹帽子……让孩子打破思维的束缚，乘着想象力的翅膀飞翔！

4."**14只老鼠**"系列，［日］岩村和朗著，彭懿译，接力出版社

推荐理由：种南瓜、摘树莓、洗衣服、看蜻蜓，14只老鼠田园诗般的生活给孩子愉悦的审美体验。画面中14只老鼠神态各异，孩子们可以一边阅读一边寻找，14只老鼠都在哪里呢？田里丰富的动植物也同样等着你去发现，寻找的过程也是充满惊喜与挑战的过程。14只老鼠是孩子们冒险的乐园，通过反复阅读，他们增强了思辨能力，活跃了想象力，也丰富了感情。

5.《小蝌蚪找妈妈》，上海美术电影制片厂著，王亚洲文，南方出版社

推荐理由：《小蝌蚪找妈妈》1957年由上海电影制片厂推出以来，轰动全国，传播至今。简单的故事中蕴藏着非常深奥的学问，当我们在描述一件事物时，如何一下子抓住其最显著的特征？"四条腿""大眼睛""白肚皮"这些特征描述与听障儿童语言康复中常用的"听觉描述"很接近。家长可以由这本绘本开始，和孩子一起描述生活中遇到的各种事物，将故事续写下去。

（三）有益听障儿童身心健康的绘本

1.《菲菲生气了》，[美]莫莉·卞著，李坤珊译，河北教育出版社

推荐理由：学会控制自己的情绪是每个孩子成长过程中最艰难的一课。《菲菲生气了》是一本教孩子看到自己的情绪，并且努力平复、调整它的读物。该绘本语言简练，画面采用红、紫、蓝、绿等大色块，清晰直观地把女主角菲菲的情绪表现出来。依靠自己的力量回归平静，值得每一个孩子学习。

2.《自己的颜色》，[美]李欧·李奥尼著，阿甲译，南海出版公司

推荐理由：每种动物都有自己的颜色，变色龙却没有自己的颜色，他很伤心，最后终于意识到每个人都跟别人不一样，不用在意别人的眼光，

做自己就好。对于听障小朋友来说，身份认同是非常重要的课题，认识到自己的独一无二，有助于他们建立自信。对于三岁以下的幼儿来说，这也是一本非常好的颜色认知书。

3.《威利和朋友》，〔美〕安东尼·布朗著，崔维燕译，二十一世纪出版社

推荐理由：威利是一只非常弱小的猩猩，他个子小，别人都叫他小废物；他行事胆怯，经常被人欺负，直到他遇见了大个子休，事情发生了改变……威利无意中发现高大威猛的休也有短板——害怕蜘蛛，威利帮休赶走了蜘蛛，也体会到强弱是相对的，任何人都有自己的长处。听障小朋友通过威利的故事一定会产生强烈的心理共鸣，自我强大起来。

4.《这是我的！》，〔美〕李欧·李奥尼著，阿甲译，南海出版公司

推荐理由：每一个孩子都有"物权意识"非常强的一段时期，只要是自己的东西谁也不让碰。《这是我的！》正好讲述了这样一个故事：三只"自私"的青蛙一天到晚吵个不停，他们各自占着一块地方，不让别人踏进一步。有一天，暴雨来袭，小岛即将被淹没，他们挤在一起，共同面对困难。洪水退去之后，青蛙们不再吵闹，而是一起玩耍，一起分享快乐……独乐乐不如众乐乐，作者将复杂深刻的道理用一种浅显易懂的方式讲

述了出来，对于听障小朋友来说，分享是社会交往很重要的一步。

5.《小种子》，[美]艾瑞·卡尔著，蒋家语译，明天出版社

推荐理由：秋天来了，大风把种子高高地扬起，带到远方。在这些种子中间，有一粒小种子特别小，比别的种子都小。这粒小种子能跟上别的种子吗？这些种子又会被带去哪里呢？故事讲述了小种子离开果荚，经历千难万险，落地生根，开花结果的旅程。弱小的种子凭借顽强不屈的毅力长成又大又美的一朵花，阅读小种子的故事能够让小朋友获得成长的能量与自信。

（四）其他儿童读物

1.《地图》，[波兰]亚历山德拉·米热林斯卡、丹尼尔·米热林斯基著，冯婷译，贵州人民出版社

推荐理由：阅读地图、图表是一种与阅读文字同样重要的能力。《地图》用绘本的形式介绍了5大洲、4大洋、南北极和42个国家，呈现了边界、城市、河流、险峰，以及有代表性的动物、植物、历史、人文名胜、文化事件等。它以引人入胜的细节、柔和别致的色彩、俏皮的笔触，描绘出了地球的可爱，是儿童认识地球和世界的工具性绘本，是为地图爱好者奉上的一场视觉盛宴。

2.**"中国童谣"**，李光迪、金波著，胡永凯、田原绘，朝华出版社

推荐理由："中国童谣"共八本，由著名的童诗作家金波选编，著名画家胡永凯绘画。书中的童谣都是我们耳熟能详的，例如"小老鼠，上灯台，偷油吃，下不来……""排排坐，吃果果，你一个，我一个……"等。童谣是口头文学传统中的祖母绿，它根植于传统，节奏明快，充满韵律。当孩子跟随家长清唱，能够感受到文学与音乐的完美结合。阅读中国童谣对听障儿童的语言发展很有帮助。

3.**《走进奇妙的数学世界》**，[日]安野光雅著，李玉珍译，新星出版社

推荐理由：数学启蒙怎么做？安野光雅用这套书为我们展示了数学不只是加减乘除，而是一种科学的思维方法。她把数学与生活联系起来，让孩子在生活中观察思考，并从中获得发现与创造的喜悦。

4.**《向着明亮那方》**，[日]金子美铃著，吴菲译，新星出版社

推荐理由：诗歌可以提升儿童的语言品位，丰富他们的感受力与想象力。虽然关于童诗学术界没有明确的定义，但日本作家金子美玲的作品非常值得一读。金子美玲以赤子之心来感知这个世界，她的诗质朴天真、细腻纯净，充满深深的哲思与暖暖的温情。

三、推荐给自闭症儿童的书单

（一）帮助自闭症儿童感知觉发展的绘本

1. "低幼感统玩具书"（全11册），[意]彼得·弗蒙蒂尼、[意]杰克·泰萨洛等著，[意]朱莉亚·欧瑞莎、[意]露西亚·史古德里等绘，王芳译，海豚出版社

推荐理由：这套书是意大利著名出版社帕尼尼出版社集合儿童心理学家、运动学家和多位意大利安徒生奖获奖作家为1—5岁幼儿"量身定做"的训练孩子感觉统合能力的玩具书。

感觉统合大师珍·爱尔丝（Jean Ayres）博士曾经提出，孩子有好的感觉发展（视觉、听觉、触觉……），才能有好的感觉动作发展（姿势稳定……），接着产生知觉动作发展（例如手眼协调、视动整合……），最后影响孩子的认知发展（课业学习与日常生活处理）。这套书，正是基于这样的理念创作的，有磨砂，有贴毛，有挖洞，有夜光，有翻翻……从视、听、触、味、嗅五个方面，触发孩子的所有感官进行阅读，对儿童多方面的发展起到促进作用。

2. **"奇妙洞洞书"系列**，[意] G.曼泰加扎著，[意] G.瓦内蒂绘，方素珍译写，未来出版社

推荐理由：学龄前的儿童在某个阶段，很喜欢用小手抠东西、戳洞洞，这是儿童精细动作发展的关键期，"奇妙洞洞书"正是根据儿童这一特点设计的。形态各异的洞洞与生活中常见的事物相结合，让孩子忍不住用小手探索。在与书的互动中，孩子的触觉神经、视觉神经得到刺激，书中童趣盎然、韵律优美的文字也促进了孩子的语言与认知发展。

3. **《跟着线走》**，[美] 罗拉·朗菲斯特著，蒲蒲兰译，新世纪出版社

推荐理由：蒲蒲兰绘本馆"线之旅系列"绘本包括《跟着线走》《跟着线走 穿过房子》和《跟着线走 环游世界》。在这套绘本中，作者用一根线创作出简单明了、想象力十足、细节丰富、充满童趣的一系列画面。随着这根线的延伸，小朋友的视觉追踪能力与注意力得到训练，想象力和创造力得到启发。同时，书中丰富的知识，对于拓展小朋友的视野，引发小朋友对身边各种事物的观察，增加对事物的认识有很大帮助。

4. **《小泥人》**，[日] 伊东宽著，蒲蒲兰译，二十一世纪出版社

推荐理由：泥巴是儿童最天然、最神奇的玩具。经过孩子们的手它们可大可小，千变万化，

形态各异，孩子们也如同拥有了魔法，可以随心所欲控制与再造。在捏泥巴的过程中，儿童内心的兴奋与喜悦是不言而喻的。从一开始偶然形状的出现到成熟作品的诞生，通过泥巴，儿童对外部事物的控制力、内心世界的表现力不断得到训练。

这本书通过一个小泥人带领孩子来到泥巴的世界，在这里阅读和游戏结合在一起，家长可以带领孩子一起玩泥巴、做手工，体验手指运动对泥巴的改变，帮助孩子建立作品完成意识，增强自信心。对于感知觉过敏的孩子，泥巴游戏可以帮助他们有效脱敏。

5. "I SPY 视觉大发现"（全 8 册），［美］吉恩·玛佐洛著，［美］沃尔特·维克摄，代冬梅译，接力出版社

推荐理由：这是一套训练视觉记忆、视觉搜索能力的图书。每本书里包含让人目眩神迷的上万件物品和 300 项视觉发现游戏。每一张谜题图都是一幅摄影艺术精品，无论是玩具工厂还是海底世界，漂亮的景物既可以吸引儿童进行认知，丰富他们的视觉经验，又可供欣赏，给孩子以美的熏陶。通过互动游戏，不同发展水平的孩子都能在其中获得成功的喜悦和自我激励。对于自闭症儿童来说，这样的训练有利于他们集中注意力，稳定情绪。

（二）帮助自闭症儿童发展语言的绘本

1.《好饿的毛毛虫》,[美] 艾瑞 · 卡尔著，
郑明进译，明天出版社

推荐理由：词汇是构成语言最基本的材料，
是语言发展的基石。词汇的积累和学习，是语
言发育迟缓儿童必须加强的。扩大词汇量，科
学地学习和运用，是提高儿童听、说、读、写
等能力的前提。因此，词汇教学是针对特殊儿
童绘本教学中的重要领域。《好饿的毛毛虫》
在词汇上的类型很丰富，大量的名词、形容词
以及数词和量词，都很适合学习词汇阶段的儿
童使用。

2.《棕色的熊、棕色的熊，你在看什么？》,
[美] 比尔 · 马丁著，[美] 艾瑞 · 卡尔绘，
李坤珊译，明天出版社

推荐理由：句子的使用对于特殊儿童学习
语言有着重要的意义，较之词汇的沟通效能更
强。《棕色的熊、棕色的熊，你在看什么？》
一书句型稳定，理解难度低，适合进行句子的
稳定与巩固。在阅读绘本时，可以特别关注一
下简单句和复合句的变化，并练习拆分、颜色、
前后关系、绘本隐藏的特征等，同时可以借此
提供句子练习策略以及丰富的隐身活动。特别
适用于刚刚出现电报句（"我要吃"）和主谓句
（"宝宝玩"）的孩子。

3.《语言图鉴》（全 4 册），[日] 五味太郎著，黄帆译，贵州人民出版社

推荐理由：这套图书充分展现了五味太郎式的幽默，相信孩子一定会喜欢。《语言图鉴》遵循儿童早期语言发展的轨迹，由浅而深，从简单到复杂，从名词过渡到动词、形容词、句子、段落，科学又充满趣味。可以根据这套书循序渐进教导孩子的语言发展，这是类似教本的绘本，同时也充满了绘本的多元可能。

4.《地下 100 层的房子》，[日] 岩井俊雄著，刘洋译，北京科学技术出版社

推荐理由：故事的展开意味着思维的延伸，对于特殊儿童对事件的把握、思维的练习都很有益处。这个部分是自闭症孩子需要去特别练习的部分。叙事结构由四个元素组成：人物、场景、问题和问题的解决。这本书用多种语句逐一引导孩子去不同楼层参观，有趣又丰富。同时，对于注意力的专注与延长都有帮助。

5.《鳄鱼怕怕　牙医怕怕》，[日] 五味太郎著，上谊编辑部译，明天出版社

推荐理由：语言应用在社会情景互动中非常重要，也是自闭症小朋友需要特别训练的。《鳄鱼怕怕　牙医怕怕》用鳄鱼与牙医简单、反复的心理对白，展现了一则妙趣横生、层次丰富的补牙故事。虽然鳄鱼和牙医的台词几乎一样，但原

因不尽相同，家长在阅读时可与孩子共同探讨。同时这是一本帮助儿童连接生活经验的书，相信每一个经历过补牙的小朋友都能通过这本书回忆起当时的心情，并从此不敢怠慢自己的牙齿。

6. "相对关系概念图画书"（全12册），周兢著，周翔等绘，南京师范大学出版社

推荐理由：认知是语言的基础，认识相对关系概念是学龄前儿童认识发展的重要方面。本书在生动有趣的故事中渗透了各种相对关系概念，涉及方位、空间、数量、物体特征等诸多方面，使儿童在潜移默化中愉快地深入理解概念，同时促进认知发展和语言发展。这种用儿童的视角看待世界、用儿童的语言讲述知识的态度，给我们很大的启发。阅读本身是一件快乐的事，孩子如能在阅读时会心一笑，那就再好不过。

（三）帮助自闭症儿童理解环境的绘本

1.《第一次上街买东西》，[日]筒井赖子著，[日]林明子绘，彭懿译，新星出版社

推荐理由：成长，有时是一点一滴的积累，有时则是瞬间的激发。对于自闭症儿童来说，生命中同样会有很多契机令他们瞬间成长。《第一次上街买东西》记录了一位五岁小女孩第一次独自上街购物的心路历程——兴奋、胆怯、挫败、重新鼓起勇气，简单的小事却一波三折，跌宕起伏。读到此书的小朋友会发自内心地感叹，这不

就是我嘛！家长可以给孩子多制造独立生活的机会，并且通过绘本传递的情感共鸣让孩子知道，他并不孤独，勇敢面对生活，就能收获成长。

2.《**第一次去图书馆**》，［日］齐藤洋著，［日］田中六大绘，［日］猿渡静子译，连环画出版社

推荐理由：公共图书馆是重要的社会文化服务机构，其丰富的资源对自闭症儿童的学习、生活很有帮助。到图书馆借阅必须要遵守相关规定，这是每一个读者包括自闭症儿童必须了解的。《第一次去图书馆》是一本非常好的图书馆指南。出发前先查好地图，不要迷路哦！图书馆入馆费是多少钱呢？找出真正的图书管理员，别被其他人给迷惑了……有趣的游戏加上轻松幽默的文图，让孩子更容易了解图书馆，爱上图书馆。

3.《**我爱幼儿园**》，［法］塞尔日·布洛克著，张艳译，北京科学技术出版社

推荐理由：和最亲近的人分开进入集体生活，大多数儿童都会有分离焦虑的表现。幼儿园是什么？那么多小朋友都在哭，我们不会被卖掉吧？不要小看这些幼稚的问题，如果不能帮助儿童做好入园前的心理建设，焦虑情绪会伴随他们持续相当长的时间。自闭症儿童由于社交障碍与照料者的依恋关系通常表现为回避型与混乱型，他们在分离时有更加复杂的行为特征，需要特别关注。

《我爱幼儿园》是众多入园题材绘本中的佼佼者，它的可贵之处是以儿童的视角——展示了什么是幼儿园。儿童在幼儿园一天的生活安排，行为规范书中都有涉及，主人翁男孩细腻的情感表达，能够帮助自闭症儿童理解环境，释放焦虑。

4.《**我的地图书**》，[意]莎拉·方纳利著，赵映雪译，明天出版社

推荐理由：英文 map 既有地图，也有图表的意思。准确来说《我的地图书》应该是《我的图表书》。书中的图表朴拙稚嫩，妙趣横生，展现了一个孩子生活中最常见，也最重要的十二件事物。这十二张图中既有表现空间关系的具象图表，如"我家附近的地图""海边的地图"，也有反映儿童自我认知的抽象图表，如"我的心地图""我的肚子地图"。从画面中我们一下能熟识小主人翁，比如她很孝顺，她的肚子里有很多为了让妈妈开心才吃进去的青菜；她热爱自然，心中留了很大一片空间给灿烂的阳光。

图像思维是一种非常重要的思维方式，它将各种复杂的概念、关系可视化，便于记忆与理解。在与自闭症儿童沟通时，图像辅助是一种常用的手段。此书可以作为自闭症儿童开启图像思维训练的入门教材。

5.《**哈利去医院**》，［美］博尼特著，左右妈译，化学工业出版社

推荐理由：提到医院，恐怕没有几个孩子不皱眉头，有的甚至还没到医院门口就开始哇哇大哭了。如何缓解儿童的焦虑情绪，让他们不再害怕医院？美国儿童心理学家打造的儿童情绪管理与性格培养绘本系列之《哈利去医院》值得推荐。故事以小哈利去医院为线索，详细描述哈利的看病经历及内心感受。戴手环、检查、挂水以及 CAT 扫描，每一步都告诉孩子在做什么，会有什么感受，以及如何克服恐惧。

自闭症儿童对陌生环境以及突然到来的改变很难适应，提前告知，帮助他们做好心理预设很有必要。家长可以模仿《哈利去医院》的创作手法，帮助孩子制作一系列"生活故事书"，告诉他们即将要发生的事情以及可能会带来的感受。这将有助于孩子消除不适，稳定情绪。

（四）帮助自闭症儿童疗愈情绪的绘本

1.《**抱抱**》，［英］杰兹·阿波罗著，上谊编辑部译，明天出版社

推荐理由："冰箱母亲"导致自闭症的说法早已被学界摒弃，我们看到更多的是家长对自闭症孩子的付出与坚守。拥抱是表达亲子之爱最原始、最自然的语言，自闭症孩子同样需要。多给孩子拥抱，让他们享受温暖、愉悦的身体接触的同时，收获内心的安宁与满足。

2.《脸，脸，各种各样的脸》，[日]柳原良平 著，小林、小熊译，少年儿童出版社

推荐理由：情绪问题可以说是自闭症谱系儿童具有的共性问题。这本绘本内容简单明了，以简单白描的形式向孩子们介绍了丰富的表情变化，对各种表情的定义，很适合进行认知、社会交往的练习。结构明晰，便于操作，同时可以生发各种延伸活动。

3.《我的情绪小怪兽》，[西班牙]安娜·耶纳斯著，萧袤、王靖雯译，陕西人民教育出版社

推荐理由：情绪概念十分抽象，是自闭症小朋友理解的难点。此书的妙处在于把情绪与色彩相对应，并用3D情景呈现，十分符合孩子的认知特点。孩子在感受色彩变化的同时，能够捕捉到情绪概念的差异。同时，小怪兽丰富可爱的神态也为故事增加了注脚。

4.《妈妈，我真的很生气》，[美]吉娜·迪塔–多纳休著，[美]安妮·凯瑟琳–布莱克绘，赵丹译，化学工业出版社

推荐理由：同样来自美国心理学家打造的儿童情绪管理与性格培养绘本系列。儿童任何不良行为的背后都有原因，如何处理冲突，纠正不良行为，这本书给出了教科书式的解答。承认儿童的不良情绪，并且引导他们用积极、正面的方法表达，一两个简单的技巧往往十分奏效。

第四章

"她"阅读：
女性的阅读指导与服务

"她"阅读的前世今生
"她"阅读的时代特点及价值
女性阅读服务与发展

阅读活动受到阅读主体、阅读客体及环境的影响，因而社会性是阅读行为的显著属性。由于职业、地域、年龄、性别、知识水平的不同，社会成员被分作不同的社会群体，而作为阅读主体的读者，也在阅读上表现出其所属群体的特点。性别差异在阅读上造成的差别是一个值得讨论的主题，因而女性阅读在近年来逐渐受到关注。

一、女性阅读的历史源流

所谓"书中自有黄金屋，书中自有颜如玉"，其实颜如玉也早已与书结缘。女性阅读的历史可谓是源远流长。

先秦时期的女性阅读尚未见出土文献，但有学者推测彼时女性已经开始阅读《诗经》《周礼》等书。汉代是古代女性阅读的确立期，出现了我们耳熟能详的《列女传》和《女诫》。《列女传》是一部介绍中国古代妇女事迹的传记性史书，作者刘向在书中歌颂古代妇女的高尚品德、聪明才智，"孟母三迁"的故事就出自此书。《女诫》则是东汉班昭写作的一篇教导班家女性做人道理的私书。这两本书确立了古代女子的行为标准，在古代是女子教育的"法式"。

唐宋时期女性阅读得到发展。由于教育的普及，加之不受科举考试范围的束缚，唐代女子阅读内容丰富：主要有女教经典如《列女传》《女诫》《女仪》等，还有诗词歌赋、宗教典籍如《法华经》《金刚经》，以及儒家经典《诗》《礼》《论语》等。在盛唐气象之下，女性获得了更多阅读机会，也拥有了强烈的自我意识，因而唐朝出现了不少"才女"，她们不再囿于闺阁，而是热衷于往来唱和，如为我们所熟知的薛涛、上官婉儿等。宋朝女性阅读书目基本延续了唐朝，但宋代女

红袖添香夜读书

子阅读内容也有新特点，比如《孟子》在宋朝被普遍阅读。究其原因，是因为宋代科举考试中将《孟子》纳入其中。由此可见，在男权社会中，女性虽未能参与科举考试，但科考内容还是影响到了女性阅读的内容。宋代社会也注意到女性缺乏知识在家庭教育中的不良后果，司马光就曾言不担心作为母亲的女性不爱孩子，而担心她们不会教育孩子，并为女性列出阅读书目。

女性阅读的大变革时期始自明朝。明朝时出版业迅速发展，印刷术全面普及，书籍价格大大降低，书不再是达官显贵家庭的专属品，普通百姓也有能力购买。在这种繁荣的市场下，书籍类型也日益丰富。另外，明代女性受教育程度也进一步提高。同时，明朝的变化还体现在男性对于女性阅读态度的转变上。李渔在《闲情偶寄》里说："妇人读书习字，所难只在入门。入门之后，其聪明必过于男子，以男子念纷，而妇人心一故也。"当时持这种观点的男性不在少数，这为当时处于男性附庸地位的女性的阅读提供了力量。如此时代背景下的女性阅读持续发展，因而明朝出现了"才女文化"，涌现出大量的有学识有才情的优秀女性。

在明代繁荣的基础上，清代的女性阅读更为活跃。清代女性阅读地域性较强，尤以江南地区颇为兴盛。以清朝文人袁枚为例，袁枚晚年不顾世俗偏见，收取三十余名才学兼备的女子为学生，并将她们的诗作收入《随园诗话》中，一时成为美谈。江南女性阅读的兴盛，首先得益于江南地区经济的发达。大家贵族重视子女教育，且名门往往存在家学渊源，成长于大家族的"小姐闺秀"们自然也知书达理。而且江南地区印书量巨大，书籍多，藏书之风盛行。另外，女性的内在阅读观念也悄然发生着改变，经历了从排遣无聊到主动求知的过程。

二、女性阅读的发展新变

民国对中国文化发展的意义不言而喻。1915 年陈独秀、李大钊、鲁迅、胡适、蔡元培、钱玄同等一些受过新式教育的知识分子发起了一次"反传统、反孔教、反文言"的思想文化革新、文学革命运动。新文化运动之后的 1919 年，青年学生组织了五四爱国运动，在文化上进一步促进了反封建思想的发展，与尊重中华文化的复古思潮形成了针锋相对的局面。知识女性的阅读也因此发生了翻天覆地的变化。新式教育带来了西方的平等、自由、科学思想，经受过西方先进理念影响的新女性，也开始走出家门，积极参与社会活动，关心家国命运，并在救亡图存的洪流中发热发光。除了时代大背景，这一时期女性阅读的巨变还源于女性主体意识的觉醒，她们激扬向上，追求独立人格，认同先进文化，渴求实现自我价值。这一时期女性社会角色也发生好的转变，妇女可以获取经济和职业权利。同时，家庭婚姻生活改善，妇女可以适当地从家庭事务中解脱出来，享受阅读。这其中也有男性知识分子的倡导，社会、家庭对女性角色发挥的态度松动及地域文化的影响。林徽因、冰心、萧红、张爱玲等民国才女正代表了民国新女性的特点，她们才情兼备，自信、新派、向往自由和科学，在社会上发出女性的声音。这一时期女性阅读内容也显现出鲜明的时代特点，除了前述的儒家及宗教经典、诗词歌赋等书籍外，还增添了新内容，如《新青年》等进步杂志、报纸。这种变化也从侧面反映了女性社会地位正在提高。

如今，伴随着时代的进步、社会的发展、女子教育普及以及大量公共图书馆的出现，女性获得了更大的阅读空间，更多女性拥有了阅读的机会和渠道。当下出版物数量进一步增长，女性在阅读中开始越来越关注内容本身，在阅读量攀升的同时，所看书籍质量也日益提高。据中国出版科学研究所得出的"2001 年期刊市场调查报告"，女性读者较男性读者更加偏爱杂志，女性每个月读两种以上杂志相对比例高于男性读者；每月阅读一种杂志的女性有 49.4%，每月阅读两种以上杂志的占到 31.5%，每月阅读三种以上杂志的占 19.5%。足见，女性阅读正当时。

三、国内女性阅读现状

1. 女性阅读正当时

《双城记》中最负盛名的一句话是："这是最好的时代，也是最坏的时代。"这句话也适用于形容当代女性阅读，只是后半句要稍作更改。毫无疑问，现在是阅读最好的时代，阅读形式众多，渠道广泛。然而对于女性，也意味着这是一个充满困惑的时代。

2017 年 4 月 18 日，中国新闻出版研究院发布第十四次全国国民阅读调查报告。调查从 2016 年 8 月开始全面启动。本次调查执行样本城市为 52 个，覆盖了我国 29 个省、自治区、直辖市。本次调查的有效样本量为 22415 个，其中成年人样本为 16967 个，18 岁以下未成年人样本为 5448 个。调查显示，在手机阅读接触率上男性读者为 68.3%，女性读者为 63.8%，在阅读时长上男性读者也长于女性读者。在数字阅读时代，手机阅读接触率很能说明问题：女性读者阅读率和男性读者仍有差距。

这种现象主要由社会原因造成。正如我们在前文所提及的，20 世纪以来，女性阅读朝着自由的、多元的方向发展，当代女性阅读也正经历最好的时代，但这只是在女性阅读本身的时间轴上来看的，而在横向上与男性的阅读相比，女性阅读劣势尚存，只是相对差距正在缩小。其背后和女性的社会角色和家庭角色的重叠息息相关。在现今的环境下，职业女性备受推崇，大量女性寻求独立自主的自我发展，渴求更大的个人空间，与此同时，生物学上赋予了女性生育的使命，而且孩子出生之后，抚养和教育的工作也主要落在作为母亲的女性一方，"男主外女主内"的传统观念仍植根于人们心中。比之无须操劳于事业的古代女性，当代女性承受了更多的压力。于是在工作和家庭责任的双重压力下，女性的自我认知会受到挑战的同时，精力也会被大量消耗，进而无暇进行阅读活动。

有关婚姻状况对女性阅读的影响，有相关研究显示：以 16000 名浙江省公共图书馆女性读者为样本，已婚女性更加关注医药卫生、生活技能、休闲养生、子女教育方面的图书，而未婚女性则更关注自我修养、工作学习、实用技能方面的图书，这体现出已婚女性阅读生活化的趋势。再细分比较则发现：对于文学类图书，已婚女性需求主要集中在言情类、武侠类、玄幻类、散文类和儿童文学类，未婚女性主要集中于言情类、散文类、游记类、国内及国外经典文学；可见未婚女性对于经典文学更加热衷，眼界开阔，而已婚女性的阅读"小家"取向明显。对于语言、文字类图书，已婚女性需求比较单一，集中在汉语和英语，未婚女性则需求广泛，涵盖了汉语、英语、俄语、法语、日语、西班牙语等；对于工业技术类图书，已婚女性以生活服务技术、手工业、工艺美术制品工业、建筑设计为主要需求，未婚女性除上述需求外，对自动化技术、计算机技术等也有着很大比例。[1]这体现了在个人能力提升上，未婚女性动力较足，阅读领域广，已婚女性阅读选择则更集中，更加注重实用性。

工作和家庭双重压力的结果是缺乏完整的阅读时间，这也成了限制女性阅读的较大障碍。工作、家务、子女教育的大事小情都在制约女性阅读，在这些琐碎事务中得到喘息的女性，更倾向于以具有感官刺激的方式来消磨时间，如看剧、看电影，等等。相比而言，未婚女性则不需要承担照顾子女、经营婚姻的家庭责任，有大量完整的时间可用于阅读活动。另外，除去文学类等消遣目的的阅读，功利实用性也是阅读活动的一大特点。未婚女性的广泛需求也是出于自我发展的需要，而已婚女性，除了上述外在因素限制之外，她们本身的自我提高欲望也在减弱。这与已婚女性往往工作稳定，生活环境得到保证有关。

2. 数字化下的当代女性阅读

进入 21 世纪以来，科学技术迅猛发展，科技造福于人类生活的方方面面。表现在阅读上，主要是阅读方式的多样化。以往的纸书阅读缺点明显：一是对时间地点有要求，不能随心阅读，尤其是大部头的图书，随身携带不便；二是纸张会有损耗，旧书甚至影响人的阅读心情。而近年来电子阅读迅猛发展，书籍载体可以是电脑、平板电脑、手机、kindle 等。可以说，只要有一块屏幕，阅读就能随时随地开始。

---

① 钱彦. 全民阅读背景下公共图书馆女性阅读研究 [J]. 图书馆研究与工作，2017（08）.

调查数据显示，2011 年我国 18—70 岁国民的数字化阅读方式接触率，均有不同程度的上升，其中网络在线阅读的接触率增长幅度最大，为 38.6%，其次是手机阅读方式。但是，不论是何种数字化阅读方式，女性比率均低于男性，其中使用网络在线阅读方式的男女比例差距最大，男性为 32.4%，女性为 27.1%，相差 5.3 个百分点。可以看出，男性与女性阅读差异在数字阅读中依然存在，女性作为阅读主体的劣势没有被消弭。这背后除了前述的传统阅读中的女性劣势外，也与经济原因有关。传统纸书均价一般人都可承受，而电子阅读器动辄上千，电脑、平板电脑更是价格高昂，对于广大落后地区的女性来说，她们不具备购买力，即便能够承担，也更倾向于买一个智能手机。

但随着城市化进程的加速推进，女性数字阅读也在发生变化。2016 年北京师范大学新闻传播学院发布的《中国网民数字阅读状况调查报告（2016）》显示，现在已全面进入数字阅读时代。总体而言，在各种数字化阅读方式中，手机是各地网民用以阅读的首选。

表 4-1 不同性别的数字阅读读者对终端的使用率对比

阅读方式	男	女	差值（男－女）
PC电脑端	50.7%	43.2%	7.5%
平板电脑	17.0%	19.2%	-2.2%
手机端	61.3%	64.7%	-3.4%
户外电子屏	1.7%	1.4%	0.3%
kindle阅读器	8.8%	6.9%	1.9%
方正阿帕比阅读器	1.3%	1.0%	0.3%
iReader掌阅器	5.1%	5.2%	-0.1%

从表格中可以发现，男性倾向于使用 PC 电脑端阅读，而女性更多选择手机。使用 PC 电脑端的男女占比分别为 50.7% 和 43.2%；使用手机端的男女占比分别

为 61.3% 和 64.7%。调查还发现，男性更爱 kindle 阅读器，女性更愿意选择平板电脑。女性使用手机端和平板电脑阅读的比率高于男性，而男性在 PC 电脑端和 kindle 阅读器上的比率高于女性。究其原因，与男性相对受教育程度更高有关，同时，也与男女的职业差异相关联。

由上面的两则调查发现，总的而言，数字化时代的女性阅读方式的关键词是方便、多元。女性希望随手拿出手机或平板电脑就可以开始阅读，而且平板电脑、智能手机与 kindle 相比，内容和功能丰富多彩，能满足女性在审美上和娱乐上的多重要求。目前智能手机价格降低，甚至千元内就可以购得，使得大量经济水平不高的女性有了阅读机会。智能手机的意义之大，不只在于方便读书，更重要的是：在智能设备普及之前，那些处于经济较落后的城市、乡镇的女性较少会选择特地去书店买一本书读，而今天，诸多网页和阅读 App 免费供应电子书，电子书触手可得，女性闲暇时随地可以读书，阅读不再是遥远的事情。

3. 当代女性阅读目的

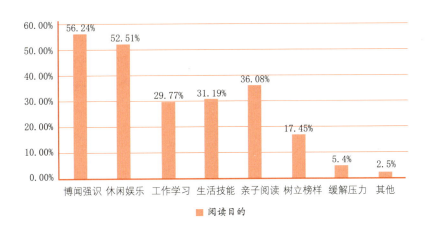

图 4-1　女性阅读目的

从整体的阅读目的上看，"增加知识，开阔眼界"是男女阅读的主要目的，但男女之间的阅读存在较大差异。男性倾向于"实用技能"类书籍，而女性以"生活服务"类为主，这也在一定程度上反映出男女社会角色的差异，即男女真正平等还有很长一段路要走。从相关调研来看，女性阅读的目的有其独特的一面。随着全民阅读的推广，社会、家庭、个人对阅读的认识都在发生着变化，而从生理和心理特性上来讲，女性读者更加感性，更容易受到外来因素的影响。调研发现，博闻强识是女性阅读的最主要目的，占 56.24%；其次是休闲娱乐，占 52.51%。值得发掘与思考的是，有较大比例的女性读者阅读并非以自我作为出发点，而是受到社会和家庭的影响，有 31.19% 是为了掌握生活技能，36.08% 是为了伴读（亲子阅读），17.45% 是为了树立榜样（为子女）。这一现象的产生，在一定程度上影响着女性阅读的视角，使得女性更加偏向浅阅读、轻阅读与生活化阅读。[1]

4. 女性读者购书情况

2016 年图书零售总规模市场调查报告显示，从图书电商公布的消费者的性别差异上看，天猫纸质书的女性购买者占 62%，当当网纸质书的女性消费者占比据推测更高，因为当当网电子书女性读者占比 64%（电子书通常是男性读者集中的领域）。只有京东纸质书的消费者，男性用户占比比女性用户高，这是因为受到京东整体定位的影响。在电子书阅读上，女性用户有超过男性用户的趋势。如 2016 年的掌阅用户群中，女性用户比例为 53%，超过男性用户的 47%，且付费意愿更强，已成为数字阅读领域的第一人群。与此同时，女性付费的人均销售额也在连年增长。这反映出随着女性受教育程度提高，性别平等思想正在深入人心，女性读者对于阅读的自主性、积极性增强，当代新女性正在改变传统的女性阅读面貌。纸质书及电子书的购买作为女性阅读的重要组成部分，正受到广泛的关注和重视。

与此同时，家庭之于女性的阅读依旧扮演着重要角色。对浙江省图书馆女性读者的调查结果显示，有 89.74% 的女性读者购买过图书，其中每年购买 1—4 册图书的女性读者数量最多，占 46.47%；有 69.48% 的女性读者图书购买数量集中在每年 1—8 册。而从使用主体上来看，18.06% 的女性读者购买图书是为了供他

---

① 钱彦 . 全民阅读背景下公共图书馆女性阅读研究 [J] . 图书馆研究与工作，2017（08）.

人使用，有 51.13% 的女性购买图书是自己使用和他人使用两者都有。在对于"他人是谁"问题的选择上，74.00% 的女性读者选择了"子女"，15.79% 的女性读者选择了"配偶"。这说明女性读者在购买图书时同样受到了家庭的影响，子女教育的需要或者家庭经营的需求是女性选择购书的原因之一。

　　新世纪又被称作"她世纪""她时代"。伴随着女性受教育程度的普遍提高，女性自我意识觉醒，女性不再局限于小家庭，而是在社会生活的方方面面发挥着不可替代的作用。在这样的时代背景下，女性读者逐渐增多，阅读能力也不断提高。女性阅读同时反映了女性性别特征、心理特点和社会角色等。

一、女性阅读的时代特点

　　女性读者的阅读特点可以从四个方面进行总结。首先，是女性读者的阅读目的多是自我提升与获取生活技能。其次，由于女性敏感多思，因而在阅读偏好上倾向于感性化和艺术化。再次，在阅读形式上，女性数字化阅读占比高，且付费意愿强。最后，在阅读习惯上，女性读者体现出依赖性、从众化特点。

1. 自我提升与获取生活技能的阅读目的

　　有调查显示，女性认为阅读"非常重要"的比例高于男性，说明女性对阅读的重视程度超过男性。女性的阅读目的主要包括两大类：第一是为了吸取力量，释放压力，快乐生活；第二是为了获取实用性的信息，提升个人内涵，提高素质，获得个人的发展。[①]

　　要想知道女性的阅读目的，离不开对女性读者群体进行分类。女性阅读群体可以根据年龄、职业、受教育程度的不同而进行细分。就年龄而言，一般年轻女性，大部分是校内学生或职场新人，她们在阅读目的上显示出较强的功利性。其关键词是学习技能、自我成长。正如前文调查中显示的，年轻女性阅读的图书类

---

① 刘洪 . 女性阅读与高校图书馆阅读推广策略研究［J］. 山东图书馆学刊，2017（01）.

型更丰富，范围更广，如计算机学习、小语种等，多是为了完善自身知识体系，谋求更好的自我发展。同时，由于时间相对充裕，年轻女性也更喜爱阅读文学类书籍。而稍年长的女性，多数已经步入婚姻，因而开始注意生活类书籍，如食谱、手工教学等生活技能书。母亲是女性的一个重要身份，体现在阅读中，则是对育儿类、童蒙类书籍的需要。因为身兼多重身份，大部分女性面对着追求理想和坚守家庭的两难抉择。"牺牲"是伴随着成年女性的词语，是为家庭让步、选择相夫教子的生活，还是勇敢地继续追寻职业进步，抑或是二者兼顾？这是每一个经历生育的女性都会面临的焦虑。阅读给了这样压力下的女性疗愈，大部分女性不仅在阅读中排解烦恼，缓解压力，获得身心的安宁和抚慰，更在阅读中获得了对现实生活的指导，有了不断前进的动力。

2. 审美感性化的阅读偏好

与男性相比，女性有着天然的浪漫主义思想，她们感性且敏感，因而女性阅读体现出注重审美的特征。表现在形式上，比如女性在购书时，对书籍的装帧有要求，相信因为封面好看而买书的情况在很多人身上都发生过。当然，更为重要的是女性喜欢内容美的书籍，往往要求故事、语句的美。具体而言，女性在人生的各个阶段，阅读兴趣也不同。年龄越小的女性，越是向往浪漫、热爱幻想，这种特征随着年龄增大而减弱。儿童时期的女性喜欢阅读童话故事，会想象自己是文中的公主；少年时期则对纯文学感兴趣，尤其表现出喜欢看言情小说的特点；步入婚姻之后，女性阅读品位逐渐变得成熟与多元化；成为母亲后，则更为注意育儿方面的书籍。而从受教育程度来看，高学历女性的浪漫情怀也得到更完整的保留。总体而言，女性阅读多数为了扮演好自身的社会角色和家庭角色，以及提升自身的价值和阅历。

另外，女性的思维极具艺术化的个性特征，总的来说，其阅读范围较男性窄，情感类和生活类是占比较大的类别。因为阅读这类书籍女性更易将自己带入主人公，获得第一人称的阅读体验。同时，大多女性都有过童年购买心理测试书籍的经历，缘于女性天生对情感富有兴趣，在意人际关系，乐意付出精力了解自己和他人。而情感类书籍不但可以帮助女性认识自己，还能指导读者与人相处之道，因而受到广大女性喜爱。尽管感性是女性阅读的重要标签，实用类书籍也不乏其用。为了获得知识，掌握实用技能，提升生活质量，女性阅读内容也具有实用倾向，如新闻时政、职业技能、亲子教育类书籍占有一定比例。女性在21—50岁阶段阅读量一直在持续增加，31—50岁女性阅读最多的是亲子教育，51岁之后阅读量有所下降。各种学历的女性对新闻时政的态度较为复杂；学历越高对专业知识的阅读越深入；亲子教育类的阅读情况为学历越高对其阅读越少，未婚者对亲子教育的内容只有一个初步的了解，已婚女性能积极主动地吸收各类教育知识，以促进家庭关系的融洽和个体发展。[①]

3. 普遍数字化的阅读形式

艾瑞咨询《2014年中国数字阅读用户行为研究报告》显示，超过85%的网民使用过数字阅读服务，主要载体是手机。阅读成本大幅降低，随之而来的是阅读渠道增加，阅读机会随处可得，阅读呈现出了求新、求快的时代特点。数字时代背景下，生活节奏加快，完整的阅读时间被一再压缩，因而读者倾向于泛读和跳跃性、选择性阅读，阅读碎片化特征明显。另外，在2017年的首届女性文学节上，掌阅公布了一组女性阅读数据。在掌阅平台上，女性读者年人均阅读消费额从2015年的51元增长到2016年的82元，增长十分迅速。同时，年人均付费本数也从2015年的12本，增长到2016年的15本。与2015年相比，2016年女性读者更关注励志与成功方面的书籍，例如心灵修养、自我成长、心理学等方面的书籍在TOP30中占据8本，而2015年则只有5本，比例增长迅速。这几组数据体现出随着阅读渐趋便利化，有越来越多的女性正在选择阅读，并且电子书付费意愿强，乐意购买自己喜欢的书籍。

尽管数字阅读主体的数量不断增加，总体阅读率上升，但男性和女性对于数字阅读的取向和满意度存在差异。网易云阅读发布的《2012中国人移动阅读报告》显示：女性读者在数字时代阅读满意度低于男性读者，且比会上网前有所降低。女性在手机使用率上高于男性，女性在图书、报纸、杂志上的使用率也仍高

---

① 陈秋珍. 当代女性阅读与文学治疗［D］. 南京：南京师范大学，2014.

于男性。男性在途阅读的选择比例较女性读者高，而女性选择其他阅读场所的比例均比男性要高，她们更钟爱在安静优雅的环境中，选择自己心仪的书籍阅读。由此可见，女性追求快乐生活和感性浪漫的特质对数字时代的阅读选择依然起主导作用。①

4. 强依赖性的阅读习惯

开卷信息公司公布的《2006 年中国六城市图书零售市场读者调查报告》显示，52.67% 的女性认为阅读是自己生活中"不可缺少的一部分"，36.63% 的女性认为"较为重要"。而女性每天花在阅读上的时间，79.46% 的人表示平均在 1 小时以上，其中"1 小时至 2 小时"的最多，占 30.48%。在近年国民阅读率持续下降的大背景之下，女性阅读率却持续上升，并在 2006 年首次超过男性，男女阅读比为 12：13。笔者在与女性读者的交流中也发现，一些读者养成了睡前阅读的习惯，有时只是捧着一本书，哪怕是发呆或者浮想联翩，也要"看"一会儿才能安然入睡。由此可见，女性较男性对阅读的依赖性要大得多。

由于女性阅读的感性化及其从众心理，女性阅读较男性阅读呈现更明显的从众化倾向。以自 2006 年兴起的"穿越小说"风潮为例，女性读者是绝对的阅读主力，自被誉为清穿小说鼻祖的《梦回大清》出版问世之后，越来越多的女性读者对穿越小说趋之若鹜，拉动了一批穿越小说的出版。更甚者是"悦读纪"将 10 余种穿越小说繁体版权输出到中国台湾，又引领了台湾地区女性读者热读穿越小说的风潮。海峡两岸女性齐读穿越小说的现象，是对女性阅读从众化心理的最好诠释。②

---

① 刘洪.女性阅读与高校图书馆阅读推广策略研究［J］.山东图书馆学刊，2017（01）.
② 侯开.女性阅读市场风生水起［J］.出版参考，2008（09）.

二、女性阅读的价值与意义

女性阅读对女性自身及家庭、儿童成长均有重要意义。

1. 提升自身竞争力

阅读的现实功用在于自我成长，提升竞争力。图书馆为读者提供了阅读场所，浩如烟海的资源任由挑选，书店为购书者提供了多样的选择，琳琅满目的书籍随意选择。尤其在今天的数字阅读普及的时代背景下，想提升自己，想获得新技能已经是拿出时间与毅力就能做到的事情。前段时间，社交网站豆瓣发布了话题"你所经历的跨学科时刻"，大量用户分享了自己的亲身经历。生活并非是泾渭分明的，诸多事情的解决都需要"跨学科"，联动多方面努力。可以说，文科生学编程，理工科精通文学，已经是今天的普遍现象。全面发展是时代对当代青年的要求，专攻于术业也要放眼大格局，在交际中对各领域通识的了解也能给他人留下知识面广的好印象，而阅读正是自我学习、提升自我人格魅力的最简便的渠道。

2. 舒缓心理压力

读书的解压功用是公认的。孟德斯鸠曾说："读书对于我来说是驱散生活中的不愉快的最好手段。没有一种苦恼是读书所不能驱散的。"而培根有言："读书给人以乐趣，给人以光彩，给人以才干。"足见读书对身心健康和人的发展的积极作用。

女性在阅读文学类、休闲类的书籍时，可以将其当作生活调剂，能通过读书来缓解压力，愉悦心情。而且在阅读的过程中，还会思绪与书同行，获得审美的快乐、阅读的趣味、休闲的轻松。女性通过阅读的方式，进入一个独立自由的新世界，而暂时脱离男权社会下的种种桎梏。家庭中的育儿疑惑、工作中的不平等待遇、婚姻里的经营瓶颈，女性都可以通过阅读的方式加以化解。"阅读给我们快乐，并可置身于另一个世界，凡是沉浸书中天地、超脱于时空之外的人应不致对此表示异议"，①阅读可以让女性在复杂的现实生活之中葆有那一份宁静与惬意的心境。

3. 辅助子女教育

培根曾说："读书使人充实，讨论使人机智，笔记使人准确。读史使人明智，读诗使人灵秀，数学使人周密，科学使人深刻，伦理学使人庄重，逻辑修辞学使人善辩。凡有所学，皆成性格。"女性的见识和格局，在成为母亲以后将以教育的形式传递给子女。我们经常在名人回忆录里看到这样的描写，"我的家庭对我影响深远"。确实，家庭是一个人一生中最早接触到的学校，学走路、学说话、学唐诗……而父母扮演的正是教师的角色。在男权社会中，孩子的抚养基本由母亲完成，子女与母亲相处的时间也最长。因而作为母亲的女性的学识和眼界，决定了子女最初接触的事物。

在这里分享一段有趣的经历。笔者生活在南京市某重点小学附近，一日路过一对母女，女儿六七岁，母亲三十岁出头。母亲拿着小书包问："长孙无忌是谁的舅舅呢？"女儿想了下说："我不知道他是谁的舅舅，但我知道他是谁的父亲。"随后，小姑娘将相关的历史人物及关系正确地梳理了一遍。当时笔者赞叹这真是个可爱又聪明的女孩，但更能说明这位母亲的育儿观念很强，这种例子在生活中比比皆是。这一切的前提是母亲有相关专业的知识，涉及文学、历史、计算机、经济学，等等。"母亲是世界上最难的职业"，这句话在今天扩充了新内容，即母亲需要有生活中可以接触到的各个专业的通识。这对子女眼界的开阔大有裨益，同时，从儿童习惯养成上来讲，女性的阅读行为对下一代必然会产生潜移默化的影响，促使孩子养成读书的良好习惯，培养儿童的读书兴趣。

4. 女性阅读的文化生态学意义

文化生态学意义即从生态角度来研究文化、理解文化。文化是相对于政治、经济而言的人类全部精神活动及其活动产品。它不是独立的，而是和周围的生态

---

① 斯特凡·博尔曼.阅读的女人危险：从图画进入女性的阅读世界[M].周全，译.北京：中央编译出版社，2010.

环境发生作用，新的文化产生，旧文化衰退甚至消亡。文化并非经济活动的直接产物，因而应当从人、自然、社会等各种变量的交互作用中研究文化。

女性阅读是一种具有文化传播和交流性质的活动，属于文化生态范畴。女性自身阅读需要及周围所处环境的阅读条件间相互适应和平衡的关系构成了女性阅读的文化生态系统。作为一个女性，她在社会和家庭中担当着重要的角色。一个有知识，有素养，对待工作、对待家人认真和负责任的女性，通常拥有良好的阅读习惯，阅读对于女性来说，是一剂直接或间接释放压力、缓解情绪的良药。古代女子通过阅读典籍明理修身，懂得礼仪。新世纪的女性阅读涉猎广泛，比如时事政治，财经哲学。从古到今的女性阅读史证明了：女性阅读不是一个静态切面，而是不断变化发展的，是有生态的概念的。所以，构建平衡、协调、可持续发展的女性阅读对于社会及家庭很有必要。

大众传媒在社会性别文化构建中具有导向功能、教育功能、协调功能、舆论监督功能。但当前大众传媒体现出性别意识的严重缺失，两性形象并非是现实生活里的自然形象反映，而是男权文化期望的结果。女性在媒体中被忽视和形象被扭曲是由从业者意识、媒体制作常规、媒体机构等共同作用的结果。

女性媒介应更多关注女性弱势群体，开阔报道视野，而不可只把目光聚焦于城市女性白领阶层和高收入者。女性媒介还应积极倡导传媒监测和批评，坚决抵制各种歧视女性的文化现象，阻止落后性别文化的传播；对贬损女性形象，侵害女性人权、人格和尊严，歧视女性的报道及不良社会现象进行揭示和抨击；要引导和支持文化工作者创造更多体现先进性别文化的优秀作品，使先进性别文化深入人心，促进全社会构建正确的性别意识，营造健康的社会文化氛围。

第三节　女性阅读服务与发展

2018 年中央政府的工作报告指出，要"倡导全民阅读，建设学习型社会"。这是"全民阅读"第五次被写入中央政府的工作报告，"全民阅读"也逐步由偶然化热潮发展为常态化趋势。女性在阅读群体中所占的比例逐渐增高，如何服务好女性读者也成了社会关注的问题。女性阅读服务的提供者主要有公共图书馆、高校图书馆及社区图书馆，同时，出版机构也在放眼女性市场，女性读物正在丰富多元化。

一、公共图书馆促进女性阅读

图书馆是女性阅读服务的最主要提供者，包括各级行政单位的公共图书馆、高校图书馆、社区图书馆等。大体而言，图书馆服务的主要部分是丰富馆藏资源、营造阅读环境、组织主题活动。

1. 优质资源建设

通过相关研究，女性读者阅读需求主要集中在 I 大类、J 大类、K 大类等，而在这些大类下，不同年龄层的女性其需求也有区别，公共图书馆应当加强对女性需求的分析和研究，对馆藏所缺或复本量不足的图书进行补充采购，从而满足女性读者的阅读需求，适应女性读者不断增多的新趋势。[①]

公共图书馆紧跟当下数字化阅读风气，丰富电子资源，加强了移动端服务建设。诸多公共图书馆开设了微信公众号，一般具有讲座预告、新书展示功能，同时提供图书检索、网上办理及挂失借书证服务，大大便利了读者。同时，数字阅

---

① 钱彦. 全民阅读背景下公共图书馆女性阅读研究［J］. 图书馆研究与工作，2017（08）.

读也是移动端建设的重要板块，数字资源一般包含文献资源服务平台、古籍网络数据库、英语学习资源，等等。然而，相关调查显示，有 90.07% 的女性读者曾有数字阅读的经历，而这之中仅有 7.33% 的读者使用过图书馆的数字资源。这说明当下图书馆线上服务发展并不均衡，也显示出图书馆对数字平台的宣传力度不足，读者可能因为不清楚平台的存在或使用不便捷而不使用电子资源。

2. 阅读环境适宜

女性相较于男性更注重阅读环境的安静、适宜。公共图书馆也为此做出努力，如目前国内图书馆会设置亲子阅读区、母婴区等。在此方面，国外图书馆的做法也值得借鉴，比如在馆内设置儿童活动区，不但可以防止儿童吵闹影响其他读者阅读，也可以给带孩子来的妈妈们独立阅读的空间。同时，馆内的隔音设施也在渐趋完善，有利于建造一个安静而舒适的阅读环境。目前，在读物的分类上，图书馆的服务工作尚不完善。未来可以设置女性阅读专区，按照女性年龄进行图书陈列，根据女性喜爱的主题为图书分类，将书籍科学合理地摆放。

3. 阅读活动丰富

图书馆和书店作为阅读服务的主要提供者，组织了丰富多样的针对女性读者的阅读活动。一些书店利用本店阅读资源，为女性提供专题性书籍推荐服务，并定期开展女性阅读专题沙龙，让有共同兴趣或相同困惑的女性相聚在一起，以书会友，畅聊心中喜悦或苦闷之感。[①]另外，图书馆及书店还与社区、学校等合作，组织社区、家庭、校内活动，形式有阅读沙龙、读书分享会等，为女性读者提供了一个交流平台，尤其是家校活动，与婚后女性的家庭属性相结合，为其阅读提供可能性。诸如此类的交流活动也增强了阅读反馈，符合女性阅读从众化、感性化的特征。

---

① 吕红.析女性阅读的历史特点和文化意义 [J].职大学报，2016（05）.

二、女性阅读与女性服务

作为女性阅读的客体，图书本身质量的重要性不言而喻。因而，除了图书馆之外，出版机构在服务女性上也大有可为。目前的出版机构主要通过建立"阅读品牌"和出版女性读物为女性读者提供服务。

1. 女性阅读品牌的建立

"阅读品牌"一词听起来或许有些陌生，其实我们身边就有诸多成功的图书品牌。如广西师范大学出版社的"理想国"、后浪出版公司旗下的"浪花朵朵"等等，前者主打社科，后者主打童书。与此类似，女性图书品牌也已初步建立，并在迅速扩张。在图书品牌扩大影响中起到关键作用的是社群的建立，即根据读者的社会特点划分、集合成阅读群体。例如青豆书坊通过建立家教图书品牌，实现了图书营销和品牌资产积累的同步发展。而在女性读者关注的童书市场中，《世界上最大的蛋糕》一书在"凯叔讲故事""爱读童书妈妈小莉""童书妈妈三川玲"等社群渠道的帮助下，上市一周销量就突破1.2万册，上市两周销量就达2.5万册，实现了很好的经济收益。①由此，以女性读者为对象的图书品牌的建立必将成为未来的趋势，女性将接受到更有针对性、更系统化的阅读服务。

2. 女性读物的加速成熟

面对急速扩大的女性读者群，深入探讨当代女性读者的阅读心理，引导女性读者通过阅读来解决实际问题、释放自身压力、培养审美情趣，就显得十分迫切和重要了。女性阅读从表面上看是个人化的问题，实际上有着很深的社会意义。随着时代的进步，女性阅读量的增大和阅读内容选择的日益多样化，女性阅读也出现了各种新的现象。因此，也有了"女性出版物""女性期刊"等概念的产生，也产生了大量标题中有"妇女"二字的期刊，如服饰、化妆品美容类期刊，主要的阅读对象和发行对象都是女性读者，还有一些家庭生活类期刊和儿童期刊被作为"准女性期刊"。

---

① 秦翠萍."互联网+"时代下女性图书的营销探讨[J].出版广角，2018(13).

"女性读物"中比较受欢迎的种类大致包括女性理论著作、女性情感图书、女性人物传记、女性生活图书四大类。女性理论著作主要集中在妇女运动、妇女问题的研究，如西蒙娜·德·波伏娃的《第二性》，李银河、李小江、荒林等人的学术著作。女性情感图书以情感作为书写主体，主要是以女性普遍存在的情感诉求作为对象，以虚构或现实的方式描写情感故事或真实经历。如风靡西方世界的"禾林小说"，我国的"布老虎"丛书，以及亦舒、琼瑶等作家的作品均属于此类。给予女性情感指导的睿智散文也是此中翘楚，早期的罗兰、现在的张小娴便是其中的代表，此类书是女性阅读的主流。女性人物传记主要是记述和描写从古到今，历朝历代的著名女人、杰出女性，一些女性作家的作品亦归属此类。

今天互联网时代下的女性图书也显现出新特点。据2016年京东图书大数据显示，女性阅读的兴趣内容范围扩大，因而女性图书市场近年来也在向经管、社科方面开发，以适应女性自我提升的需要。同时，网络文学是女性读物市场中不可忽视的一员，言情类、穿越类、玄幻类题材备受欢迎，因而相关主题的读物不可胜数。数字阅读的另一点优质服务是，在大数据的支持下，阅读App或阅读网站会根据用户的基本信息与阅读历史，精准推荐读物，一定程度上帮助用户筛选书目，提高了阅读效率，更容易读到感兴趣的书。

三、女性阅读服务的困境与发展

1. 性别观念根深蒂固

随着教育的普及，在一、二线城市，女性接受高等教育已经很普遍，独立自主的新女性越来越多，女性意识正生长于女性群体中。但相当一部分女性在接受完义务教育后，就被贫困的家庭放弃，被迫投入生活与家庭。另外，大量女性在步入婚姻、生养子女后，对阅读的需求就减弱，即便有了空闲时间，也会选择看剧、听音乐等不太耗费心神的消遣方式。面对这一问题，社会需要增大女性阅读的推广力度，从无到有是最具有意义的质变过程。可以多方协作，以阅读活动等多种形式，从读一本书开始，将大量的不阅读的女性纳入阅读群体中来，以增长见识，转变思维。

2. 阅读领域不足

虽然女性阅读的图书在内容上有所扩展，但整体而言，阅读的领域和范围仍然狭小，多集中于服饰搭配、美容美妆、美食菜谱等主题，婚恋情感类也是女性读者钟爱的图书种类。然而图书分类覆盖生活全方面，阅读的可选择性也很大，社会科学的历史、哲学、心理学，自然科学的编程都是当下热门的类别，而且阅读和学习门槛并不高，每进入一个新领域就是推开了新世界的大门。所以，这就要求女性读者广泛涉猎，勇敢跳出阅读舒适区，拥抱图书市场的广阔天地。一本书被生产出来后是不会贴有绝对的性别标签的，只要符合自己的兴趣、有益于自身成长，就可以去阅读。另外，部分女性的阅读深度也还需要进一步提高，囫囵吞枣式的阅读就消遣来说是完全没问题的，但深入阅读更能给生活带来切实的收获、长远的改变。

3. 缺乏阅读反馈

通过阅读获得的知识和能力最终要化为一种创造力才有价值，女性读者在阅读中，更偏向于解决实际问题，却缺乏重组创造进而再贡献的精神。如果没有反馈和对阅读内容的反复思考加工，那么阅读就像一次性用品一样充满了功利性，是一种交换更是一种浪费。再创造的能量不可估量，鉴于女性读者独特的视角和丰富的生活体验，她们的阅读反馈和读后感重组，是全面提升自我的最佳途径。

学以致用，将阅读思考更好地运用于生活实践，可以开展丰富的活动，如手工制作、厨艺展示、哲学研讨班、文学剖析、阅读沙龙、艺术探讨、育儿交流、旅行经历分享等。图书馆多开设专门针对女性的阅读沙龙活动，开设充满温馨又舒适的个性化读书课堂，举办各种女性读书沙龙活动，邀请来自各行各业的专家名人与女性读者现场互动，相互交流读书心得，分享人生感悟和经验，让女性在阅读中获得一段愉快的时光。这不仅可以为广大女性读者提供展示自己思想的平台，还可以增进文化交流，推动更多女性主动读书，与书结友。[1]

---

[1] 朱清馨. 全民阅读公共图书馆女性阅读研究 [J]. 内蒙古科技与经济，2018（01）.

4. 服务层次单一

美国当代女性主义理论家伊莱恩·肖尔瓦特（Elaine Showalter）曾经指出，女性主义批评分为两个领域：首先是关注"妇女作为读者"，其次是关注"妇女作为作者"。关注女性作为读者能够引起我们对其性别代码意义的重视，把出版物看成是传递真实的"人"的体验的观点是西方父权社会传统所强调的，这种父权制的叙事手法和阐释话语渗透着男性偏见的表达，出版物包括对它的解读都是男性的，女性读者在穿越这种男性框架的历程中被不自觉地置于更加被动接受的地位。

波伏娃曾经深刻地指出："女性气质不是天生的，而是被塑造出来的，女性气质是社会的产物。"这就是说女性气质塑造首先是整个社会的，是社会意识和思维定势的产物，是有着很深的社会历史根源的。并非只是几个关于爱情、婚姻、家庭、美容、服饰等图书与期刊所能做到的，它是整个社会的问题，如果存在，那是程度不同地存在于一切出版物之中的。要找出问题的症结，就要从这个角度来思考，去探讨。

由此，女性阅读的多层次服务显得尤为重要。在这方面国外走在前面，如设立女性阅读区等，但国内的服务提供者目前对此仍重视不足。可以看到，近年来，公共图书馆的服务已渐趋完善，针对弱势群体、学生群体、家庭群体等对象推出了一系列的服务措施。但是对于女性读者的服务，公立图书馆和私营书店举办的相关活动较少，且形式单一，缺乏创新性。然而女性读者已经成为不可忽视的阅读群体，因而也是必须要重视的服务对象。

图书馆服务模式应该从对女性的身份定位开始，女性的家庭角色固然重要，但也具有一个独立个体的多样化阅读需求。因而，在女性读者服务上，不应以"母亲"的单一角色定义女性，应更多地考虑其自身的需求变化，利用更为多样化的模式为其进行服务，如创客空间、女性阅读分享会、MOOC等。[①]

同时，阅读治疗在我国正在投入实践。王万清将阅读疗法定义为："读书治

---

① 钱彦.全民阅读背景下公共图书馆女性阅读研究［J］.图书馆研究与工作，2017（08）.

疗是咨商员利用图书当媒介，激发当事人产生新的认知态度和行为，以解决问题的心理治疗方法。"①咨商员指的是进行阅读疗法服务的人群，可以是图书馆员、医生、教师等图书馆、卫生、教育行业从业者。当事人是具有心理障碍的人。阅读治疗的对象也覆盖众多群体，如中学生、高校学生、老年人、癌症病人、精神病患者，等等。而当下的阅读疗法较多停留在理论层次，且鲜见针对女性阅读的研究。前文已述及女性读者在阅读中体现出的群体性，因而值得阅读治疗从业者重视。

对于女性的阅读治疗重在针对性。具体而言，在治疗地点上可以开辟女性阅览室，同时在咨商员的选择上，要甄选有阅读疗法专业知识、熟悉女性阅读特点的咨商员。阅读治疗时，进行心理评估后，再针对问题进行干预，对症下药。药即书籍，选择具有针对性的、质量高的、有指导性的书籍。

---

① 王万清.读书治疗 [M] . 广州：世界图书出版社，2011.

附：女性阅读书目推荐①

1.《**第二性**》，［法］西蒙娜·德·波伏娃著，陶铁柱译，中国书籍出版社

推荐理由：这是一部俯瞰整个女性世界的百科全书。梁文道评价道："我认为作为女性都应该看看这本书，因为每个女人都应该学习一些女性主义的知识。这个社会，在很多方面男性都占据了优势位置，隐藏了很多男性霸权，女性首先要意识到这一点，对此敏感，有社会平等的概念，然后才能做到自我保护，才能避免被这个男权社会奴役。"

2.《**卡耐基写给女人一生幸福的忠告**》，［美］戴尔·卡耐基著，翟文明、宋小威译，中国书店

推荐理由：在《卡耐基写给女人一生幸福的忠告》一书中，戴尔·卡耐基以超人的智慧总结了女性为人处世应当具备的基本技巧，以严谨的思维分析了女性提高个人魅力、活得快乐的秘密所在，以精彩的讲解告诉女性如何理解并俘获自己钟情的男人，以广博的爱心指导千万女性尽快成熟、永久握住幸福，从而帮助广大女性朋友全面提升自身魅力，成就辉煌的事业，获取幸福的婚姻，开创崭新的人生。在长期的工作实践中，成功学大师戴尔·卡耐基通过对女人的人生愿望、生活烦恼，以及女性生理、心理的深入研究，对

---

① 书目推荐中的内容简介来自豆瓣读书。

女人如何获得幸福有着睿智的见解和精辟的人生感悟。

3.《红楼梦》，[清]曹雪芹著，高鹗续，人民文学出版社

推荐理由：《红楼梦》是一部百科全书式的长篇小说。以宝黛爱情悲剧为主线，以四大家族的荣辱兴衰为背景，描绘出18世纪中国封建社会的方方面面，以及封建专制下新兴资本主义民主思想的萌动。结构宏大、情节委婉、细节精致，人物形象栩栩如生，声口毕现，堪称中国古代小说中的经典。

4.《简·爱》，[英]夏洛蒂·勃朗特著，宋兆霖译，上海文艺出版社

推荐理由：《简·爱》讲述了这样一个故事：简·爱自幼父母双亡，投靠冷酷的舅母，但舅母无情地抛弃了她。她在一所慈善学校做了六年的学生和两年的教师。十八岁时，简·爱受聘到桑菲尔德府当家庭教师，认识了主人罗切斯特。两人都被对方独特的气质和丰富的感情所吸引，于是不顾身份和地位的巨大差距深深相爱了。正当他们举行婚礼时，有人证明罗切斯特的前妻还活着。简·爱知道他们不可能有平等的婚姻，于是选择了离开。后来，简·爱意外遇见了她的表兄妹们，并从叔叔那里继承了一笔遗产。但她无法抵御对罗切斯特的刻骨思念，于是便回到了已经失去了财富、身体也遭到火灾严重摧残的罗切斯特身边，毅然跟他结婚。在爱的沐浴下，罗切斯特找回了幸福和健康。

5.《**居里夫人传**》，［法］艾芙·居里著，左明彻译，商务印书馆

推荐理由：作者艾芙·居里，是居里夫人的女儿，她通过引用居里夫妇许多的信札和日记，详细叙述了居里夫人自强不息的一生，并着重描写居里夫妇的工作精神和处世态度。本传记主人公居里夫人是原子能时代的开创者之一，是世界上第一位获得两次诺贝尔奖的科学家，并发现了放射性元素——镭元素。

6.《**飘**》，［美］玛格丽特·米切尔著，李美华译，译林出版社

推荐理由：小说中的故事发生在 1861 年美国南北战争前夕。生活在南方的少女郝思嘉从小深受南方文化传统的熏陶，可她的血液里却流淌着野性的叛逆因素。随着战火的蔓延和生活环境的恶化，郝思嘉的叛逆个性越来越丰满，越来越鲜明，在一系列的挫折中她改造了自我，改变了个人甚至整个家族的命运，成为时势造就的新女性。

作品在描绘人物生活与爱情的同时，勾勒出南北双方在政治、经济、文化各个层次的异同，具有浓厚的史诗风格，堪称美国历史转折时期的真实写照，同时也成为历久不衰的爱情经典。

7.《**围城**》，钱锺书著，人民文学出版社

推荐理由：《围城》的故事发生于 20 世纪 20 年代至 40 年代。主角方鸿渐是个从中国南方走出的青

年人，迫于家庭压力与同乡周家女子定亲。但在其大学期间，周氏患病早亡。准岳父周先生被方所写的唁电感动，资助他出国留学。方鸿渐在欧洲游学期间，不理学业。为了给家人一个交代，方于毕业前购买虚构的"克莱登大学"的博士学位证书，并随海外学成的学生归国。在船上，与鲍小姐相识并相恋，同时也遇到大学同学苏文纨……《围城》的内容是多方面的，其主题和象征是多层次的，"围城"的困境是贯穿于人生的。

8.《**苏菲的世界**》，[挪威]乔斯坦·贾德著，高宝森译，作家出版社

推荐理由：《苏菲的世界》是讲14岁的少女苏菲某天放学回家，发现了一封神秘的信。"你是谁？世界从哪里来？"就这样，在某个神秘导师的指引下，苏菲开始思索从古希腊到康德、从索伦·克尔凯郭尔到弗洛伊德等各位大师所思考的根本问题。与此同时，苏菲不断接到一些极不寻常的来信，世界像谜团一般在她眼底展开。苏菲运用少女天生的悟性与后天知识，企图解开这些谜团，然而，事实真相远比她所想的更怪异、更离奇……

9.《**追忆似水年华**》，[法]马塞尔·普鲁斯特著，李恒基、徐继曾等译，译林出版社

推荐理由：普鲁斯特的《追忆似水年华》以回忆的形式对往事做了回顾，有童年的回忆、家庭生活、初恋与失恋、历史事件的观察，以及对艺术的

见解和对时空的认识，等等。时间是这部小说的主人公。作者凭着智慧和想象力，使时间变得具体、生动、完美。它就像一首由多种主题构成的交响乐，爱情、嫉妒、死亡、回忆、时光，时而交叉重叠在一起，时而又游离开来，然而在宏观上，整个作品浑然一体，具有蓬勃的生命力。《追忆似水年华》被公认为文学创作的一次新尝试，开意识流小说之先河。

10.《查特莱夫人的情人》，[英]戴维·赫伯特·劳伦斯著，赵苏苏译，人民文学出版社

推荐理由：《查特莱夫人的情人》（1928）是劳伦斯的最后一部小说。作者在作品中揭示了人性中的本能力量，并辛辣地批评了现代工业社会。书中描写男女主人公性爱的文字曾引起争论，在英国和美国遭禁三十余年。故事发生在一战后的英格兰，从战场上归来的克利福特·查特莱爵士在战争中受伤而致使下半身瘫痪，终身只能坐在轮椅上，他与新婚燕尔的妻子康妮回到老家的庄园定居。年轻貌美而心地善良的康妮，明知等待着自己的将是漫长孤寂的苦行僧般的日子，却仍接受了命运的安排，甘愿留在丈夫身边。一天康妮去找庄园的看林人米尔斯，却在无意中瞥见了他裸露的上身，心情激荡不已，米尔斯显然也被典雅温婉的康妮所吸引。两人不由自主地互相接近。慢慢地他们爱上了彼此，康妮怀上了米尔斯的孩子。后来米尔斯迫于压力辞职并受毒打，康妮选择向克利福特提出离婚。

11.《**一个陌生女人的来信**》，[奥地利]斯台芬·茨威格著，张玉书译，上海译文出版社

推荐理由：这是一部短篇小说集，除《一个陌生女人的来信》，亦按时间顺序收录了《火烧火燎的秘密》《马来狂人》等名篇，作者的创作历程一目了然。《一个陌生女人的来信》讲述了一个刻骨铭心的爱情故事，一个女子暗恋男主人公18年，直至临死才决定向他告白。

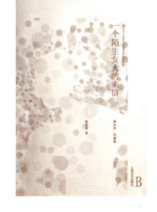

12.《**我们仨**》，杨绛著，生活·读书·新知三联书店

推荐理由：《我们仨》是杨绛撰写的家庭生活回忆录。1998年，钱锺书逝世，而他和杨绛唯一的女儿钱瑗已于此前（1997年）先他们而去。在人生伴侣离去四年后，杨绛在92岁高龄时用心记述了他们这个家庭63年的风风雨雨、点点滴滴，结成回忆录《我们仨》。这本书分为两部分。在第一部分中，作者以其一贯的慧心、独特的笔法，用梦境的形式讲述了最后几年中一家三口相依为命的情感体验。第二部分，以平实感人的文字记录了自1935年伉俪二人赴英国留学并在牛津喜得爱女，直至1998年丈夫逝世，63年间这个家庭鲜为人知的坎坷历程。

"乐龄"阅读：乐龄群体的阅读指导与服务

走近"乐龄"阅读

乐龄群体的阅读指导与服务

第一节　走近"乐龄"阅读

从蒙童入学开始，阅读便伴随人生的旅程，成为人们生活的一部分。而老年阅读重在消闲，相较其他人群而言，无须为过多的功利性目的所束缚。公元 7 世纪西班牙学者以塞多尔曾留下一句名言："对待生活，就当是明天就将死去；对待学习，就当是能够永远活着。"①意思是要好好生活，珍惜时间；对待学习，不能太过功利。老年阅读，更应具备这种心态，重在消闲娱乐，要读得随意潇洒。世界卫生组织以"生命已经增加了岁月，现在我们必须给岁月以生命"的格言形式在世界范围内再次强调"乐龄人群"的重要性。阅读在满足精神需求、提供精神保障方面具有自身的优势，因而应该在老年生活中扮演重要角色。所以，我们不仅要给老年人提供良好的物质生活，还应提供高水平的精神生活。

一、乐龄阅读的定义与发展

由于我国将 60 岁以上的公民定义为老年人，因此本文乐龄阅读中的老年人界定标准是 60 岁以上的人。阅读不是单一的阅读行为，而是具有阅读行为、阅读环境、阅读服务、阅读读物等不同角度的广义概念。对于老年阅读的研究，主要涉及图书馆学、编辑出版学、教育学、社会学、阅读学、心理学、医学等学科，研究内容是老年人的阅读行为、图书馆建设、老年读物、家庭阅读氛围等。

1975 年，美国图书馆协会发布《图书馆老年读者服务指南》(*Library's Services to Older Adults Guidelines*)，用大笔资金建设图书馆的硬件设施。1987 年

---

① 徐雁. 全民阅读推广手册 [M]. 深圳：海天出版社，2011.

和 1999 年，美国图书馆协会两次修订《图书馆老年读者服务指南》。在 1999 年的版本中，美国图书馆协会针对图书馆环境建设和图书馆工作人员的服务理念、工作精神等方面提出明确要求，并提倡联合其他社会组织共同关注老年群体，给他们带来人文关怀。

英国图书馆情报专业协会在 2009 年发布《图书馆老年读者信息服务指南》（*Library and Information Services for Older People*），提出百分百满足老年读者需求，并利用现代科学技术，提高馆内外服务体验。此外，国际图联和加拿大、澳大利亚等国先后编订服务指南文件。这些指南文件旨在编制服务指南，指导服务工作，确定图书馆评估标准。

在图书馆建设方面，日本图书馆提供人文服务，注重服务品质，制定多项老年人阅读服务推广工作，例如面对面朗读、扩印扩写服务、送书上门服务、回忆座谈会、隔代讲传统故事等活动。

我国台湾地区先后发布"老人福利法""社会教育法""终身学习法"，尊重老年人，鼓励老年人勇于实现自我价值，丰富精神生活。台湾地区将 1998 年定为"终身学习年"，发布"迈向高龄社会老人教育政策小册子"，关注老年人的精神生活。

1987 年，学者赵秀山发表《建立老人图书馆的必要性和可行性刍议》，陈嘉言发表《期刊与读者心理》，这两篇论文是我国大陆地区关于乐龄阅读的早期研究成果。早期老年阅读研究关注两大领域，即图书馆建设和老人读者心理研究。图书馆学是"老年阅读"研究领域的热门方向。多数学者的研究重点是公共图书馆的软件与硬件建设这两个方面。

余剑琴和杨晓云《"积极老龄化"在图书馆阅读服务中的应用思考》主张"要针对老年群体，提出较为行之有效的图书馆阅读服务工作计划，将能够满足老年群体的生活特点的服务措施，应用于实际的图书馆服务工作当中，为老年读者提供更为善解人意、周到、细致的图书馆服务。图书馆的工作人员，应该对老年读者付出更多的爱护、关心和服务、尊重，让老年读者感受到图书馆细致入微的人文关怀"。①

张惠芳《公共图书馆应积极创建老龄化读书环境》的观点是加强公共图书馆的环境建设和提升服务人员的态度理念，为老年读者提供舒适、敞亮、便捷的阅读环境，打造尊老、爱老、敬老的服务理念和志愿精神。具体措施如下：一是倾斜经费，加大硬件和文献方面的采购力度；二是图书馆工作人员做好老年读者的服务工作，培养老年读者的阅读兴趣；三是专门设立老龄读者的阅读空间，为老龄读者创造舒适环境，比如老年阅读室位于较低楼层，书架高度便于老年人拿取、放还；四是与老年服务机构联合开展专题讲座活动，例如读书会、法律知识讲座；五是提供多项馆外服务，如送书上门。②其他论文观点大同小异。

值得注意的是，学者开始关注公共图书馆如何利用微信平台为老年群体提供阅读服务这一新兴问题。阮晓岚、阮晓东提出，要了解并分析老年群体，"开展导航服务、普及公共图书馆微信服务、扩展个性化服务、完善微信服务反馈与评价体系，加强专业服务团队建设、广泛开展社会合作"。③

与此同时，不少学者借鉴西方、日本图书馆的老年阅读推广实践经验，研究老年阅读。董莹借鉴学习美国威斯康星州"迷你图书馆"的成功案例，在《迷你图书馆老年阅读服务创新探究》中提到"迷你图书馆"的社会作用是弥补公共图书馆的资源不足，免费无差别服务促进阅读，为社区营造良好氛围。迷你图书馆是老年阅读服务的一次创新，有借鉴意义。在我国，迷你图书馆被称为鸟巢图书馆，借阅方便，且给老年人提供了交流空间，营造出家庭式的温暖。在《日本图书馆的老年阅读推广实践及其启示》中，邓咏秋、刘弘毅首先叙述日本图书馆的老年阅读推广工作，例如面对面朗读、扩印扩写服务、送书上门服务、回忆座谈会、隔代讲传统故事等活动，接着说明日本图书馆提供的硬件保障，如提供扩大

① 余剑琴，杨晓云."积极老龄化"在图书馆阅读服务中的应用思考[J].兰台世界，2013（32）.

② 张惠芳.公共图书馆应积极创建老龄化读书环境[J].经济研究导刊，2012（01）.

③ 阮晓岚，阮晓东.公共图书馆利用微信平台开展老年读者阅读服务探讨[J].图书馆工作与研究，2015（10）.

读书器和声音诱导装置、笔谈器等无障碍设施，最后借鉴日本图书馆的理念，总结老年阅读推广要结合科技和服务，让图书馆成为社区中心，要以老年人喜欢的方式进行阅读推广，发扬尊老爱老的精神。①

二、乐龄阅读特点及发展趋势

1. 共同关注乐龄阅读：社会学、心理学、教育学等多学科交叉

越来越多的研究立足社会学等学科，结合地方特色，使用实证分析方法，使用大数据研究，运用 Spss 和 Excel 等处理方法科学研究相关数据，从老年读者群体阅读数据中总结现象、得出结论，提出改革建议。张珍珍《近十年上海老年读者群体阅读习惯的实证分析（2000—2010）》一文中明确界定研究对象的内涵，研究方法是调查问卷和实地分析。由此，张珍珍得出的结论是上海老年人的阅读习惯改变较小，依旧重纸质读物，日益重视阅读活动带来的精神慰藉功能，与此同时，老年人的阅读障碍增多。据此，张珍珍主要从政府、公共阅读机构、出版机构、家庭这四个方面提出解决措施。②石竹青《保定市区低龄老年人阅读状况调查》明确研究对象，针对数据，从保定市区 60—69 岁的老人的阅读情况、阅读特点两方面展开分析，提出打造适宜低龄老年人阅读的公共文化环境的措施。

孙立军、万晨《基于北京市老年图书阅读的实证分析》没有提及研究对象的具体要求。在分析数据的基础上，他们总结出老年人的阅读习惯、老年阅读两极分化、老年读物、老年图书市场及图书发展不配套等五方面问题。

龙书的《老年人对书籍设计视觉需求的研究》是我国较早关注老年读物的出版设计的研究文章之一。龙书从老年人书籍设计视觉需求这一观点出发，分析老

---

① 邓咏秋，刘弘毅. 日本图书馆的老年阅读推广实践及其启示 [J]. 图书馆研究与工作，2017（02）.

② 张珍珍. 近十年上海老年读者群体阅读习惯的实证分析（2000—2010）[D]. 上海：华东师范大学，2011.

年书籍设计存在的突出问题，研究适合老年人阅读，满足老年人视觉需求的书籍设计的构成要素，提出了在书籍的完整设计中，坚持以老年人的视觉需求为出发点，解决老年人的阅读障碍，制作老年人喜欢的图书。例如老年人更喜欢柔美的、简单的、温暖的、自然的视觉形象，追求影像形状色彩的和谐，形象相互关系的和谐。①华龄出版社是全国唯一以老年人和老龄工作者为主要读者群的综合性专业出版社。华龄出版社的编辑程扬于《在老龄化加速发展背景下构筑老年图书出版新格局》一文中，说明老龄社会与老年图书现状，分析老年图书出版存在的问题及其原因，提出以下解决问题的对策：（1）借全民阅读活动之风，使阅读成为老年人的一种习惯；（2）注重前期调研，使书籍选题具有经济效益和社会效益，更加符合老年读者心理需求；（3）重视图书质量，在图书细节上多下功夫，满足老年读者审美需求；（4）拓展营销途径，通过老年媒体进行图书宣传推广活动。②

2. 数字阅读是乐龄阅读的未来趋势

李家宇、王海刚在《老年读者数字阅读探析》一文中分析我国老年读者数字阅读存在的主要问题是数字化特征与老年读者阅读心理的矛盾、数字阅读设施不完善、符合老年读者需求的出版产品较缺乏。③王子昕、李朝恒的《老年大学数字阅读推广的拓展路径与思考——以吉林省老年大学为例》论述更为集中，观点更为鲜明，更进一步地提出老年大学数字阅读的现状分析、老年大学数字阅读的拓展路径。④

国外老年阅读研究发展较为完善，以美国、英国为代表的西方国家已经制定相关法规、制度。以日本为代表的亚洲国家，极致发挥人文关怀，想老人之所想，为老年读者提供舒适的阅读场所和良好的阅读氛围。以上为我国发展夕阳产业、

---

① 龙书.老年人对书籍设计视觉需求的研究[D].成都：西南交通大学，2012.
② 程扬.在老龄化加速发展背景下构筑老年图书出版新格局[J].老龄科学研究，2016，4（06）.
③ 李家宇，王海刚.老年读者数字阅读探析[J].新闻研究导刊，2017，8（19）.
④ 王子昕，李朝恒.老年大学数字阅读推广的拓展路径与思考——以吉林省老年大学为例[J].图书情报工作，2017，61（16）.

研究老年阅读提供宝贵经验。与此同时，我国公共阅读机构在投资软硬件方面，不能一味照搬照抄已有经验模式，而要结合国情、地方特色，具体问题具体分析。笔者提出以下五点建议，具体如下：一是公共阅读机构积极联系社区居委会和养老院，关注老年人的精神文化世界；二是无论是公共阅读机构的服务人员还是其他与老年阅读息息相关的行业工作人员，都应区分"尊重老人"和"同情老人"两种服务理念之不同；三是结合区域特色，开拓老年阅读新活动，例如推广地方戏曲，举办有关使用微信、电脑等数字产品的技能讲座，组织免费观影活动，完善数字图书馆功能；四是关注老年人的微信阅读，鼓励开发公众号，提供老年读者的"精神之家"；五是积极开发有声阅读，为老年人提供全新的阅读机会和阅读体验，开设符合老年人兴趣的阅读专栏，例如每日读报、每日天气等内容。

三、乐龄阅读的价值与意义

1. 乐龄阅读的生理和心理机制变化

从生理基础来看，阅读是眼睛对文字符号的感知，然后由传入神经把信息传至大脑，在大脑皮层的神经网络中进行复杂的分析综合活动，如识别、校正、改造、重组、联想、储存等。所以，阅读主要是大脑视觉中枢和阅读中枢的功能。[①]随着年龄增加，作为阅读主要生理基础的大脑神经系统和视觉器官都会产生较明显的衰退，而且衰退呈现总体的单向性，从而影响阅读的实际效果。

医学研究发现，40岁以后脑细胞数量明显减少，每天大约要丧失数以千计的神经细胞，到80岁时，神经细胞减少约25%。成人脑神经细胞不能再分裂增殖，丧失后得不到补充，致使脑体积缩小，重量减轻。神经细胞体及树突出现退行性变化，树突分枝减少及树突侧刺脱落消失，大大减少功能性突触后膜的面积，树突的肿胀及断裂使处理信息的结构基础受到破坏，从而使脑功能出现障碍。[②]而

---

① 肖雪. 促进老年人阅读的公共图书馆创新研究 [M] . 天津：天津大学出版社，2010.

② 邬沧萍，姜向群. 老年学概论 [M] . 北京：中国人民大学出版社，2006.

从视觉器官的变化来看，视觉功能的完成需要眼球、视觉传导通路、有关的神经核团和大脑皮质视觉中枢等部位参与。随着增龄，这些部位都会发生退行性变化。例如，眼球内陷，老年环出现，角膜实质混浊，角膜直径变小或扁平化，瞳孔缩小，视力下降，调节睫状肌的神经机能、睫状肌和连续晶状体的睫状小带本身退化等原因导致老视眼出现。晶状体及角膜对光的散射性强，视网膜内感光细胞的变性，以及视觉中枢的变化导致视敏感度下降。视网膜血液供应不足、视神经纤维数目减少及中枢视皮层细胞数下降等使老年人视野缩小。[①]老年人对物体形状、大小、深度的视知觉降低，对视觉信息的加工速度也有较大下降。

尽管有上述种种退行性变化，但老年人有长期的视觉和感觉经验，可以弥补他们脑力和视力下降的不足。老年人仍然有进行阅读的生理机能，但不可否认的是这种机能有明显的减弱趋向，同时心理上的调控机制会对老年人阅读发挥更强的积极作用。

从认知心理学角度来看，阅读是由感知、思考、推理、评价、判断、想象等一系列心智活动和行为构成的。因此，老年阅读不仅受到他们生理机制变化的影响，还有各种心智行为的参与，如阅读的需要、动机、兴趣、态度、意志等。阅读的心理机制包括两个方面：一是阅读的认知机制，是智力因素；一是阅读的调控机制，属于非智力因素。这两个方面相互制约、相互促进，通过智力因素和非智力因素的结合共同实现阅读的目标。[②]

阅读认知机制就是在阅读过程中，调动人的感知、注意、记忆、思维等各种心理因素，使它们处于高度、积极的紧张状态，通过一系列的阅读智力活动，从文献中摄取知识、理解知识、巩固知识、运用知识，以至于产生创造性成果。认知机制强调的是智力因素对阅读的影响。对于老年人而言，智力在某些方面会呈现出随增龄而减弱的趋势，感知能力下降，对新信息不能很好地编码，而且一次处理的信息量减少，对复杂信息加工速度减慢，再认和回忆也需要更多的时间甚

---

① 邬沧萍，姜向群. 老年学概论 [M]. 北京：中国人民大学出版社，2006.

② 肖雪. 促进老年人阅读的公共图书馆创新研究 [M]. 天津：天津大学出版社，2010.

至不能完全完成，记忆的编码、存储和提取都存在更大的难度，思维敏捷性和反应速度等智力会减退。在情绪和性格上，老年人会表现出消极悲观、自我价值降低、被动、内向性等变化。但老年人的阅读认知因素也会显现积极的变化，这表现在：辅助设备能够帮助老人弥补感知能力的损失；给予老年人一定的指导，告诉他们某种编码策略，老年人和年轻人在记忆表现上的差异就会减少或消除；老年人能比年轻人从有关记忆的线索中获得更多的帮助；老年人阅历广、经验多，而且智力衰退并非想象中仅与增龄有关，抑郁情绪变化、消极的生活方式和不良的健康状况也会导致智力下降。因此，对于老年人来说，尽管增龄会对阅读认知能力带来不良影响，但只要阅读中枢没有受到损坏，阅读就能够进行。

阅读的调控机制是指没有直接参与信息加工，却决定着信息加工的策略和手段，对信息加工起调节控制作用。它可分为执行调控和期望调控两种，前者主要是通过采取不同的认知策略和手段来影响阅读的认知活动及效果；后者主要是指非认知的心理因素，包括动机、兴趣、意志、情绪、人格等（心理学称之为"非智力因素"）对认知过程起影响作用的意向，它会调动或抑制阅读主体的主观能动性，从而影响阅读行为的实施及结果。①阅读的调控机制在老年人阅读活动中的作用表现格外突出。阅读动机是在阅读需要的刺激下直接推动人们进行阅读的动因，分"外在阅读动机"和"内在阅读动机"两种。在外部压力下形成的阅读愿望是外在阅读动机；在没有明显外在压力的情况下，由于自己的内心要求，如理想、求知欲、审美趣味等而产生的阅读动机属内在阅读动机。内在阅读动机对于增强阅读自觉性、激发阅读兴趣、唤起阅读意志毅力，有重要意义。②

在时间紧迫、压力巨大的现代社会，外在阅读动机在成年人的阅读中占据了相当大的比例；而老年人因为外在压力减少，休闲娱乐成为多数人退休生活的主题，因此，在阅读动机上，老年人更多的是出自"自得""乐为"的内在心理需求，阅读的内在动因和自觉性较强。但休闲随意的生活方式和生活态度也影响了

① 黄葵，俞君立.阅读学基础［M］.武汉：武汉大学出版社，1996.
② 李德成.阅读辞典［M］.成都：四川辞书出版社，1988.

他们的阅读兴趣和阅读意志，体现为泛泛而读。消遣娱乐阅读成为老年人阅读的主要特点，阅读的随意性、断续性明显。

同时，这种影响也因人而异。对于某些老年人而言，长期以来习惯化的行为方式和对现实的稳定态度会使其年轻时的阅读行为延续到老年，比较稳定的阅读目标、阅读兴趣和阅读习惯良好地导引着他们的阅读。而对于某些老年人而言，老年是个人身心最自由的时期，他们会选择做以前没时间或没机会完成的事情，完善或补偿失去的时光，以获取内心的满足。在这种内在动机的推动下，老年人阅读具有更强的自主性和自觉性，对于困难也具有较强的意志进行克服。

2. 乐龄阅读有利于充实老年生活

阅读作为文化生活的内容之一能带来精神上的快乐，这种快乐首先来源于追求知识的快乐。罗素说："知识是使人类快乐的主要因素。"知识快乐不是物质欲望得到满足的自然性的快感，而是因为对社会、自然、历史、人生的洞见所获得的精神愉悦。[1]通过阅读我们可以获得多方面的知识，了解我们在日常生活中难以触摸的世界，加深我们的情感体验，从而获得深厚的人生积累，形成豁达的人生态度。[2]

阅读过程本身就是一种审美体验。这种审美体验来源于日常生活经验的中断，当我们在阅读中游目骋怀时，我们就已经和日常生活的世界产生分离，拒绝了日常生活的焦虑、无聊、抑郁、混沌和狭隘，进入一个非现实的理想世界，享受由此带来的自由自在的快乐。阅读能够帮助老年人在书的世界中"旅游"，脱离按部就班的生活状态去徜徉于不同的感情世界，体验或新奇或紧张或浪漫或宁静的情感，并借此驱逐精神的劳顿，安抚疲惫的身心，得到精神解脱，促进精神升华。相比于其他活动，阅读不仅能带来一时之感，更能带来持久的充实感受。

3. 阅读有利于保持老年人身体健康

阅读是一种复杂的心智活动，通过视觉感知和大脑思维活动来实现，后者更

---

① 陈琰.闲暇是金——休闲美学谈［M］.武汉：武汉大学出版社，2006.

② 肖雪.促进老年人阅读的公共图书馆创新研究［M］.天津：天津大学出版社，2010.

为关键。美国阅读学专家 M.A. 汀克经研究分析指出："在绝大多数情况下，阅读时用于眼睛移动仅占时间的5％，其余95％的时间则用于思维。"①大脑遵循用进废退的原理，因而，从生理机能促进的角度来讲，阅读能够充分刺激大脑活动和血液流通，从而能够延缓智力和记忆力的衰退，保持身体健康。

从人体生理运作的角度来看，勤于读书用脑的老年人，大脑血管经常处于舒张状态，能为大脑输送充足的氧气和营养物质，从而延缓中枢神经老化；同时还能带动和加快全身血液循环，使身体各系统功能保持协调统一，提高免疫抗病的水平。②而且，在没有严重生理疾病的情况下，通过阅读训练和干预能够明显改善老年人的智力和记忆力。读书读报会刺激视神经、促进大脑的使用频率，加快运作速度；阅读亦能储存大脑内的资料，激励老年人大脑资源的使用，从而保证智力和记忆力的健康延续。③美国人寿保险公司对年逾百岁的老年人进行调查时发现，多数人有读书的习惯。这说明阅读能够锻炼记忆力、感知和抽象思维能力，预防老年痴呆。

与电视等其他信息获取方式相比，文字的阅读更能调动大脑的主动性。从大脑切片可以看到，愈常动脑的人，神经纤维之间的联结愈紧密，触类旁通的机会也愈高。原因是阅读是主动获取信息的过程；而电视等则是被动的过程，人们不仅无法主动选择浏览的速度、频次，而且无法主动选择自己喜欢的内容，在被动接收的过程中，大脑被空置了。④洪兰教授发现："阅读是一种主动的神经连接，等同于看电视是一种被动的神经连接，当人们观看电视时，大脑其实并没有在运作。人们可透过阅读得到经验，也可借由阅读训练创造力，因为'打开一本书，等于打开一个世界'。"

---

① 高瑞卿.阅读学概论［M］.吉林：吉林教育出版社，1987.

② 徐炯权.读书养老，精神生活高追求［J］.老年人，2006（01）.

③ 梅陈玉婵，齐铱，徐玲.老年学理论与实践［M］.北京：社会科学文献出版社，2004.

④ 洪兰.阅读：活化大脑良方［J］.编译参考，2003（03）.

　　阅读还具有确实的医疗功效，"阅读疗法"已成为心理疾病治疗中的辅助疗法。在心理上，老年人在阅读中，或者找到书中人物、情节、情感等和自己的相吻合之处从而产生共鸣；或者与作品发生了心灵契合和沟通，情绪得以调节、排遣、慰藉和净化；或者通过书籍的暗示作用带来个人自身的心理暗示从而消除某种症状；或者在对作品的欣赏和领悟后顿悟人生的深层意蕴，大彻大悟。①

---

① 王波. 阅读疗法［M］. 北京：海洋出版社，2007.

1999 年，我国进入人口老龄化社会。2010 年第六次全国人口普查数据显示，全国 60 岁及以上老年人口为 1.78 亿，占总人口比重为 13.26%，其中 65 岁及以上老年人口为 1.19 亿，占总人口比重为 8.9%。[①]随着老年人口逐年增多，老年人群体面临养老、医疗、精神赡养等多方面问题，值得社会各界关注。

一、影响乐龄阅读的重要因素

1. 生理障碍

随着年龄的增长，老年人在感官、生理、智力上的能力或多或少都会下降，大脑和眼睛是阅读的主要生理器官，也会随之减弱，造成阅读的生理障碍。

从大脑的运作而言，大脑能量消耗大、代谢率高，在阅读过程中，大脑很容易产生疲劳。因为阅读活动使大脑皮层兴奋区域的代谢增强，血流量和耗氧量都增加，同时还会导致心跳加快、血压升高等一系列生理变化。如果连续用脑时间过长，吸氧量及心脏血液输出量均会有所减少，供给大脑的氧气和血液不足，就会造成大脑的过度疲劳，出现头昏脑涨、瞌睡、失眠、头热等感觉，还会导致注意、理解、思维和记忆等心理机能减退，严重的还会引起神经衰弱、食欲不振、功能失调等症状。[②]这些症状因人而异，轻重程度也不相同，一般来说，老年人因为生理机能的退化，较容易出现疲劳。

---

① 中华人民共和国国家统计局 .2010 年第六次全国人口普查主要数据公报 [EB/OL].
　http ://www.gov.cn/test/2012–04/20/content_2118413.htm.
② 黄葵，俞君立 .阅读学基础 [M] .武汉：武汉大学出版社，1996.

身体机能下降会给阅读带来诸多限制，而且阅读带来的身体压力主要是由用脑、用眼不当引起的，正如法国作家蒙田年老时所说："读书的乐趣，不似其他娱乐那样纯粹，它有它的不便，而且是很大的不便……正由于读书时缺乏运动，因此我们的身体会变得沉重郁闷。我知道过度读书于我有害，故在我这风烛残年，唯需避免过度。"①通过"积极性休息"可以调节和缓解阅读疲劳，合理安排阅读内容和阅读时间。科学研究证实，大脑集中精力最多只有 25 分钟，所以学习 20 到 30 分钟后就应该休息 10 分钟。②合理安排脑力劳动和体力劳动轮换，规律用脑、自我松弛、进行健脑运动等方法都可以缓解大脑疲劳。

2. 知识限制和技术鸿沟

完成阅读需要具备至少两方面的知识结构和能力。

一是字词、音韵、文法等语文基础，具体包括以下要素：（1）掌握足够数量的字和词。阅读时如果每看一行都有文字障碍，这样阅读就无法进行，兴味也会大减，甚至会放弃阅读。因此，要有一定的字词储备。一般来说，能掌握 5000 个汉字、1.5 万个词条，就可以阅读各类书籍了。（2）较熟练地掌握基础语法和文法。了解语言表达、文字组织和文章结构的基本知识，能够分析文章、领悟语义和语境，进行初步的研究、评价和鉴赏。具备一定的背景知识，包括政治、文化、自然、社会等各方面的知识。二是背景知识强的人在同等时间内所吸收到的知识，比没有背景知识的人多了很多，他们在对文字材料的理解上也会更全面深入。

这两方面的知识不是一朝一夕就能够获得的，它需要一定时间的积累，而且知识在日新月异地发生变化，文字语法等也会随着社会生活的变化而发生改变，阅读所需的知识也必然要有不断的增长。而老年人的语文基础多数是在年轻时候奠定的，此后虽有增补，但已根深蒂固，这难免会出现知识老化的问题。尤其在

---

① 蒙田.谈书［M］//《博览群书》杂志.读书的艺术：如何阅读和阅读什么.北京：九州出版社，2004.

② 杨孝文，任秋凌.揭开大脑的秘密［J］.青年教师，2005（04）.

网络时代，文字、语言的变化明显，新名词、新用法层出不穷，新事物、新观念不断冲击老年人固有的习惯和知识。诺尔贝托·波比奥（Norberto Bobbio）以自己的亲身体验说明了这一点："他们已经发明出辅助记忆和加速写作过程的精良设备，但我不能使用它们，或者如果我使用，我用得太糟糕而得不到任何好处。"①

老年人在面对计算机、网络及读物中的新鲜词汇时都会常常涌出难言的敬畏感和无力感。知识水平和知识结构的欠缺是摆在老年人阅读面前的最实际的问题，当然，这并非完全不能够逾越的障碍。阅读能力是可以通过学习获取的，扫盲运动、老年大学都给老年人带来希望，老年人选择文字浅显易懂、内容贴近生活的材料可以由浅入深地提高阅读水平，选择多样的阅读形式，如听读，也可以实现阅读。

3. 情境障碍

情境障碍主要是指影响老年人阅读的外在因素，包括阅读材料、家庭责任等客观原因，前者限制了老年人的阅读范围，后者限制了老年人的阅读精力，两者都阻碍了他们的阅读进展。

近些年，我国的出版行业多注重年轻读者，图书、期刊和报纸在内容选题、外表装饰和促销策略上都是以年轻人的兴趣和口味为中心，老年人的需求被忽视或者被误解。针对老年人出版的书报刊存在着数量少、种类不丰富、内容粗制滥造、制作形态简单等问题，大大降低了老年人的阅读兴趣。2002年华龄出版社在全国老龄工作委员会办公室、中国老龄协会的领导下，组织专家评介委员会，从全国范围内2000年、2001年500余家出版社已出版的图书中，评选、推介适合老年人的图书，设立"华龄书架"。经调查，2000年、2001年共出版图书24万多种（2000年出版11万种，2001年出版近13万种，课本除外），符合入选标准的不足2000种，仅占总品种的1/120，其中专门为老年人编辑出版的图书

---

① 诺尔贝托·波比奥.老年[J].陈源，译.第欧根尼，2006（01）.

更是少得可怜，仅有四五百种，占 1/500 左右。[①]老年人读物的针对性之低、数量之少可见一斑。而在这少之又少的图书中，还有相当多的雷同、互相矛盾、东拼西凑的滥竽充数之作，缺乏原创性。在种类上，没有考虑到老年群体丰富的阅读兴趣，品种主要集中在饮食、养生、保健方面，其实如果真正深入老年群体中，了解他们的实际生活就会发现老年人除了身体保健的需求外，还对时事政治、新知识新思想、旅游摄影、历史文化、经济法律等有广泛的兴趣。

另外，在出版物的形式上没有考虑到老年人的视力变化和审美取向。文字字号上，许多报刊不断改版，字号也不断被改小；在迎接读图时代的口号下，一些书报刊的图片面积被无限扩大，文字被挤在一个角落；还有的书报刊为了降低印刷成本，把油墨调得越来越淡；[②]片面追求视觉美感，不注意文字及背景颜色的搭配，文字难以辨清；在外表装帧上极尽豪华之能事，不顾老年人的实际需求和文本内容的质量追求，精装本层出不穷，哗众取宠，借机抬高书价；书报刊定价过高，而老年人收入一般不高，图书消费的心理价位多在 10—20 元[③]，昂贵的书价只能使老年人"望书兴叹"，无可奈何。

从家庭责任的因素来看，虽然多数老年人已退出工作领域，但在我国，老年人并非完全的空闲，他们还在为着家庭而继续忙碌。一方面，他们承担着为忙碌工作的子女抚养小孩的责任，这在中低龄老年人身上表现得尤为突出；另一方面，"空巢"现象使得老年人需要自己打理生活，随着年龄的增长，他们需要更长的时间和精力投入。这些是我国老年人难以回避的问题。更不用说，还有一些老年人缺少基本的养老保障，基本生活还面临着很多困难，为了生存他们还在继续工作。时间、精力有限，他们就会相应减少在阅读上的投入。此外，老年人的生活中还存在着其他种类繁多的可供选择的生活活动，如看电视、打麻将、散步、聊天等，阅读只是老年人生活中的一个选择内容，它的实现必然有赖于与其他活动

---

① 常振国.老年图书——并非只是医保类 [N].中国新闻出版报，2002-09-06.

② 高世屹.关注"银发"读者 [N].中国新闻出版报，2005-02-16.

③ 蓝青，张岩.老年人买不起书了 [N].中国老年报，2006-04-27.

的竞争结果。老年人对参与阅读进行选择时遇到了某种障碍，往往就会选择放弃，而改选其他活动作为替代。显然，现实中老年人阅读具有较强的可替代性，它在老年人的心目中并非是必不可少的。这种性质在一定程度上必然会减弱老年人排除阅读障碍的信念及意愿，从另一个角度讲，即增加了参与阅读的障碍。①

二、我国乐龄阅读的当前特征

尽管由于生活环境、文化程度、职业类型、收入状况及兴趣爱好的差异，老年人与老年人之间都存在异质性，但作为一个同质群体，生活的时代背景相近，老年人与老年人之间也存在许多群体共性，即老年阅读同质性，主要有以下几个方面：

1. 阅读比例总体偏低

由上海人民出版社《中外书摘》杂志与上海市老干部活动中心组织的一次关于上海市 60 岁以上老年人图书阅读和消费状况抽样调查显示，70—80 岁年龄层读者最多，占总数的 50%，并向两头递减。这部分读者有大量的空闲时间，对社会发展保持一定的关注度，希望通过阅读来提高生活质量、丰富业余生活。而 70 岁特别是 65 岁以下的低龄老年人仍有相当一部分继续从事某种工作，阅读比例没有想象中的高。②华东师范大学何平华等人针对台湾地区老年人的阅读状况调查也得出了类似结论，尽管台湾地区老年人对阅读重要性的认可度较高，但老年人阅读的比例总体偏低。除极少数长期养成阅读习惯的老年人外，有高达 76% 的老年人认为"比起阅读，我更喜欢其他的休闲娱乐活动"。一般而言，心理年龄越年轻的老年人，越倾向于选择阅读之外的其他休闲活动。③

---

① 肖雪.促进老年人阅读的公共图书馆创新研究［M］.天津：天津大学出版社，2010.

② 姜小玲.70 岁以上的老年人更喜欢阅读［N］.解放日报，2009-04-19.

③ 何平华，邓香莲，王晓娴.全媒体语境下台湾地区老年人阅读现状实证研究——以台北市为例［J］.中国出版，2014（05）.

我国老年人的阅读比例总体偏低，原因之一是不少老年人没有阅读兴趣和习惯，原因之二是部分老年人因为年老体衰，生理机能退化，尤其视力退化。俗话说"四十七八，两眼犯花"，大部分患有老花眼的人一般都把老花眼看作是一种正常现象，忽视和延误了对视力障碍的治疗，造成眼部疾病恶化，严重影响了老年阅读的能力。这一情况在女性老年人中尤为明显，成为女性老年人阅读率低于男性老年人的主要原因。[①]

2. 阅读目的的纯粹性

当今时代，生活节奏加快、竞争日益激烈，速度和实用成为人们的首要追求，国民阅读的功利色彩越来越浓，深沉内敛的阅读兴趣和体验逐渐丧失。与其他群体相比，老年人拥有较多的时间和闲适的心态，他们的阅读不假外求，主要目的是休闲消遣和增加知识，阅读内容也选择了健康娱乐、时事政治等自己真正感兴趣的主题，充分展现出老年人阅读上"自得""自勉""乐为"的纯粹动机。这种休闲阅读的纯粹心态使老年人的阅读具有自在轻松的一面。自主决定是否阅读，以及阅读的范围、层次、时间，能充分调动老年人的主观能动性，使其体会阅读的真正乐趣。正如李盛仙老人体会的那样："少年'从命'读书，为学而学，少有悟性；中年'从业'读书，学以致用，有所悟性；老年'从容'读书，轻松自如，多有悟性。"[②]但同时也因为老年人对阅读没有太强的紧迫性需求，在阅读时间、阅读花费上投入较少，克服阅读困难的意志并不强烈。

3. 阅读习惯的固定性

老年期在某种程度上是中年期个性和生活方式的一种延续，在长期的阅读实践中，老年人已经形成了比较固定的阅读习惯或者说阅读倾向。这主要表现在三个方面：

（1）对于阅读载体形式，老年群体普遍习惯于传统的阅读媒介——书籍、报纸和杂志，而对网络阅读接触不多。

---

① 石竹青.保定市区低龄老年人阅读状况调查［D］.保定：河北大学，2013.
② 李盛仙.读书有味身忘老［J］.养生月刊，2004，25（05）.

（2）在阅读内容上，老年人比较倾向于阅读熟悉的内容，这些内容是他们年轻时候积累而形成的。正如诺尔贝托·波比奥（Norberto Bobbio）所说："我在各种知识领域中所探索的区域正在缩小……现在，当我读一本新书时，我发现自己更多地停留在自己已知的事情上，而不是那些在那时我还不知道的事情。我对重复一件事或一种广为人知的观点更有兴趣，它愉快地支持着我多年前学到的知识。"①

（3）在阅读频率和时间上，老年人也比较稳定。根据阅读喜好程度不同，他们会选择经常阅读、偶尔阅读或者不阅读等不同的阅读频次，而经常阅读的老年人则多数会选择在固定的时间段进行阅读，每次阅读持续的时间也相差无几。

4. 阅读影响因素的多样性

阅读对于老年人而言，更多的是休闲娱乐，是老年闲暇娱乐活动的一种，因缺少强制性和功利性的约束而易受到多种因素的影响。调查发现，很多老年人尤其是低龄老年人，退休之后仍然比较活跃，他们基本都能做到日常生活的保障自理，而且人脉资源广，社交能力强，乐于参加社会文化体育活动，这些极大丰富了老年人的生活，但阅读行为因此受到的影响也较大。女性老年人因为仍要承担繁重的家务，分散了闲暇阅读时间。个人技能对阅读的影响最大，文化程度对老年人阅读喜好、网络阅读的参与度、阅读时间等都带来正相关效应，"缺乏相关技能""不会用"成为老年人利用网络的最大障碍；身体状况也对老年人阅读带来负面影响，年龄、视力等问题都降低了老年人阅读的参与程度和持续时间；社会生活环境的影响也较为明显，居住方式和社会交往方式使得老年人知识获取途径、接受他人读书报等方面呈现出不同的特点，以前从事的职业会影响阅读内容、会上网与否；经济状况的影响也很鲜明，收入越低对阅读投入的程度越少，进行纸本阅读和网络阅读都受到经济条件的很大限制。总的来说，老年人在阅读中遇到的障碍因素较多，需要社会各方面力量的协同帮助。②

---

① 诺尔贝托·波比奥.老年 [J].陈源，译.第欧根尼，2006（01）.

② 肖雪.促进老年人阅读的公共图书馆创新研究 [M].天津：天津大学出版社，2010.

5. 阅读层次以"浅阅读"为主

正如弗里德曼（Thomas Friedman）在其《世界是平的》一书中告诉我们的：世界是拉平的，被一台无所不包的计算机所夷平。在这个世界里，时间和空间的差异和多重价值观的冲突均已消失，世界变小了也变浅了。阅读意义的深度消失，"浅阅读"正在成为阅读的主流。老年人无可避免地接受着自下而上的代表青少年主流价值观念的主导文化的熏陶，受到"浅阅读"时尚的裹挟。

通过调查数据的揭示，我们得以窥探出老年人"浅阅读"的种种迹象：在阅读目的上随意休闲，追求直观、短暂的视觉快感和心理愉悦；在阅读内容上以健康娱乐等通俗读物为主，强调"广"与"浅"两个层面；阅读时间短，城乡老年人阅读时间分别在 1 小时和半小时以内，占他们闲暇时间的比例小；阅读意志比较薄弱，积极解决阅读困难的比例还比较小；在阅读方式上表现出速览性、跳跃化、碎片化的特征，老年人接触率最高的阅读资料主要是报刊，而报刊因其时效性、新闻性、多主题性、零杂性等特征决定了它只能是众多信息的集合体，不可能是某一个人思想维度的全面展现，也不可能对某一问题进行纵深的挖掘和探讨，这使得在阅读中，浏览泛读代替了精读，信息"知道"和一时的感官享受代替着思想反省和精神丰实，老年人阅读趋于浅尝辄止。

阅读是深还是浅，是一种态度更是一种智慧。老年人浅阅读的实质就是轻松的阅读，是老年人在面临身体、知识结构、观念和情境等各种障碍因素时的自然选择。老年人阅读具有"浅"中有"深"的性质，虽然听广播、看电视、网上阅览等都是获取信息和知识的重要途径，但是那种获取毕竟还处于浅表层次。更深层次的汲取，是把他人创造的间接知识与自身的社会实践相结合，并在各自的精神世界中发生化合的基础上，形成自己独有的心得、感悟、发现和创新。[①]从这个意义出发，我们认为老年人阅读有"浅"中有"深"的潜质。

---

① 徐雁，谭华军.读书依然是当代人汲取知识的必要方式[J].中小学图书情报世界，2006（10）.

三、乐龄阅读的建议

1. 养成自觉的阅读习惯

阅读习惯指阅读实践中养成的不需意志努力就自动进行的行为倾向。[①]为了使自己的晚年生活更加充实而有意义，老人们应该养成自觉的阅读习惯，追求开卷有益。要养成阅读的习惯，首先要弄清楚为什么要阅读，提高对阅读的思想认识，就能找到合适的阅读方法和形式，从而爱上阅读，就同人每天需要吃饭、穿衣、睡觉那样，把阅读看成是吸收精神营养、满足心理要求的"文化餐"，一天也离不得，使其成为不可少的生活组成部分。

对于老年人而言，阅读主要是消闲娱乐。其实喜爱阅读的人，都有一个从消磨时光到消遣时光的过程，或者消磨与消遣兼而有之，这样的阅读，才是"习惯成自然"。一闲下来，不由自主地抓过书来读，有时有所得，所谓独得读书之乐；有时无所得，干脆就是消磨时间。这样的读书就成为你生活的重要内容，读书的活动就在生命的活动之中了。英国文豪培根说读书有三种目的或者境界："孤独寂寞时，阅读可以消遣。高谈阔论时，书籍可增添情趣。处世行事时，知识意味着才干。"[②]老年人养成阅读的习惯，不仅可以排遣退休后的闲暇时光，而且可以"增加情趣"，"增长才干"，使退休后的晚年生活更加充实。

良好的阅读习惯，不仅有助于阅读活动的进行，而且对提高阅读效益也有重要作用。阅读习惯的养成要讲究科学性、计划性、自觉性，要提高自制力。老年人要养成阅读习惯，可采取自己为自己订计划的方法。计划的内容因人而异，大体可分目的要求、学习内容、作息时间安排等。有了计划还要检查，以计划督促阅读。

---

① 北京师范大学交叉学科研究会.中国老年百科全书 文化·教育·修养卷［M］.银川：宁夏人民出版社，1994.

② 培根.培根随笔［M］.长春：北方妇女儿童出版社，2013.

2. 选择合适的阅读内容

消闲阅读唯一的标准就是自己的兴趣，唯性所适，随兴所至，不必有太多的戒律与束缚。当然，正如清代诗人袁枚所说的，"翻经恐遗史，读子虑失集"，值得一读的好书太多，有时在选择上难免眼花缭乱，无所适从。因为每个老年人的生活经历、思想水平、文化程度以及所处的家庭社会环境不同，所以老年人对于阅读内容的选择，也要因人而异。老年人自由选择阅读内容，大致有如下几种情况①：

一是"还愿"式。有些老年人在青壮年时期就想读某些书籍，但是由于种种主客观条件的限制而未能如愿以偿。离、退休之后，"没时间读书"的问题不复存在了，"难以借（买）到"的困难也不难解决了，这类老年人的读书生活就可以从"还愿"开始，即首先认真读完那些自己曾想读而未读的书，然后再根据自己现实的情况去选择其他书目。

二是"补缺"式。有些老年人在回顾自己以往的工作时，常常会醒悟到：那时由于缺乏某方面的知识（即没有读过这一类书籍）而造成了工作中的失误。有这种情况的，最好从"补缺"着手，即先去寻找那些可以帮助自己总结经验教训的书来阅读，然后再进一步去读其他书籍。

三是"寻找答案"式。有些老年人在离休退休后，还参加部分社会群体活动，而在参加社会群体活动的过程中，免不了会碰到一些自己本不熟悉的问题。为了使自己适应新的工作环境，就可以有针对性地去选择那些能够帮助自己找到答案的书籍来读。

四是"满足兴趣"和"调节精神"式。这种情况是最为普遍的。如有的老年人对于某一方面的知识有特别的兴趣，或者对某一类作品有所嗜好，那么他们在晚年的读书生活中偏重于阅读自己感兴趣的书籍，也是无可非议的。至于有些老人文化水平不高，身体状况也不太好，甚至因各种原因，精神上也不够愉快，本身又没有读书的欲望，在这种情况下，仅从"消遣解闷"的角度去浏览那些趣味

---

① 吴尧民 . 老年生活百科——精神生活 [M] . 杭州：浙江科学技术出版社，1987.

扬州钟书阁（万宇 摄）

性更浓一些的书（如画刊、连环画等），应当说也是正常的。

另外，老年人最好是先读自己喜欢读的书，增强读书的欲望，培养读书的习惯，而后再深入下去，系统地读某一范畴的东西。对同一类的书，可以先易后难，可以先读经典著作，再读其他书；对于不同类别的书，可以先读入门的书、普及的书，而后再增加难度。而且，老年人的身体状况从整体上说总是每况愈下的，为了身心健康，也不能去读那些对感情有过多刺激的作品，少读过于艰深的理论著作，多读些较有趣味性和令人轻松的作品。

3. 采用科学的阅读方法

采用科学的阅读方法对于老年人阅读尤为重要，需要注意如下几个方面：

一是阅读要有快慢、粗细、深浅之分。一字一字地读，边读边理解边记忆，边思考边反问边评论，这叫慢读、细读、深读、活读。反之，就是粗浅之读了。用哪种读法，要以阅读目的、内容和文体而定。要看是为了掌握和运用，还是消遣，是哲学、政治学、经济学、文学，还是新闻、通俗读物；是古语，还是现代语；是朦胧，还是白描。重要的、难懂的、想要彻底弄清的就慢读细读深读，不重要的、好懂的，就快读浅读。

二是要精读、选读相结合。为了提高阅读效果，要学会择优精读，下功夫选读那些经典之作。就是看报也有个选读的问题，有的报纸一天出几十个版面，无须逐条细看、耗费精力，先快速翻翻版面，选读三五篇就够了。就是版面少的报纸，也须先看标题，决定取舍。

三是要间歇、交叉阅读。间歇阅读可以使老年人阅读不致因过度疲劳影响健康；交叉阅读不同范畴、不同风格的书，可使大脑得到休息，缓解紧张疲劳，比如，头脑清醒时可读最需要、最必要的书，消遣性的书则可以随便在什么时间去读。

四是要适当搭配，不要专攻一种。如果老年人读书不是为了成为某一知识领域的专家，那就不能不考虑到晚年读书的某种消遣性和娱乐性。基于此，既读些哲学理论著作，又读些历史人物传记；既看些中外文学名著，也读些通俗文学作品。这样就可以使得自己的读书生活变得丰富多彩，充满情趣，而不至于感觉太沉闷、太枯燥。

4. 采用多样的阅读形式

看书籍报刊是阅读的主要形式，最适合于老年人，一份读物到手，携带方便，什么地点、时间都可读，受外界环境的限制较少；看电视也是一种阅读，立体效果、图文声色同时出现、同时感受，收效似乎更好，但它不具备书刊能让人复读、停顿、思考、摘录的特点；上网也是一种阅读，它有快捷、包罗万象、覆盖世界又能下载的特点，但老年人视力受限、手脑不灵活、熟练操作较难，不习惯用者大有人在；还有听报告、演讲和讲座，是用耳阅读；与人交谈，是双向阅读，你读他、他读你，两人也可，多人也可，面对面交流，更具启发性、互动性、追思性，有利于澄清事实，分辨是非，加深认识。总之，阅读形式多多，随意选用即可。

单就阅读书籍报刊而言，其阅读形式也多种多样。可以一人一书，也可众人共同赏鉴。"独学而无友，则孤陋而寡闻。"爱好读书的老年朋友，不妨以书会友，互相推荐书，交流读书心得，"奇文共欣赏，疑义相与析"，在享受读书之乐的同时，还可享受友情的温暖。阅读没有地点和设备的约束，家中、公园、图书馆、书店都能进行，可以诵读，也可以静读，还可以听读，这使得阅读较少受到阅读场所和阅读设施的限制。①阅读的姿势，坐读最好，但久坐不利于健康，坐读一小时最好走动走动，特别是患颈椎、腰椎和前列腺病的老年人，更不宜久坐。卧坐对身体不好，不舒服，读效也差。

5. 要确立相应的阅读原则

一是温故与知新相结合。很多老年人对以前读过的一些好书印象深刻。俗话说，好书不厌百回读。温故，可以让老年人重温初读时的那份激动、愉悦或温馨，还可以从中发掘出更新、更深的意蕴。阅读是一种再创造的过程，融入的修养和阅历越丰厚，其"产品"也就越丰富、越精美。"温故"的同时，也不可冷落"知新"。知新可使老年人形成开放兼容的知识体系，能保持年轻的心态，跟上时代的节拍，使您与后辈有更多的共同语言，缩小"代沟"。因此，新出的图书、报纸、杂志，只要有兴趣，都不妨一读。

二是精读与浏览相结合。有些好书，如中外名著、诗词精品，细细咀嚼，余味悠然。对这种书，应该慢慢读、反复读，并可参阅一些书评和鉴赏文章，以及相关的资料与著述，以加深理解；同时适当地做点读书笔记，摘抄一些精彩片段，或做个提要，注明出处，以便再次阅读时易于查找翻检。对有些书刊，不妨走马观花，看到自己感兴趣的就停下欣赏一番，不感兴趣的章节则可不求甚解，一翻而过。阅读方式上，顺读、倒读、中间随便翻开一页读都无不可。阅读如同交友，既要有知心朋友，也需有泛泛之交，只是所用心力应有所区别。

三是所读内容与时、地、心境相结合。比如，随着季节的变换，相应阅读一些描写四时景物气候的诗词散文佳作；出门旅行，携带一本与所游路线、景点相一致的游记或介绍当地民俗风情的读物；心绪恶劣时，可从书中看看别人是如何摆脱这种困境的，或读些幽默笑话，以化解烦恼，平和心态。②古人有"春夏读经，秋冬读史"的说法。阅读时如果有意识地与时令、地点、心境相结合，确能增加阅读的兴趣，并能增进对所读作品的理解。

---

① 肖雪.促进老年人阅读的公共图书馆创新研究 [M].天津：天津大学出版社，2010.
② 陈昭典.中国老年百科全书 [M].杭州：浙江教育出版社，2000.

第六章

阅读障碍群体的阅读指导与服务

走近阅读障碍群体

国内外阅读障碍群体的服务现状

构建阅读障碍群体服务的思考

走近阅读障碍群体

一、阅读障碍的定义

阅读障碍症，又称为读写困难症，是一种基于神经学而引起的遗传学疾病，指身体无明显生理缺陷且智力正常的人，在单词拼写、阅读、口语、听力以及写作等方面表现出学习困难。

阅读障碍这一概念，起源于英国，追溯到 19 世纪初，最早出现在医学领域。1895 年，学者首次提出"字词盲"的概念，标志着阅读障碍研究的真正开始。20 世纪 70 年代，阅读障碍在西方国家日益受到重视。而中国学者并未注意到阅读障碍现象，阅读障碍研究未得到有效关注，直到 1982 年，Stevenson 等人对美国、日本和中国台湾地区的五年级学生进行阅读测验，结果显示：美国、日本和中国台湾地区的五年级学生的阅读障碍发生率分别是 6.3%、5.4%、7.5%。这一结论打破了阅读障碍仅存在于表音文字的认知，中国学者认识到阅读障碍是一个不分语系的普遍问题，其发生率在不同的语言中无显著差异，也存在于表意文字的汉语阅读中，并且所占比例稍高。因此，中国自 20 世纪 80 年代才开始进行阅读障碍的研究，其研究成果近年来才取得长足的发展。

阅读障碍的定义，由于其表现形式多种多样、形成原因错综复杂、研究者的立足点各不相同，学界未形成一致的定义。最具权威性并被广泛使用的是世界卫生组织《国际疾病分类》第十次修订本（简称 ICD-10）定义的标准，阅读障碍（dyslexia or reading disability）分为获得性阅读障碍和发展性阅读障碍，前者是指由于先天疾病或后天脑损伤等引起的阅读困难；后者是指个体在一般智力、动机、生活环境和教育条件等方面与其他个体没有显著差异，也没有明显的视力、听力、神经系统障碍，但其阅读成绩明显低于同龄儿童应有的水平，处于阅读困难的状态中。

　　相比较获得性阅读障碍，发展性阅读障碍更容易去人为干预，采取科学的干预手段，发展性阅读障碍群体更容易获得较好的阅读需求，相应地关于发展性阅读障碍的文件较为健全。世界卫生组织 1990 年发布的《国际疾病分类》指出：发展性阅读障碍是指特定性阅读技能发育显著损害，并且不能完全归因于智力水平、视力问题或教育不当。出现该障碍者阅读理解技能、阅读中单词辨认、朗读技能化及完成需有阅读参与作业的能力均可受累。1994 年，美国精神病学会在《美国精神疾病诊断标准》中指出：发展性阅读障碍是指阅读表现低于个人的生理年龄、智商以及在适当教育下应有的表现；阅读困难严重干扰学业表现和日常生活所需的阅读技能；不能是因为感官缺陷或其他神经异常所引起的。2002 年，国际阅读障碍学会指出：发展性阅读障碍是一种明显的特定型学习障碍。其特征在于字词识别的正确性和（或）流畅度有困难，而且字词拼写与解码能力不佳。此障碍通常源于语音加工能力的缺陷，与其他认知能力或教学无关，也不是一般发展性失能和感觉障碍导致的。这种障碍衍生的问题可能包括阅读理解与减少阅读经验，以至于妨碍字汇量增长与背景知识的增加。

　　阅读障碍症在世界范围内广泛存在，约有 8% 的人有阅读障碍，其中 2%—4% 的人较为严重。[1]3—8 岁是儿童基本阅读能力习得的关键期，儿童在这时期口语发展速度最快，开始理解符号、声音与意义的关联性，[2]低龄段在校学生有 3%—10% 的阅读障碍，而中国 5%—10% 的学龄儿童都患有不同程度的读写障碍。男性的阅读障碍率高于女性，男女比例为 3：1。阅读障碍具有固定性和连续性，研究表明：三年级时具有阅读障碍的儿童，在九年级时仍然具有阅读障碍。

　　阅读障碍会长期存在，并不能得到根本性治愈，但不代表阅读障碍群体注定

---

① 束漫，孙蓓．图书馆"阅读障碍症"群体服务的理论与实践 [J]．中国图书馆学报，2014，40（04）．

② 管晶晶，胡鑫，王文静．理解"阅读脑"提高儿童阅读素养——儿童阅读的脑科学及其教育启示 [J]．教育学报，2012，8（04）．

一事无成。事实上阅读障碍群体拥有超越常人的天赋。新加坡前总理李光耀曾公开表示患有轻微的阅读障碍症，呼吁社会关注重视阅读障碍群体，还有歌手萧敬腾、苹果创始人乔布斯、演员汤姆·克鲁斯等也都有程度不一的阅读障碍。

二、阅读障碍的成因类型

阅读障碍的成因既有先天遗传，又有后天的教育，既有生理方面的原因，又有心理方面的原因，找到个体阅读障碍的影响因素，才能对症下药。目前阅读障碍的成因主要集中在基因遗传、脑神经机制、眼动、环境因素等四个类型。

随着基因技术的不断发展完善，阅读障碍的基因遗传研究也在不断深入。早在 1950 年，有学者研究了 276 个阅读障碍个案，第一次提出阅读障碍是一种常染色体显性遗传障碍。[1]同时，有学者等总结了 20 年的基因研究，发现了阅读障碍的 4 个易感基因 DYX1C1、KIAA0319、DCDC2 和 ROBO1，这些基因的异常表达影响大脑皮层和丘脑的功能，进一步造成感知觉、运动和语音的缺陷，进而影响阅读能力。

脑神经机制的研究集中于医学领域，采用事件相关电位（ERP）、功能核磁共振成像技术（FMRI）、正电子发射断层扫描（PET）等神经科学技术来进行。[2] Larsen 等发现，阅读障碍者与语言功能相关的颞叶平面面积有所改变，约 65% 正常人的左侧颞叶平面面积比右侧稍大一些，然而阅读障碍者的左右颞叶面积几乎相等。Nicolson 等人提出的小脑理论认为，阅读障碍者的小脑功能失调影响了书写及发音，他们的运动缺陷也与小脑功能失调有关。徐桂凤等的《阅读障碍儿童威斯康星卡片分类测验反应特征分析》指出，汉语阅读障碍儿童大脑额叶执行

---

① Guardiola J G.The evolution of research on dyslexia [J] .Anuario de Psicología, 2001, 32 (01) .

② 王文静，赵宏玉.阅读困难儿童的脑神经机制与认知技能缺陷分析 [J] .中国特殊教育，2009 (12) .

功能存在缺陷，主要表现在概念化、认知转移、短时记忆和工作记忆等方面的功能低下。曾飚等在《发展性阅读障碍的注意缺陷研究现状》中指出，阅读障碍的注意缺陷与大脑后顶叶皮层功能异常有关，阅读障碍群体语言功能的关键区域和大脑活动的变化之间存在不正常的连接，其脑神经机制可能存在差异，经过专业的治疗干预后，这种不正常连接以及阅读表现得到改善。

眼动追踪技术（eye tracking technique）是阅读研究的首选方法。20世纪70年代开始，阅读障碍的眼动研究大量展开。许多研究都发现，阅读障碍者的眼动控制能力差，眼动模式异常。李秀红、静进等对汉语阅读障碍儿童阅读文章时的眼动特征及其视觉认知加工特点进行研究发现，汉语阅读障碍儿童阅读文章时具有异常的眼动模式，主要表现为平均注视时间长，平均眼跳幅度小，眼跳轨迹紊乱，缺乏计划性、策略性和组织性，注意力较为分散。借助眼动研究，我们可以发现阅读障碍者和正常人在注视时间、频率、注意力以及计划性等方面均存在差异。加强阅读障碍者的眼动研究，还可以通过训练儿童阅读中常规的眼动行为，指导他们平稳地控制眼球运动进而改善阅读障碍。

在影响阅读水平的众多因素中，环境因素的作用不容忽视。家庭经济状况、父母文化水平、家庭教育环境、学校环境等要素都可能会影响到孩子的阅读水平。如家庭环境中，父母如果有传授阅读技巧和给予阅读习惯指导，孩子会表现出强烈的阅读兴趣，在阅读过程中轻松把握文章的中心脉络。反之，孩子会出现各种各样的阅读问题，阅读质量和阅读能力稍有落差。

从字音到字形，从口头到书面，从描述到理解，阅读理解实在是考察阅读能力和理解能力的"力气活"。尤其在新课标注重阅读教学，注重语文积累的情况下，学生们在阅读过程中逐渐暴露出的首要问题就是阅读障碍，极大地阻碍着学生的阅读兴趣和阅读效率，同时也打击了学生的阅读积极性。

三、阅读障碍群体面临的困境

社会对阅读障碍群体的接纳度较低，不能正确看待阅读障碍群体。研究发现，阅读障碍者自杀率和犯罪率要明显高于一般同龄人。

首先，因身体不可控制的某种症状，阅读障碍群体的融入感较差，在集体中受到一定的排斥，与同伴不能建立良好持续的友谊。其次，在应试教育环境中，成绩低的学生注定会受到同龄人的歧视，此时如果教师不能正确地对待阅读障碍群体，认为是拖班级的后腿，势必给阅读障碍群体带来心理创伤，阅读障碍群体在班级中找不到存在的价值，会进一步自暴自弃。一般家长发现自家儿童的阅读水平明显低于同龄的其他儿童时，才进行阅读障碍的检测。这就导致在学龄期一旦发现存在阅读障碍，干预困难较大，尤其在小学三、四年级，教学要求过渡至对课文内容的把握、文章中心主旨的理解，小学生几乎都存在阅读能力不足的情况，继而各科的阅读理解问题层出不穷，阅读障碍者更是困难重重。

最重要的是阅读障碍的干预费用较昂贵，并非一般的家庭所能承受，部分阅读障碍群体早期会被及时发现，但持续性的阅读干预将是一笔不小的开支。另外一些没有被及时发现的阅读障碍群体，家长会面临错过有效干预时间且专业机构较少的问题。归根结底，干预阅读障碍的费用过高，社会补贴力度小。家长因不了解阅读障碍群体知识及表现症状，不了解阅读障碍者学习成绩差的根本原因是学习能力的不足，反而归结为学习态度，这无疑会打击孩子的自信心。

全面地了解阅读障碍的定义，是走近阅读障碍群体的第一道门槛。了解阅读障碍的表现特征，才能更好地接纳阅读障碍群体；了解阅读障碍群体面临的困境，才能更好地改善阅读障碍群体的服务现状，保障阅读障碍群体的阅读与受教育权利。

第二节　国内外阅读障碍群体的服务现状

由于阅读障碍是一种隐形的疾病，在我国很多人对这一概念陌生，甚至包括专门向公众提供阅读服务的图书馆人员，这在一定程度上限制了阅读障碍群体获取阅读障碍相关信息的渠道，相应掌握的前沿信息欠缺。

我国对阅读障碍群体的研究，包括研究方法、研究思路、研究内容、研究主体等都是在借鉴国外的基础上形成的，国内的图书馆对阅读障碍的研究还处于刚刚起步阶段，未成体系。

20 世纪 70 年代，联合国向世界发出"走向阅读活动"的号召，并组织颁布《公共图书馆宣言》，全球范围的图书馆阅读推广活动全面展开，国际图联颁布的《图书馆为阅读障碍人士服务指南》，成为各国图书馆探索并尝试为阅读障碍群体服务的指导性文件。图书馆作为为阅读障碍群体提供服务的主阵地，有义务为公众提供普遍均等化的阅读服务。

一、国外阅读障碍群体的服务现状

为了帮助阅读障碍群体克服读写方面的障碍，有些图书馆往往会开设专门的阅读区域，并设立阅读专架，提供特殊的阅读资源，如内容较短，字体较大，行间距较宽，留有大量的旁白，保证能够不断地进行大脑锻炼、多读书并喜欢上读书。其中印刷纸张使用的是保护视力的米色，故事简短，情节引人入胜。同时为了让更多的有读写障碍的孩子受益，图书馆还积极购置专门针对阅读障碍儿童的图书。

早在 20 世纪 70 年代，国际图联就开始关注阅读障碍，召开多次会议，形成多份提议，颁布多项服务指南，制定了服务阅读障碍群体的法规条文。《图书馆为阅读障碍人士服务指南》为各国图书馆进行专业的阅读障碍服务工作做了指导；《残障人士利用图书馆：目录指南》对图书馆的馆藏资源、类型服务和交流规则做了规定，使得国外公共图书馆较早注意到阅读障碍群体的服务。欧洲、北美洲走在阅读障碍研究的前沿。英国、美国及北欧部分国家的大多数公共图书馆为阅读障碍者提供个性服务，加拿大多伦多公共图书馆制定《残障用户公平获取服务政策》，要求图书馆为"阅读障碍"用户提供专门的馆藏资源和使用环境，鼓励志愿者加入图书馆的活动中，帮助"阅读障碍"儿童使用图书馆资源。

（一）相关法律法规的支持

在国外，尤其是发达地区，政府高度重视阅读障碍群体，开展阅读障碍群体的服务，为其提供全方位的政策保障。20世纪50年代，美国最先开始阅读障碍群体服务研究，到60年代，政府开始资助成立阅读障碍研究中心，先后颁布了《图书馆残疾人服务政策》《图书馆为盲人和残疾人服务资源2009》《美国国会图书馆法》等，美国联邦法规36号文件提出："按照国会图书馆的规定，盲人及读写困难的读者有权借阅国会图书馆的书籍、记录及复制品。"

欧洲阅读障碍症协会颁布了《阅读障碍症群体服务指南》，英国将阅读障碍和教育结合制定了《教育法》，《特殊教育需求和残疾人法案》将阅读障碍学生归类为残疾人加以保护。英国伯明翰图书馆依据《伯明翰图书馆阅读障碍症服务标准》，定期举办诵读活动为阅读障碍者提供服务。

亚洲国家中，日本的图书馆较早对阅读障碍人群进行研究。日本《残疾人独立支持福利法》《发展性残疾支持法案》等法案为阅读障碍群体提供服务，《国立国会图书馆》和《残疾人权利法》明确规定公共图书馆要为阅读障碍群体提供信息支援服务，《著作权法》第37条规定：国会图书馆、公共图书馆、大学图书馆、学校图书馆要为图书馆利用障碍者提供数字化无障碍信息系统。阅读障碍群体数字化信息服务活动的有效开展与法律法规、图书馆指南的制定有着密切的关系，日本从法律的高度重视阅读障碍群体，对公共图书馆的职责、义务进行了明确的规定。

（二）国家层面多部门的参与

完善的立法体系和政策体系，为阅读障碍群体服务提供了强大的动力。国外专门设立了负责阅读障碍工作的专业组织，这些组织通过立法、召开会议、推荐书籍以及普及阅读障碍知识等多种方式，致力于为阅读障碍群体提供服务。新加坡有新加坡阅读障碍者协会、阅读障碍者学习中心、新加坡儿童测试与阅读障碍者中心；北欧的欧洲阅读障碍者协会，包括丹麦阅读障碍者协会、芬兰差异学生协会、瑞典阅读障碍者协会、挪威阅读障碍者组织；美国国家图书馆设有盲人和视觉障碍读者服务中心。正是这些专业性协会的牵头指导，才不断促进阅读障碍的研究结出硕果。除了协会，阅读障碍已形成一个独立的研究领域，有专门的学术期刊，如 *Dyslexia*，*Annals of Dyslexia* 等。

（三）以图书馆为主要阵地

1. 服务部门

专门为阅读障碍群体提供服务的图书馆服务部门，名称设置上浅显易懂，主要有学习障碍资源部、盲文和有声读物中心等，阅读后即大致了解其服务对象或者服务内容，这充分考虑了阅读障碍群体在阅读方面的困难。其中美国的公共图书馆建立了相对完善的服务部门体系，旧金山公共图书馆的服务部门"学习障碍资源部"，是美国第一所专门支持学习障碍服务的公共图书馆，主要为有阅读障碍症的成人和儿童提供学习上的各种援助。英国的肯特郡图书馆推荐阅读书目，为阅读障碍群体介绍阅读书单，评选友好阅读障碍图书前十名。纽约、阿拉斯加州、加利福尼亚州、华盛顿州图书馆为阅读障碍群体提供文本服务和技术服务。英国主要在市级、郡级图书馆设立相关部门，形成覆盖全网的网状服务体系。亚洲国家和地区设立专门部门的较少，日本主要依靠日本图书馆协会提供服务上的指导。

2. 馆藏资源

阅读障碍群体在获取文献资料、阅读普通文本资料上存在困难，图书馆作为公共的阅读场所，应尽可能提供特殊的阅读资料满足其阅读需求。纸质书籍从排版设计、内容长度、字体布局等方面迎合了阅读障碍群体的阅读需求，英国公共图书馆在采购和提供书籍时，强调"友好型阅读障碍书籍"，浅色纸张缓解视觉疲劳，调整字间距提升文本易读性，使用简单句使潜在阅读障碍降到最低。相比传统的书籍，电子书籍、音频视频资料更能激发阅读的兴趣。日本开展阅读障碍群体服务实践最大的特点是利用多媒体数字无障碍信息系统（DAISY）技术，并形成了 DAISY 书籍、DAISY 播放器和 DAISY 图书册系统的服务体系。

3. 辅助阅读设备

阅读障碍群体阅读过程的完成不仅仅需要馆藏资料，甚至更需要借助阅读辅助设备。不同于静态的馆藏资源，辅助设备主要依靠信息技术的介入对文本进行再加工。如语音合成器在美国公共图书馆广泛使用，此设备将电脑屏幕上的信息以语音方式输入，将标准的 ASCII 文本转换成清晰的语音。此外，图书馆还提供闭路电视、截屏软件、屏幕放大软件等。日本的青森县立图书馆的 ZoomSight 阅读软件可放大或缩小文字，可发声、汉字注音，调节字幕颜色等。英国公共图书馆专门为视觉障碍或阅读困难人群提供辅助阅读工具——超新星程序（The Supernova Program），汉普郡图书馆专门为阅读障碍群体提供名为"playway"的预加载数字播放器。

（四）多机构合作

建立阅读障碍人群友好型图书馆是一个长期工程，需要图书馆与当地政府、学校、阅读障碍组织、阅读障碍人群建立伙伴关系。国外图书馆在完善自身资源的同时，积极地向外寻求合作力量。英国情报专业协会与政府、高校图书馆、各级公共图书馆联合。美国国会图书馆注重与志愿者协会、各基金会、州办公室合作，并成立国会图书馆盲人及其他身残人士服务中心（National Library Service for Blind and Physically Handicapped，简称 NLS）。这是美国第一个为盲人和伤残人士提供服务的全国性联盟机构，目前已经与美国 56 个区域图书馆和 65 个次区域图书馆建立合作关系，覆盖面广泛，受益群体颇多。日本图书馆残障人士委员会与"24小时电视"公益委员会合作，为图书馆提供电子设备。

如何辨别是帮助阅读障碍群体的关键环节，很多阅读困难的人群未意识到或不愿意承认自身存在阅读问题。因此，除了前文提到的服务内容外，图书馆界注意到实施特色性的服务项目的必要性。IFLA举办年会论坛和主题征文，引导世界各国图书馆探讨对阅读障碍群体的关注和帮助，设有专门的学术期刊，如 *Annals of Dyslexia*，*Dyslexia* 等。纽约公共图书馆为视障、学习障碍或身体残疾的读者推出广播节目——*Gatewave*，每天24小时，每周7天不间断提供广播阅读服务，"协同暑期图书馆计划"（CSLP）致力于为全国所有图书馆提供高品质的暑期阅读计划。①英国的肯尼特图书馆免费提供有色纸张打印或复印、图书邮寄和借阅服务、使用电脑、家庭作业辅导等。

综上，阅读障碍群体服务以丰富的理论研究成果为指导，国家层面颁布推行法律法规，专业的机构组织及社会多方联合协作，旨在为阅读障碍群体提供多元、丰富的阅读服务。

二、我国图书馆的阅读障碍群体服务现状

国内图书馆对阅读障碍的研究还处于刚刚起步阶段，未成体系，研究方向主要围绕着阅读障碍的成因、阅读障碍的筛选与诊断、亚类型研究、干预手段等较为基础性的问题，以及对国内外相关文献进行梳理研究获得启示，用来指导图书馆实践服务开展。

历时30年的研究，图书馆在阅读障碍群体服务方面的研究已取得一些发展，其研究主要集中在制定法律法规、协同多方合作、加强馆员培训、完善设备资源、宣传服务项目、开展服务性活动等方面。

近年来，面向阅读障碍群体的服务逐渐受到关注。2008年中国图书馆学会发

---

① 田花蔓，束漫，王波.美国公共图书馆"阅读障碍症"群体服务研究[J].图书情报工作，2014（12）.

布《图书馆服务宣言》，提出图书馆的服务政策、服务方针和服务内容的现代服务要求，还进一步推进包括阅读障碍症在内的残疾人阅读法制的建设，合理制定知识产权法，拟定将已出版的纸质文献转换为语音文献的规则和条例。同欧美及亚洲部分发达国家和地区较为完整的法律和政策体系相比，我国阅读障碍群体服务的指南和法律仍有较大的缺失。

在实践层面，我国阅读障碍群体研究在部分地区初露头角。我国北京、深圳、广州、南京等地的机构开展阅读障碍群体服务。广州图书馆、东莞图书馆等地加入"图书馆为阅读障碍症人群服务的理论、方法与对策研究"，对读写困难症儿童教育与公共服务等问题进行深入的研究。

公众缺乏对阅读障碍的认知，这为辨别和干预工作带来一系列的麻烦。广州图书馆少儿馆曾对到馆的成人读者做过调查，只有 2.35% 的成年人对阅读障碍症十分了解，多数人了解一点或完全不了解。马捷的论文提到调查图书馆员对阅读障碍的概念时，大多将其与阅读弱势群体（肢体残疾、盲人、聋哑人）相等同[1]，从中可看出阅读障碍并未被公众所熟知，着力科普使其为大众所熟知将是未来推动阅读障碍研究发展的第一步。

---

① 马捷，赵天缘，徐晓晨 . 国内外公共图书馆面向阅读障碍症群体服务的比较分析［J］. 图书情报工作，2018（20）.

第三节 构建阅读障碍群体服务的思考

保障阅读障碍群体公平地享有阅读权利，提供科学的阅读服务指导，对公共图书馆的社会价值、全民阅读有着重大的意义。正如范并思所说，"最有价值、最符合图书馆核心价值的推广应该是面向特殊人群的推广，图书馆的服务目标是帮助这类群体跨越阅读障碍"。[①]

服务阅读障碍群体，不仅是图书馆的事情，只有全国各相关机构紧密协作，形成全面的服务和保障体系，才能让阅读障碍群体真正地融入社会生活，及时地推出活动项目，吸引社会关注，将阅读障碍群体服务推广至社会。

一、建立健全法律保障体系

政府的重视是阅读障碍群体服务工作有效开展的保障。我国保障阅读障碍群体的法律法规尚处于起步阶段。对普通大众而言，阅读障碍仍是一个新概念，有待引起社会的重视。因此，政府应积极推动阅读障碍群体服务的相关立法和福利政策的制定，明确服务提供者的权利责任和义务，从法律层面为阅读障碍群体争取政策支持。

1. 制定法律

法律的制定是赋予、维护公民合法权利的先决条件。目前，党和政府已经认识到在残疾人服务领域的短板，出台了《中共中央、国务院关于促进残疾人事业发展的意见》《中华人民共和国残疾人保障法》等，从制度上保证残疾人享受公

---

① 范并思.阅读推广与图书馆学：基础理论问题分析 [J] .中国图书馆学报，2014，40（05）.

共文化。但是，还没有专门的阅读障碍群体法律，只有少数涉及阅读障碍群体的纲领文件，如中国图书馆学会《图书馆服务宣言》在一定程度上为阅读障碍群体获取阅读资源、享有阅读权做出了承诺。而《中华人民共和国公共图书馆法》是阅读障碍群体权利保护的良好开端，提出图书馆应设立盲文读物、盲人有声读物阅览区域。

作为国际著作权体系中的历史性条约，《关于盲人、视力障碍者或其他阅读障碍群体获得已出版作品提供便利的马拉喀什条约》（简称《马拉喀什条约》）对于盲人、视力障碍者或其他印刷品阅读障碍群体以及多边体系而言，是一个巨大的胜利。我国应遵循《马拉喀什条约》的最低义务和有效实施原则，从保护范围、跨境交换、技术保护等方面修订《著作权法》，制定有利于阅读障碍群体的法律条文。

因此，政府部门在制定专门法律时，应关注国内外阅读障碍协会的研究现状，参考国内机构服务阅读障碍群体的做法。国际图联颁布的《图书馆为阅读障碍人士服务指南》，为图书馆馆藏配置、环境建设和馆员培养等方面提出建设性意见；中国图书馆学会的《全国图书馆信息服务无障碍联盟倡议书》，提出设立服务网站、服务项目，填补阅读障碍群体网络服务的空白；北京市乐朗乐读学习潜能开发中心、南京市欧皮儿童发展营、深圳市卫宁读写障碍服务中心等致力服务阅读障碍群体的社会机构，接触阅读障碍群体，掌握第一手的阅读障碍群体状况，最了解阅读障碍群体的需求，对阅读障碍群体面临的困局最有发言权。

2. 提供资金

资金的投入是阅读障碍群体服务有效进行的重要前提。政府在制定法律时，应实施相关的福利政策，提供资金支持。据调查了解，阅读障碍群体的长期干预花费巨大，普通家庭难以承担昂贵的费用，对此，香港教育总署每年赞助阅读障碍群体两万美元作为矫正津贴。[1]新加坡教育部启动"阅读障碍症矫正项目"，配

---

① 中国物流人论坛."看书串行""写字超慢"读写困难是种病 [EB/OL].（2013–07–22）[2014–03–18].http：//club.jctrans.com/redirect.php? tid=1997227&goto = lastpost.

备专业教育人员，为阅读障碍学生提供经济援助，享受免学费、免教材费、免制服费及免 75% 考试费的待遇。我国在提供经济援助时，不仅要考虑为阅读障碍群体给予部分或全部援助，而且给予学校或社会机构一定的资金支持，使其为阅读障碍群体提供专业的辅导服务。

二、营造全方位的指导服务体系

公共图书馆作为提供阅读资源的服务机构，有义务为公众提供普遍、均等化的阅读服务。那么图书馆有责任创新服务方式，实现多样化的操作，采用多种服务手段，以满足阅读障碍群体的需求。

1. 馆员的数字化思维

马捷等人发现，国内公共图书馆馆员对阅读障碍缺乏认知，对概念认知含糊不清甚至完全陌生，[1]加上阅读障碍群体的寻找和科学识别困难，这对馆员的专业素养提出了更高的要求。鉴于阅读障碍人群属于弱势人群，图书馆可以指定有专业素养的馆员开展服务，进行服务规划、管理和评估。

《图书馆为阅读障碍人士服务指南》强调图书馆工作人员具有阅读障碍知识的必要性。不同于图书分类、数字资源导航等基础性的能力，阅读障碍知识的掌握过程漫长，没有系统的知识理论，辨别阅读障碍群体都是一件难事。同时，阅读层面如朗读强化训练、识字强化训练、运动干预等，心理层面如心理健康、心理舒缓等都需要特定的人员具有扎实的阅读障碍专业知识。2014 年广州图书馆学会、广州图书馆、东莞图书馆等联合举办"图书馆读写障碍服务高级研修班"，开启我国公共图书馆关注读写阅读障碍儿童的实践[2]；深圳举办"关注读写——2015 首届读写阅读障碍服务联动研讨会"，探讨读写阅读障碍服务领域中各方的

---

① 马捷，赵天缘，徐晓晨.国内外公共图书馆面向阅读障碍症群体服务的比较分析［J］.图书情报工作，2018（20）.

② 周荣红.公共图书馆为阅读障碍儿童服务方案分析［J］.晋图学刊，2018（03）.

角色和责任。在关注阅读障碍群体服务的同时，馆员应侧重数字化信息服务，学习国外公共图书馆的实践经验，制定无障碍信息服务，创新服务方式方法，满足阅读障碍群体个体化的需求。

2. 技术手段支持

数字化信息服务是图书馆紧随信息技术的发展与时俱进的服务。在阅读资源的获取上，图书馆应提供参考咨询、技术辅导等服务。2008 年中国开通了首个国家级为视障群体服务的网络图书馆——中国盲人数字图书馆网站，2011 年中国残疾人数字图书馆网站开通，2019 年世界自闭症宣传日以"辅助技术，积极参与"为主题，重点讨论利用辅助技术为自闭症提供工具，就议题之一"互联网和数字：平等竞争的环境"展开讨论。那么，图书馆应注重服务设施的完善，配置扫描仪、转换器、放大镜、录音笔等设备，适时地将出版的纸质文献转换为语音文献，提供音频资料。

《中华人民共和国公共图书馆法》进一步明确为包含阅读障碍群体在内的"残疾人等特殊人群"提供服务人员、经费、场地和设施的保障。图书馆内部，尽量使用简单清晰的图案，标识图书馆的定位和功能，用彩色线条来指引路线，为阅读障碍群体和其他阅读困难群体准备有声读物、简易读本，并放置在显眼的地方。

3. 特色服务活动

阅读障碍群体在文本的阅读、阅读习惯的培养、阅读方法的训练上都面临着长期的任务。20 世纪 70 年代，国际图联就号召图书馆要为阅读障碍群体提供专门服务，图书馆在为阅读障碍群体提供阅读服务和阅读帮助时，注重举办特色性的阅读推广活动。

以互联网作为宣传平台，图书馆应不定期举办针对阅读障碍群体的特色活动。美国 49 个州开展"协同暑期图书馆计划"（CSLP）致力于为全国所有图书馆提供高品质的暑期阅读计划；芬兰发起"箭头计划：为青少年阅读障碍群体提供有声读物"；北京乐郎乐读学习潜能开发中心推出"克服读写困难——学困生教育支持计划"；深圳图书馆与深圳市卫宁读写障碍服务中心合作"用爱浇灌、静待花开"关爱阅读障碍儿童系列活动，播放电影《地球上的星星》，使更多的人了解这一特殊群体，给予温暖和帮助。图书馆要从工作的重点出发，结合本馆的优势，通过形式多样、内容丰富的活动营造舒适的环境。

图书馆要采用融媒体手段，多渠道宣传阅读障碍服务，并渗透到公众意识中去。通过巡回展览、讲座、知识比赛等方式，邀请相关专业人士、阅读障碍症名人进行知识交流与分享，鼓励公众积极参与，加深公众对阅读障碍症的理解和支持；与电视台、电台等新闻媒体机构合作，拍摄阅读障碍症的宣传片、公益广告等，举办阅读障碍的作品展等活动，吸引公众关注及关爱这一群体；依托新媒体的力量，设立阅读障碍网站、创建微信公众号，宣传图书馆服务。

4. 不同图书馆的交流与合作

因资源设备、人员力量及项目拨款等因素影响，无论国外还是国内，无论中国东部还是西部，公共图书馆的级别、规模、服务存在较大的不同，服务的对象、服务项目、科研水平有着天壤之别。那么，公共图书馆之间的学习、交流与合作就是提升图书馆服务质量的一门必修课。

即使东部的图书馆有着资源优势，但与国外相比仍有很大的不足。美国国家图书馆发起的"国家图书馆服务盲人及其他残障人士"项目是一个全国性图书馆合作网络，服务对象不受地域限制，无偿选择和复制版权作品并转换格式。美国联邦教育部的 Bookshare 项目利用新技术确保数字化文本、数字化盲文的可获得性，同时以免费邮寄的方式为特定读者提供盲文书籍、大字乐谱或视听材料等。因此，在提升图书馆服务质量时，一方面要同不同行业的组织机构合作，另一方面更要注意图书馆之间的交流，创建国内外交流平台，探索新理论和新方法，不仅要学习国内不同地区的图书馆，更要汲取国外图书馆先进的服务理念、服务经验，提供在线资源的获取利用，国内或跨国的图书馆互借服务，开展形式多样的阅读活动，形成本馆的特色。

作为阅读障碍服务的主阵地，图书馆在贯彻"平等自由"与"以人为本"的服务理念，服务和保障阅读障碍群体，改善阅读障碍人群的阅读环境等方面需要做出更大的努力。

三、提供全方位的教育帮扶

阅读障碍人群在阅读普通读物时尚存在一定的困难，如果适龄入学，加上学习上的畏难情绪势必导致无法跟上正常的教学进度。香港教育局积极推行"融合教育"计划，要求学校采取"全校参与"的教学模式，组建"学生支援小组"，通过老师和同学辅导的方法帮助阅读障碍学生学习，以此推进"校本支援"模式发展。香港考试及评核局专门发布了一份《为学障学生提供服务》的文件，明确表示，可为"经评估确定有阅读障碍症的考生提供适当的特别考试安排"，此外，要为教师提供系统培训课程和专业支援，协助教师运用有效的教学方法提升学生的学习效能。台湾教育事务主管部门建立"有爱无碍学障情障网站"，为阅读障碍症人士提供教学资源和矫正方法，台湾师范大学特殊教育中心印制"阅读障碍症检测标准"，用来检测受试者是否患有阅读障碍症。国外的经验也值得借鉴，如新加坡成立阅读障碍症协会，提供经济援助，形成"三层支援"模式支援学习困难学生。

教育部门要加强教师专业技能培训，开展服务阅读障碍群体的课程教育，特别要注重对幼儿园和中小学教师进行专业培训；开发评估工具和辅导教材，出版阅读障碍群体的辅助教材；推动"融合教育"，实施阅读障碍群体教育支援计划，检测学生的阅读状况，制定科学的支援方案，成立学校、教师和家长三方的阅读障碍支援小组，定期交流。学校要设立专门的阅读工作室，为寻求帮助的学生提供阅读指导；学校教师要善待阅读障碍群体，多鼓励，多表扬，发现阅读障碍儿童的亮点。家长要了解儿童的身心发展规律及学习的阶段状况，关注阅读障碍；提供优质的阅读环境，提供科学的阅读策略的指导。

四、提供优质的支持化服务

（一）技术提供商

如今，互联网是公众获取资源的主要途径，图书馆的网页成为信息发布、资料查询、参考咨询、远程学习的平台。美国图书馆协会的主页上为阅读障碍开辟了专栏，有关阅读障碍症的协会、机构、服务全部汇集于此，读者可以详细了解阅读障碍症的所有信息。因此，图书馆可以建立无障碍阅读网页，利用无障碍阅读网站的便捷通道，开辟阅读障碍专题服务区，将信息资料汇集在图书馆网站上。

社交媒体是将图书馆阅读障碍群体服务延伸至目标群体的良好渠道。据调查，阅读障碍群体在音频App（如喜马拉雅FM、荔枝FM等）上表现得比普通人更投入，更能自主地进入阅读环境，在视频App（如快手、抖音等）上表现得与常人无异，乐于分享听到的歌曲、看到的动作，在电商平台（如淘宝购物、美团点餐）上，能独立完成一系列的程序指令。很多家长不排斥阅读障碍群体接触这一类的应用程序，相反支持他们在其中找到社交的乐趣，从而提高适应社会的能力。技术提供商可以面向阅读障碍群体研发具有汉语特色的数字无障碍信息系统，招募志愿者完成文字转译工作，帮助阅读障碍群体实现同步听录音，必要时重复语音，以颜色凸出易错的部分，模仿读音，并规定音量，增加阅读的乐趣。

技术提供商在研发专门的服务软件时，需要注意加入游戏元素。近几年发布的《地平线报告》表明，教育游戏或者游戏化学习逐渐成为信息技术时代影响下教育的重要应用。[①]游戏过程的本质是与学习过程高度相似的，游戏因形式的新颖性更受阅读者喜爱，在游戏中贯穿学习，游戏引领的学习环境深受阅读障碍群体的喜爱。国内图书馆贯彻"游戏即阅读"的理念开展特色活动，如台湾大学"图书馆探索之旅"，清华大学"爱上图书馆视频及排架游戏"，佛山图书馆"全民参与密室寻宝"等，以基于游戏的主题阅读吸引阅读群体走进图书馆，在有益的游戏中阅读，在有趣的阅读中游戏。以教育为目的的游戏是由专门的游戏团队和专业的研究人员配合，利用丰富的游戏元素增加阅读障碍群体的参与度，以闯关形式晋级，按照完成的质量和时间给予不同级别的徽章奖励，设置专项习题检测并赠予积分，开设模仿阅读检查并排名，强化阅读行为，提高阅读能力。在内

---

① 裴蕾丝，尚俊杰，周新林.基于教育神经科学的数学游戏设计研究［J］.中国电化教育，2017（10）.

容的设定上研究人员要贯穿"融合教育"理念，提供可供选择的多种学科，衔接课外阅读和学校教育，以学习知识为重点，在游戏化的学习中进行阶段监控和评估，及时反馈阅读体验。

（二）出版系统

出版社是对有版权物品进行出版活动的组织，决定着读者所能接触的阅读文本。《2018 年中国网络版权保护年度报告》指出网络版权的秩序有待进一步规范，网络版权生态持续好转，推动版权信息共享，促进交易平台透明化。在以纸质作为媒介的传统出版时代，图书馆的纸质书籍发挥着主导作用，而数字化的信息传播方式，单一的纸质书籍无法满足阅读的需求，加上阅读障碍群体本身的阅读困难，出版社需要适时调整纸质书籍和数字化书籍的出版。

1. 纸质书籍

出版社面向不同的读者群体出版书籍，相应地应该注意到阅读障碍群体，出版专门的阅读障碍群体阅读书籍，为阅读障碍群体提供阅读文本是出版服务系统的基础。[①]当今，出版社多追求畅销书的编排，对特殊人群的书籍出版量少且针对性差。瑞典出版的《毕竟我不傻——13 个阅读障碍群体需要被倾听》，诉说了阅读障碍群体渴望获得图书服务的心理，受到阅读障碍群体及家长的一致好评。因此，我国出版社应注意收集数据，站在阅读障碍群体的角度，充分考虑阅读障碍群体的特点，借鉴国际儿童读物联盟（The International Board on Book for Young People，简称 IBBY）年度评选的最佳图书，在进行主题策划时贴近阅读障碍群体的心理，如阅读障碍群体的需求、阅读障碍群体及家人的苦恼、阅读障碍群体的成长历程、阅读障碍群体的心灵独白等；在出版技术上借鉴 IFLA 出版的 120 号报告《简易读物指南》准确把握简易读物的定义，结合阅读障碍群体阅读困难的特点，排版时考虑纸张颜色、字体大小、图片搭配、内容长短、插图设置等。

---

① 王勇安，王昭．略论针对发展性阅读障碍儿童的出版服务 [J]．出版参考，2019（01）．

2.数字化书籍

在数字化建设时，图书馆为扩大搜集网络资源，进行数字化处理，势必会与电子出版社发生交集，对数字资源使用恰当与否，就会涉及著作权问题。

前文提到的《马拉喀什条约》是著作权发展史上的重要里程碑，是第一个专门面向著作权领域的特定消费群体的条约。条约提到"阅读障碍群体版权限制或例外主要针对复制权、发行权、公开表演权、向公众提供权等，应允许对作品进行必要的修改以制成替代性无障碍格式，便于向受益人提供无障碍格式作品"，[①]换一句话说，阅读障碍群体（代理人）可以复制、翻译和公开表演作品，如文学、音乐、艺术或戏剧作品（不包括影视作品），不侵犯著作权。美国《有版权作品的所有权限定》允许作者授权专业组织将发表的非戏剧文学作品以特殊格式复制或分发给盲人或其他残障人士，规定内容以复制品或音像制品等形式提供给盲人及其他残障人士，不侵犯版权。

出版社、著作人和图书馆之间，因数字资源的传输、共享而相互发生联系，出版商担心为图书馆提供电子书造成销量下降或出现盗版书，著作权人担心图书馆侵犯图书的电子阅读权。因此，图书馆在确保电子书版权合法性的前提下，再购买书商提供的电子书为读者提供外借服务。在进行数字资源转化时，务必获得著作权人的认可，通过与出版社、著作权人沟通，明确数字化产品的使用范围和传播方式[②]，保障数字化资源的规范使用。同时，出版社在出版纸质书籍、数字化处理时，要创新出版物的形态。图书馆通过数字出版平台了解读者的需求，按照中小学语文的教学大纲要求，适时地降低进行难度，将传统纸质文本改造成符合学生需求、更加经济高效的个性化阅读文本。

面对国外完善的研究理论、丰富的实践经验，如何借鉴先进的成果，从而帮助、服务处于社会弱势地位的阅读障碍群体，是值得我国研究者深入思考的问题。

---

① 曹阳.《马拉喀什条约》的缔结及其影响 [J] . 知识产权，2013（09）.

② 曹东 . 图书馆数字化服务的著作权问题及其解决方案研究 [J] . 图书馆学刊，2018（09）.

阅读障碍的评估、诊断和干预，需要专业的检测、科学的规划，图书馆的力量单薄而有限。国际图联在《面向儿童的图书馆服务指南》中指出：公共图书馆与社区内的其他组织和机构的联系是非常重要和有益的。数字化信息时代为阅读障碍群体提供了交流、合作、提升的平台，以图书馆为主体的社会各方力量应努力提供可持续的阅读环境。政府机构要着力于数字化信息服务需求，推动立法、给予福利政策。技术提供商和出版社应合力灵活转变阅读文本，提供阅读体验，促进阅读障碍服务的优质化发展。

附：儿童汉语阅读障碍量表

这是一份用以了解小学三到五年级儿童汉语阅读行为与习惯的调查表，由熟悉儿童情况的家长或老师填写。本表对所列的 57 个条目分别规定了 5 个等级：① "从未出现"；② "偶尔出现"；③ "有时出现"；④ "较常出现"；⑤ "经常出现"。

请根据被评定的孩子的实际情况，选择你认为最接近的答案，并将答案前的圆涂黑。每题只选一个答案。

例题：经常颠倒字的偏旁部首。

① ② ③ ❹ ⑤

N1. 经常混淆字母：如将 b 看成 d，p 看成 q，u 看成 n，w 看成 m 等。

① ② ③ ④ ⑤

N2. 经常颠倒字的偏旁部首。

① ② ③ ④ ⑤

N3. 阅读时重复阅读同一行或者跳行阅读。

① ② ③ ④ ⑤

N4. 上课或做作业时注意力不集中。

① ② ③ ④ ⑤

N5. 放大字体、减少每页内容或用物件标记读到哪里可以改善阅读。

① ② ③ ④ ⑤

N6. 读字和写字时经常混淆形状相似的字，如 "拒" 和 "柜"。

① ② ③ ④ ⑤

N7. 前后排列错误，例如将 was 看成 saw，将 on 看成 no，将 "书写" 看成 "写书"。

① ② ③ ④ ⑤

N8. 听写中分不清同音字，如"拒"和"据"。

① ② ③ ④ ⑤

N9. 写字字迹非常潦草，笔画不清晰，难以辨认。

① ② ③ ④ ⑤

N10. 常常不理解字、词在句子中的意思。

① ② ③ ④ ⑤

N11. 分不清汉字的声调，如情（第二声），清（第一声）。

① ② ③ ④ ⑤

N12. 计数困难，数学计算能力差。

① ② ③ ④ ⑤

N13. 父母或其他家庭成员也有阅读、语言或书写方面的问题。

① ② ③ ④ ⑤

N14. 看图时，抓不住主要内容，只看到琐碎细节。

① ② ③ ④ ⑤

N15. 口头交际能力差，不善于口语表达。

① ② ③ ④ ⑤

N16. 书写速度慢，经常很晚才完成作业。

① ② ③ ④ ⑤

N17. 听不懂正常速度的谈话，只有缓慢重复时才能理解。

① ② ③ ④ ⑤

N18. 不能按照大人的指令做事情。

① ② ③ ④ ⑤

N19. 无法用学过的字、词造句子。

① ② ③ ④ ⑤

N20. 写字时经常涂抹、修改。

① ② ③ ④ ⑤

N21. 阅读过程中常常分不清读音相近的字，如"轻"和"清"。

① ② ③ ④ ⑤

N22. 不能熟练使用汉语拼音。

① ② ③ ④ ⑤

N23. 听不懂口头讲解，跟不上正常的学习速度。

① ② ③ ④ ⑤

N24. 朗读时经常读着读着不知读到何处。

① ② ③ ④ ⑤

N25. 不理解"上下""周围""首尾""前后""向上"和"向下"等方位概念。

① ② ③ ④ ⑤

N26. 认字能力虽好，却不知道字的意义。

① ② ③ ④ ⑤

N27. 难以记住公式、乘法口诀等。

① ② ③ ④ ⑤

N28. 写字容易写错，如总是多一笔或少一笔。

① ② ③ ④ ⑤

N29. 不理解时间关系，如昨天、今天和明天，前与后，15分钟与2小时，快与慢等。

① ② ③ ④ ⑤

N30. 没有幽默感，听不懂玩笑话或双关语。

① ② ③ ④ ⑤

N31. 写作吃力，语文测验时作文分数低。

① ② ③ ④ ⑤

N32. 不理解人的情绪，如不能领会"愉快""反感"之类的情绪表现。

① ② ③ ④ ⑤

N33. 难以掌握数学概念（例如多与少、大于与小于），不会估算。

① ② ③ ④ ⑤

N34. 重复别人所说的数字时，超不过六位数字。

①　②　③　④　⑤

N35. 熟练掌握的词汇很少。

①　②　③　④　⑤

N36. 常常不愿朗读或朗读时发音不清晰。

①　②　③　④　⑤

N37. 朗读时总是丢字、加字、改字、串字。

①　②　③　④　⑤

N38. 记不住物品名称，只能说"那个东西"。

①　②　③　④　⑤

N39. 写字常常超出格子。

①　②　③　④　⑤

N40. 富于说服力和表现力的语言太少。

①　②　③　④　⑤

N41. 写作能力差，标点符号、空一行、空两格等常搞错。

①　②　③　④　⑤

N42. 阅读时喜欢出声。

①　②　③　④　⑤

N43. 朗读时总是反复重复某些字词。

①　②　③　④　⑤

N44. 常常认不出或不知道学过的字是什么意思。

①　②　③　④　⑤

N45. 易记住人名而不易记住人脸。

①　②　③　④　⑤

N46. 语文考试时阅读理解部分得分低。

①　②　③　④　⑤

N47. 不喜欢阅读，也不喜欢听人阅读。

① ② ③ ④ ⑤

N48. 写字、画画时笔画不均匀，歪歪斜斜。

① ② ③ ④ ⑤

N49. 孩子不经常阅读课外读物。

① ② ③ ④ ⑤

N50. 能正确阅读，但是有口无心，理解较差。

① ② ③ ④ ⑤

N51. 考试或写作业时，常常出现题意理解错误。

① ② ③ ④ ⑤

N52. 阅读写作又慢又差。

① ② ③ ④ ⑤

N53. 语言表达尚可，但写的作文过于简单，内容枯燥。

① ② ③ ④ ⑤

N54. 经常忘记一个学过的字应该怎样写。

① ② ③ ④ ⑤

N55. 读书时常常有看不清楚或者看到的字有颤抖和闪烁的感觉。

① ② ③ ④ ⑤

N56. 对大人的吩咐前讲后忘记。

① ② ③ ④ ⑤

N57. 数学应用题常常不能正确解答，数学考试时应用题部分得分低。

① ② ③ ④ ⑤

第七章

全民阅读的趋势与分众阅读的未来发展

阅读新模式：数字化阅读

听书的崛起：音频阅读

碎片化阅读趋势

跨越技术鸿沟：分众阅读的未来

第一节　阅读新模式：数字化阅读

我们已经进入了一个移动阅读的时代，信息正变得无处不在。借助智能手机等各种移动设备和移动互联网技术，人们可以随时随地阅读和获取信息。仅以移动端阅读为例，可以使用的阅读设备就有智能手机、kindle、iPad 等。此外，今日头条、微信公众号等自媒体平台，每天都在发布着海量的新闻和内容，争夺着用户的注意力。曾经的纸质媒介阅读者，正越来越多地转向通过新闻类移动应用或微信公众号等新的移动媒体平台获取信息和新闻资讯。网络化的浪潮催生了阅读介质，人们的阅读方式经历了从纸质阅读到电子阅读再到有声阅读的三个阶段。纸质书不再一统天下，电子阅读和有声阅读均是数字化阅读的新产物，适应不同读者的看书需求和听书需求的转变，数字化阅读有了电子阅读和有声阅读两种分化。

什么是数字化阅读呢？数字化阅读，是指通过现代网络信息技术，以电子设备、网络传播、有声读物等载体为信息内容来源的阅读行为，即阅读的数字化。简单地说，数字化阅读包括两方面的内涵：一是阅读对象的数字化，即阅读内容是以数字化的方式来呈现，如网站网页、微博微信、电子读物、电子地图、数码照片等；二是阅读方式的数字化，即阅读载体不是平面的纸质文本，而是通过屏幕显示的各种电子设备。[①]

早期的网络传播和数字阅读自 20 世纪 90 年代中期开始，主要依托一些个人网站，以转载和扫描纸质文本的内容为主，2010 年左右，随着智能手机和移动通信的普及，数字阅读迅速向移动阅读平台转移，呈现出爆发性增长的态势。

---

① 赵光敏.我国数字阅读的现状与前景[J].上海教育科研，2019（03）.

数字化阅读包括网络在线阅读、手机阅读、电子阅读器阅读、iPad 阅读等。以其内容丰富、形式多样、方便快捷深受读者青睐。kindle 电子阅读器是信息化的产物，已更新至第八代，它为广大读者提供了一种崭新的阅读方式，专门开发了笔记与标注功能，读者可以在阅读的过程中进行标注，阅读体验更好。移动图书馆 App，既有报纸浏览、期刊阅读，也有新书推荐、有声读物；既有传统经典，也有最新上架的畅销书。喜马拉雅 FM App，历史、人文、财经、音乐等内容应有尽有，既可以选择电子阅读，也可以选择听书模式，还有海量的视频供选择，在听书时，文字可以同步显示。

《第十六次全国国民阅读调查报告》指出："2018 年我国成年国民各媒介综合阅读率保持增长势头，各类数字化阅读方式的接触率均有所增长。"具体数据如图 7-1 所示。

图7-1　第十五次、十六次全国国民阅读调查之成年国民阅读率

报告同时指出："手机和互联网成为我国成年国民每天接触媒介的主体，纸质书、报刊的阅读时长均有所减少。"具体数据如图 7-2 所示。

图7-2　第十五次、十六次全国国民阅读调查之各类媒介接触时长

数字化阅读风起云涌，数字阅读是终身学习的基础。人们获取信息的来源和途径更加广泛而多元，以电子阅读、有声阅读为代表的数字化阅读风生水起。在推进全民阅读的进程中，数字阅读作为当今社会阅读的新形态、新方式，正在改变与引领人们尤其是青少年一代的阅读行为和学习方式，数字阅读素养将成为学习型社会每个公民的必备能力。

移动阅读是以移动阅读设备为载体，对以电子版方式在互联网上出版、发行的文本信息、图像、声音、数据等多种信息形式的内容，通过便携式阅读终端进行有线下载或无线接收，最终实现阅读的一种新方式。[①]通常情况下，一个人工作和生活的方式决定了他空余时间的可用性，这往往决定了其个性化的阅读兴趣和偏好。阅读对于人的信息获取、社会化乃至人格塑造都起着非常重要的作用。人们通过各种移动阅读应用在移动知识空间中进行阅读并从中学习，这又会反过来影响人们的生活和工作状态。

移动阅读的特点如下：

---

① 曾妍.移动阅读在图书馆实行的可能性分析［J］.图书馆建设，2009（02）.

1. 阅读平台呈明显的"马太效应"，用户和流量正在向强势平台集中

由于腾讯平台庞大的用户基数和逐步完善的阅读功能，在移动阅读终端明显呈现一家独大的局面。新闻资讯类、电子书阅读类、传统媒体类、垂直行业类App以及新浪微博等平台的竞争目前也趋于平稳，每个阅读平台的核心用户群基本稳定，已不会出现用户数量的快速增长和平台之间用户的大规模迁移，也就是说移动互联网人口红利期已基本结束，平台竞争已从增量市场转向存量竞争。

2. 分众化趋势初露端倪，高学历人群付费意愿较强

虽说阅读平台呈现出明显的"马太效应"，但并不是说小众型的阅读客户端没有市场前景，从调查的具体情况来看，不同用户在阅读习惯和内容偏好上差异较大，用户一旦习惯于某个阅读客户端，就会产生依赖性，不会轻易卸载而换用其他客户端。因此，很多小众型的阅读客户端用户规模虽不大，但用户黏性和价值转化率并不低。

开心网CEO程炳皓认为，随着移动社交网络的不断发展，社交网络分众化的分享趋势将会呈现出强劲势头，小众化的深度社交、垂直社交与兴趣图谱等趋势，将成为未来社交网络发展的主要方向。

高学历用户有较强的付费意愿，通常情况下，这部分人群的收入相对较高，阅读兴趣也多在内容质量较高的深阅读内容。因此，随着用户结构的变化和深阅读习惯的养成，移动阅读平台今后应加强畅销图书、学术著作、科研论文等深阅读内容的生产和供应，这也是用户付费意愿偏高的内容板块。

3. 重阅读，轻互动，内容变现率不高

分享、互动和内容变现是移动阅读的主要特点，但从目前用户的具体行为来看，还存在分享形式化、互动不积极、内容变现率不高等问题。从调查结果可知，经常参与转发评论的用户仅占14.8%，这也符合"二八定律"，也就是说只有近20%的用户在阅读过程中积极参与分享和互动，80%的用户只阅读不参与或较少参与互动。当然，不同平台以及不同用户类型也存在较大差异。社交综合平台嵌入的阅读内容，用户阅读、分享和互动的积极性较高，但内容变现率偏低，如微博、QQ、微信等平台，虽然内容的阅读率高，用户踊跃参与分享互动，但基

本都以免费为主，内容的付费率非常低。而以电子书阅读为主的专业图书阅读平台，用户分享、互动的积极性并不高，但内容的变现率比较高，如掌阅 iReader、书旗小说、塔读文学、起点小说等，虽然用户参与分享和互动的积极性相对不高，但用户的内容付费率较高。

有声阅读的演变过程主要以载体形式的变化为特征。听书作为一种阅读的形态，随着移动互联网的迅速崛起，从满足特定的教育需求和视力障碍、阅读障碍人群的小众市场，逐渐扩展为全民阅读的形式之一。相较于传统实体有声读物，新型有声读物利用数字技术，载体形式趋向多样化，种类和内容也更为多元。有声读物作为一种新兴产业，既迎合了数字时代读者的消费需求，也成为传统出版向数字出版转型过程中开拓市场的新途径，同时也是我国文化产业转型升级的实验性样本。

一、有声阅读产业现状

为了调研我国国民有声阅读现状，中国传媒大学编辑出版研究中心与中国新闻出版研究院合作开展国民听书率调查。基于此调查①，我们可以大致了解我国国民有声阅读的整体现状。

目前，我国有声阅读产业有六大特点：

1. 有 17.0% 的成年国民有听书习惯

国民听书率调查数据显示，我国有 17.0% 的成年国民有听书习惯。而同期，国民数字化阅读方式（网络在线阅读、手机阅读、电子阅读器阅读、Pad 阅读等）的接触率为 68.2%。以往，有声阅读往往是在有教育需求的未成年人以及老年人、视力障碍人群中存在的阅读形式，并没有在大众中普及。伴随有声阅读数字化的

---

① 蔡翔，王睿. 从国民听书率看我国有声阅读产业发展趋势 [J] . 现代出版，2018（01）.

进程，可以预见，国民听书率仍然有较大的增长空间，我国有声阅读产业有巨大的发展潜力。

2. 新媒体介质更新换代，移动听书成增长点

传统的录音带、CD 等听书介质在我国成年国民中的接触率已经低于 1.0%，呈现年龄越大，使用传统介质听书的比例越高的现象。本次国民听书率调查共涉及 6 类听书介质，分别为：移动有声 App 平台的读书类内容（如荔枝 FM、懒人听书、蜻蜓 FM、企鹅 FM）、微信语音推送（如罗辑思维、为你读诗等订阅号的读书推送，有声书评）、有声阅读器或语音读书机、录音带、广播（如故事节选、广播连载等）以及 CD。

不同年龄段的听书介质选择具有典型特征。越年轻，使用移动 App 平台的比例越高；年龄越大，越倾向于使用广播。而 CD 已经不是我国国民听书的主要形式，在各年龄段中的占比均较低。70 岁以上人群的听书率最高，显示出有声阅读在传统听书群体中仍然占有优势。而新兴的移动有声阅读，则在年轻群体中较为普及，反映在数据中，18—29 岁和 30—39 岁群体的听书率位居前三。

3. 有声阅读的城乡差距不明显

我国城镇居民听书的比例为 19.1%，农村居民的听书比例为 14.9%，城镇居民听书率略高于农村居民，但两者数据相差不大，显示我国有声阅读发展没有明显的城乡差距。

在听书介质方面，城镇居民和农村居民的区别也不明显。城镇居民使用最多的是广播，使用率 8.9%，其次是移动有声 App 平台（8.3%）和微信语音推送（3.5%）。农村居民使用听书介质的排名与城镇居民相同。这显示，我国移动互联网的加速普及降低了用户获取高品质有声书的门槛，在城镇和农村之间没有产生明显的信息鸿沟。

4. 文学欣赏和娱乐休闲是听书的主要需求

从听书偏好看，在有过听书行为的居民中，42.4% 的人喜欢"情感故事"，42.0% 的人喜欢"历史文化、经典诵读"，33.5% 的人喜欢"文学（诗歌、散文、小说等）"，20.5% 的人喜欢"传统评书"，选择比例均超过 20.0%。选择"教育学

习 / 外语或专业教育"（8.3%）、"少儿故事"（7.9%）、"经济管理"（7.4%）的则均不足 10%。这显示出国民在听书时对文学欣赏、娱乐休闲的需求较高。对于我国传统的音像出版社，这一发现也具有启示意义：要开发新媒体市场，布局移动有声阅读市场，在产品内容选择上可以适当偏向文学欣赏和娱乐休闲类；未成年人，尤其是儿童，出于保护视力、上网安全等原因，在接触网络时会受到家长的一定限制，因此 CD 等传统介质在教育，尤其是语言学习方面仍然有一定的市场空间。

5. 付费听书有发展潜力

2016 年，有过听书行为的国民人均听书花费为 6.81 元。同期，在手机阅读群体中，国民人均花费为 16.95 元，这一数字较 2015 年的 11.19 元有所上升。对比可见，国民对听书的消费支出仍然较少，对听书的价格承受能力尚有提升空间，有声阅读产业潜力巨大。在接触过数字化阅读方式的国民中，40.0% 表示能够接受付费下载阅读，能够接受一本电子书的平均价格为 1.78 元，价格接受程度比 2015 年的 1.64 元略有上升。这显示我国国民已经养成了一定的付费阅读习惯。

6. 有声阅读，尤其是新兴的移动有声阅读大有可为

新兴的移动有声阅读有相当大的市场空白，在渠道推广、内容丰富度等方面有改进空间。在国民听书率调查中发现，了解有声阅读是提高听书率的重点。当问及不听书的原因时，"没有听书习惯"是首要因素，有超过一半的人（50.8%）选择这一选项，有 19.9% 的人选择"不了解有什么听书渠道"。这显示出移动有声阅读作为一种新兴阅读形式有待普及。在我国有听书习惯的国民中，听书的频率是比较高的。每周使用 2—3 次听书功能的人群达到 26.0%，有 20.5% 的人每天听书 1 次或以上。综合来看，有 81.1% 的听书者每周使用听书功能 1 次及以上。这显示听书的用户黏性较好，大多数接触过有声阅读的居民，会保持听书的习惯，并且经常听书。根据国民听书率调查，移动有声阅读已经取代传统介质，成为听书市场主要的增长点。

自诞生至今，有声读物的载体形式已经经历了从磁带、光盘，到新媒体平台

的发展历程。几乎每一次听书市场的爆发式增长，都伴随着技术的进步和新型传播形式的普及。

二、移动有声阅读平台的经营现状

按照目前主流应用的内容细分，有声阅读类 App 可以分为两大类：听书 App 和移动电台。移动电台最初是指基于网络发展而实现的传统广播电台网络化，实现在线直播收听，如蜻蜓 FM 和喜马拉雅 FM。但由于单纯收听电台内容，形式单一，所以移动电台也在拓展新的业务模式，如增加原创内容，购买音像制品的版权，重新定义为包含音乐、有声书等多种形式音频内容的移动音频平台。听书 App 是指将书籍录制成音频文件，通过智能终端实现移动化收听的有声阅读平台，如懒人听书、酷我听书等。但随着业务拓展，听书类 App 运营的内容也逐渐增多，除了购买专业出版机构以及网络文学网站版权以扩大书籍资源之外，广播剧、电台节目以及专业类节目也不断丰富。

听书 App 与移动电台在运营内容上存在交集，产品形态和内容相互渗透，由于行业分类模糊，国民听书率课题组同时将听书 App 与移动电台作为移动有声阅读平台的案例进行调研。

移动有声阅读作为一种新兴的阅读形式逐渐被消费者所熟知和接受，呈现出以下六个特点及趋势：

1. 用户规模增长迅速，移动有声阅读成为主流听书形式

自 2013 年以来，我国听书 App 和移动电台数量出现爆发式增长，目前可以统计到的 App 数量已达数百种，满足了消费者对于有声阅读领域的细分需求。

2. 用户集中度高，第一梯队竞争激烈，但相对其他行业 App 影响力较小

目前移动电台和听书 App 的大部分市场被几家主流平台占领，第一梯队竞争激烈，用户渗透率呈现向主流平台集中的趋势，竞争排位格局还不稳定。与视频平台 App 的对比显示出，移动电台和听书 App 的整体影响力仍然较小。在苹果应用商店下载排行榜中，喜马拉雅 FM 为第 55 位，也是前 100 名中唯一的移

动有声阅读类 App。

3. 移动有声平台的内容生产来源有采购版权、专业生产（PGC）、用户生产（UGC）等多种模式

不同的音频平台各有侧重，在移动有声阅读发展初期，UGC 模式是内容生产的普遍方式，这种自下而上的内容生产方式培育了大批非专业人群主播，丰富了平台内容，活跃了用户。但随着版权管理的规范和用户对音频内容质量的关注，目前大多数主流平台，如喜马拉雅 FM、蜻蜓 FM，都启动了 PUGC 模式，即将独家版权、PGC 与 UGC 结合的战略。以独家版权和自主专业生产保证优质内容的专业度，树立品牌，以专业生产降低研发成本，同时开放 UGC 权限，兼顾内容的丰富度，实现与用户的实时互动，从而满足多渠道的传播需求。

4. 资本从活跃逐渐转入冷静，市场格局面临洗牌

资本的涌入助推了移动有声阅读 App 的野蛮生长，在经历了数轮融资热潮之后，移动有声阅读市场在 2016 年逐渐进入冷静期。随着版权管理的规范，各大主流平台都面临争夺独家内容、购买优质版权的巨大资金压力，在移动有声阅读市场的盈利模式尚不明朗的背景下，能持续获得资本注入是各听书 App 和移动电台得以继续参与市场竞争的重要因素。

5. 当当、天翼阅读等老牌数字阅读企业加入有声市场竞争

凭借巨大的流量和渠道优势，以当当为代表的一批传统数字阅读企业和电商也在 2017 年投入有声阅读市场的竞争，令未来的格局更加扑朔迷离。京东在 2017 年 11 月推出了"知识服务"，与喜马拉雅 FM、蜻蜓 FM、核桃 LIVE、豆瓣时间、凯叔讲故事和懒人听书六大品牌合作，以平台模式为用户提供服务。

6. 有声知识付费产品出现，将以碎片化内容为主的内容付费产品与主打完整体验的有声书结合

2017 年，在有声阅读领域出现了一支新的力量，即以"得到""知乎 LIVE"等为代表的互联网知识社群。这些以知识付费为主营业务的新平台，把图书、原创等文本内容进行碎片化精加工，以系列化短音频的方式提供给受众，并用社交属性黏住用户，通过收费订阅实现盈利。虽然知识付费产品与完整的有声书在形式上有较大差别，但在"听书"方面并没有根本性区别，都给用户带来全新的阅读与学习的体验。短音频的形式满足了用户对于实用类内容的需求，而完整的有声书则在小说等传统内容上占有优势。

第三节　碎片化阅读趋势

在受众"悄然"发生的诸多变化中，与受众注意力有关的问题正在引起人们的广泛关注。在移动阅读的行为中，最引人注目的莫过于"碎片化"阅读的现象。由于移动阅读行为可以随时、随地展开，不再受到传统媒介在时间和空间上的约束，因此大量的碎片化时间得以被利用，从而形成时间上的"碎片化"阅读使用行为。人们在电子屏幕上的阅读行为更偏向于浏览式阅读和扫描式阅读，往往习惯于抓住核心的关键词，阅读的行为呈现出非线性的状态。此外，深度阅读的时长普遍减少，可以持续专注的注意力资源越来越稀缺。[1]

值得注意的是，碎片与整体的关系不等同于部分与整体的关系。各部分结合起来形成整体，获得超越各部分之和的整体功能；碎片与碎片串联起来并非是一个整体，它们可能来自不同的整体，分属不同的情境，处于游散的状态，被动等待着被随机捕捉。碎片化阅读具有阅读时间碎片化（由于工作学习的巨大压力）、阅读内容碎片化（移动阅读内容越发偏向内容短小精悍且多元化）和阅读方式碎片化（随机性、娱乐化倾向）等特征。[2]

一、碎片化阅读模式

廖圣清等人从媒介使用的角度，梳理了关于媒介碎片化使用的测量方法，并基于熵的度量建立了一个综合指标体系来描述碎片化的媒体使用情况。他们将

---

① LIUZ. Reading behavior in the digital environment：Changes in reading behavior over the past ten years［J］. Journal of documentation，2005，61（06）.

② 张紫璇，王京山.碎片化阅读与手机出版内容变革分析［J］.编辑学刊，2015（05）.

"媒介碎片化使用"（The fragmentation of media use）定义为，受众个体以在时间上不连续、空间上不固定的方式接触多种媒介形式或内容的行为①。这一定义清晰地指出，这种"碎片化"现象，是一种媒介接触与使用上的"碎片化"，与媒介、内容和受众的分化（Audience Fragmentation）可能存在一定的关联性，但两者在内容和形式上均明显不同。

吴芳等人根据第十至十四次"全国国民阅读调查报告"的数据，考察了综合阅读率、阅读满意度、数字化阅读率与阅读时长等指标，发现国民阅读总体上已呈现出阅读满意度较低、阅读媒介新兴化、阅读内容碎片化等新的发展特点。②

如此一来，可能的结果是，人们越来越倾向于读短、平、快的内容，大部分注意力被轻松、愉悦的"享受式""快餐式"阅读占据，再也不愿意去读那些往往艰深晦涩却能发人深省的经典作品与人类知识的瑰宝，从而导致整个社会的思考和批判能力下降，不利于大众文化的形成与发展。当然，"碎片化"也存在可能的好处，比如累积效应，积少成多等。因此，理性面对碎片化阅读显得至关重要。

读者是数字化阅读的主体，同样也是接受阅读信息的对象。作为读者应当采取理性的态度，正确对待碎片化阅读过程中的阅读内容。在碎片化阅读的时代仔细分辨、正确对待碎片化阅读，尤其是接触大量的碎片化阅读文字时，保持一个清醒的头脑，筛选信息，关注对自身有益的阅读内容，找寻有助于自身成长的内容，并进行汲取吸收。

对于碎片化阅读时间，读者无法控制，但可以在碎片化时间下进行高效的碎片化阅读。生活节奏越来越快，阅读时间碎片化，已经很少有读者能有时间沉静下来阅读纸质书籍。碎片化阅读兴盛，人们可以利用闲暇的时间进行碎片化阅读，

---

① 廖圣清，黄文森，易红发，等.媒介的碎片化使用：媒介使用概念与测量的再思考[J].新闻大学，2015（06）.
② 吴芳，徐军华.出版社应对国民阅读新特点的发展策略——基于第十至十四次"全国国民阅读调查报告"的分析[J].科技与出版，2017（11）.

对感兴趣的内容进行深入的阅读，不感兴趣的内容可以一掠而过。在明确地筛选阅读内容后，充分利用碎片化时间进行深入阅读，深入思考。如此一来，不再是停留在表层的阅读，而是对更深层内容的理解，阅读质量得以提高，这和传统的纸质阅读倾向的深入阅读有着高度的契合性。

二、碎片化阅读的影响

一个人的阅读过程是在知识空间中游走的过程，也就是注意力流动的过程。人们可能被困在忙碌的低收入工作与娱乐性阅读之间的循环中。不同用户由于社会地位的差异导致阅读时间模式的差异，从而决定了阅读内容的差异；而阅读内容又影响了读者从中能够学习到的知识，反过来塑造其社会阶层。简单地说，优秀的人工作之余还在读高质量的书，娱乐的人工作之余仍在娱乐。

受众作为一个混沌而又复杂的群体，在大众传媒时代，其形成的原因与机理就一直是人们不断探索和研究的问题，分众又以各种各样的标签将受众分割。在如今的移动阅读时代，无论是从学术还是应用的视角，我们都迫切需要对受众（群体和个体）有更深入的理解和认知。分众研究本质上是对人的研究，尤其是对人性和人的行为的研究，分众研究的复杂性本质上源于人本身的复杂性和行为的变异性。

在当今处于转型时期的中国社会，在"娱乐至死"的移动媒体时代，人们的阅读行为牵涉到如何进行消费和分配注意力。一方面，我们注意到娱乐的强大力量正在吞噬人们的注意力，伴随着现代生活的紧张与压力，工作之后的人们越来越需要的是强有力的、彻底的放松，休闲文化正在受到城市流行文化的热捧。但另一方面，我们也能够看到这种"娱乐化"的媒介消费趋势可能带来的潜在后果，那就是可能会在某几类图书上消费太多的时间和精力，从而窄化了自己的兴趣方向，甚至自我束缚了信息获取的来源。同时，这种媒介消费习惯的不同更是可能会进一步地重塑和再生产每个个体的社会阶层，让原本就处于弱势的群体更不能通过阅读来改变命运，而只是一味地沉迷于自己喜欢的事物，最终便会加强在文化消费市场上"贫者越贫、富者越富"的趋势。

对于阅读推广的活动而言，当下最要紧的任务应该是有针对性地以组织阅读推广活动等方式培养人们广泛的阅读兴趣，以避免人们被一小部分已有的阅读兴趣固化，遮蔽了原本应该广阔的阅读视野。唯其如此，才可能不让自己陷入"信息茧房"。

不同社会阶层的个体由于受到其日常生活方式和工作时间结构的影响，其空闲的、可以用来阅读的时间出现了不同程度的碎片化，而与阅读时间的碎片化相伴的则是阅读内容的碎片化，最终导致了两者在阅读时间和阅读内容上都出现了差异和分化。更进一步地，由于社会阶层较高的人时间的可支配性较强，往往会去阅读一些自我提升类的书籍，保持一种积极进取的状态，而社会阶层较低的人由于每天的阅读时间被高度地"结构化"，因此往往更愿意读一些娱乐类的书籍以消遣和打发时间，这两种阅读行为的分化，在很大程度上构成了社会阶层再生产过程的一个重要组成部分。

网络时代，信息传播方式带来的变化不仅体现在数字阅读上，还体现在纸质图书、杂志和报纸上，这些载体同样充斥着与读者毫无联系的信息，信息过载、信息碎片化割裂了生活的空间与时间，同样削弱了读者的注意力与忍耐力。数字化阅读真正影响的不是人们阅读的方式，而是整个人类文化环境。需要真正思考的问题不是媒介如何导致了阅读的碎片化，而是如何才能获得真正的知识，甚至超越文本发展出真正的智慧。

第四节　跨越技术鸿沟：分众阅读的未来

　　随着互联网出现，信息传播的效率大大提升，由于不同地区、不同阶层的人在计算机的使用和接触程度上存在差异，进一步出现了拥有信息者（Information haves）和不拥有信息者（Information have-nots）的分化，数字鸿沟（Digital Divide）这一概念兴起，人们越来越担心由于通信技术的发展会造成国与国之间以及国家内部群体之间产生巨大的差距。

　　皮帕·诺里斯（Pippa Norris）将数字鸿沟分为三个层面：首先是全球鸿沟，它指的是工业化国家和发展中国家之间在因特网接入率上存在的差距；其次是社会鸿沟，指的是每个国家内部信息富有者和信息贫困者之间的差距；最后是民主鸿沟，强调的是人们在是否使用数字技术参与公共生活方面的不同。根据信息获取的过程，在微观上可以将数字鸿沟分为第一道数字鸿沟"接入沟（Access）"与第二道数字鸿沟"使用沟（Computer Use）"[①]。对不同的群体而言，其在"信息接入"方面的缺乏大致可以分为四种：一是对新技术缺乏兴趣而导致的基本的数字经验的缺乏，即"精神接入"的缺乏；二是电脑和网络连接的缺乏，即"物质接入"的缺乏；三是技术界面不够友好、教育和社会支持不足导致的数字技能的缺乏，即"技能接入"的缺乏；四是使用机会的缺乏以及这些机会的不平等分布，即"使用接入"的缺乏[②]。这里前两种定义的"接入"就对应于阿特维尔（Attewell）所说的第一道数字鸿沟，即"接入沟"，指的是现实世界中人们

---

① ATTEWELL P. Comment: The First and Second Digital Divides [J]. Sociology of Education, 2001, 74(03).

② VAN DIJK J. A framework for digital divide research [J]. Electronic Journal of Communication, 2002, 12(01).

是否直接接触因特网。后两种则对应到第二道数字鸿沟，即"使用沟"，指的是人们在使用因特网以及获取信息的行为上存在的差异和鸿沟。

由于数字鸿沟的概念在传统上被定义为技术接入拥有者和技术接入缺乏者之间的差距，大多数数字鸿沟的研究都集中在第一道数字鸿沟，也就是"物质接入"层面的鸿沟，这类研究的中心在于调查有哪些社会因素会影响物质接入上存在的鸿沟。网络时代的分众，则存在两种状态——从事互动者和被互动者（也称为"潜水"，这部分人往往占据用户的绝大多数）。前者能主动地利用互联网资源，因此能在很大程度上塑造建立互联网，而后者十分被动，其对互联网的使用多为被动地接触被前者所塑造的网络，这就使得数字鸿沟可能进一步拉大。

"知沟假设"从提出至今已经过去了将近半个世纪，在众多的理论研究与实证研究中，"知沟根植于社会经济地位的差异"成为众多研究者的共识①。社会结构位置塑造了受访者的媒介使用、信息拥有、对媒介中相关讯息的识别，以及未来信息寻求的期待，这些都是研究移动阅读行为中存在的"数字鸿沟"现象的线索。

一旦读者的阅读习惯固化，数字鸿沟可能进一步加深。读者的阅读习惯会带来潜在后果，在喜欢的内容阅读上消费太多的时间和精力，窄化了自己的兴趣方向，甚至自我束缚了信息获取的来源。数字技术如何规避这些潜在的风险？数字技术如何更好地服务于读者群体？这些都是分众阅读研究未来要关注的。

数字媒体一直在改变人们的日常生活。阅读和联想力、创造力、感受力、理解力、记忆力都有极大的关联。可以说，掌握一切知识的基础都始于阅读。2017年，耶鲁大学人类行为实验室博士后施永仁等人曾采用亚马逊网站（Amazon）上的大规模用户购书行为数据挖掘出了不同政治倾向的人在对科学的消费行为模式上的不同。他们发现，政治倾向偏向自由派（liberal）的人更喜爱购买基础科学类书籍，如物理学、天文学、动物学等，而政治倾向偏向保守派（conservative）

---

① GAZIANO C. Forecast 2000：Widening Knowledge Gaps[J]. Journalism & Mass Communication Quarterly，1997，74（02）.

的人更喜爱购买应用科学类的书籍，如犯罪学、医学、地球物理学等。总体上来看，政治倾向偏保守的人购买的科学类书籍会比政治倾向偏自由的人购买的范围更窄①。这些研究发现表明，阅读行为对人有着深远的影响，阅读不同的书确实会影响人们对世界和社会的认知（如政治倾向）乃至行为（如购买不同类型的科学类图书等）。

数字革命浪潮席卷整个社会，在数字鸿沟、知识鸿沟、技术鸿沟的大环境下，图书馆作为信息服务的重要场所，是读者群体集中的地带，必须改变自身的服务模式，适应不断变化的用户需求。数字文献与传统文献并存的现代化"复合图书馆"最终将向"数字图书馆"发展，为不同爱好的读者提供优质的阅读服务，是图书馆在推广数字服务的过程中需要全面衡量的因素。图书馆要有针对性地组织阅读推广活动等方式，利用数字化方式培养人们广泛的阅读兴趣，防止阅读兴趣固化、阅读信息茧房化。

数字阅读已经成为与传统阅读并存的一种社会现象，同样是撬动全民阅读推广的一个支点，要推动数字阅读和传统阅读互为补充，共同发展。我们要以数字出版为功能核心，以分众思维为核心理念，以新兴技术为依托和保障，大胆发挥创新精神，使数字阅读在全民阅读进程中发挥强有力的作用。

---

① SHI F, SHI Y, DOKSHIN F A, et al. Millions of online book co-purchases reveal partisan differences in the consumption of science [J] . Nature Human Behaviour, 2017 (01) .

分众阅读服务案例

"星星点灯"自闭症儿童读书会[①]

在针对自闭症儿童的服务方面，深圳南山图书馆走在前面。为探索绘本阅读对自闭症儿童的辅助治疗作用，也为了给自闭症儿童提供融入社会的平台，深圳南山图书馆于 2012 年 7 月创办了"星星点灯"自闭症儿童读书会。读书会每场给自闭症儿童讲一个绘本故事，并辅以游戏、自由阅读等延伸活动。参与读书会的儿童由深圳市南山区星光特殊儿童康复中心确定，截至 2018 年 7 月，"星星点灯"自闭症儿童读书会已经举办了 56 场，2049 人次参与。由这个数字不难看出自闭症儿童对有针对性的服务的需求，但目前大多自闭症患儿家庭的需要难以被满足。

自 2017 年开始，深圳南山图书馆将"星星点灯"自闭症儿童读书会全面改版提升为感统故事会。感统故事会与普通读书会的区别在于专业性。那"星星点灯"感统故事会的专业性体现在哪儿呢？

一、专业化特征与基本流程

感统故事会具有强烈的专业化特征。首先故事会的要素固定，活动程序采用可视化提示。固定要素包括：活动场地固定、活动程序固定、活动音乐固定、自闭症儿童座位尽量固定、陪伴义工尽量固定。

"星星点灯"自闭症儿童读书会流程则共分为七个环节。第一，问好。馆员向自闭症儿童逐一问好，并询问他的名字，以此建立馆员与自闭症儿童之间的情

[①] 朱淑华，王利贞.自闭症儿童图书馆服务研究与探索——深圳南山图书馆自闭症儿童读书会的研究与实践[J].图书馆建设，2008（12）.

感连接，增加熟悉度，并观察自闭症儿童与馆员之间的互动。第二，音乐律动。帮助自闭症儿童放松与融入活动，根据内容适当、节奏适当、参与简单、儿童喜欢的原则，经反复挑选，选定《幸福拍手歌》作为律动歌曲，请自闭症儿童跟随歌曲拍手、跺脚、拍肩，自闭症儿童非常喜欢。第三，讲故事。绘本书目经过精心挑选，讲述方式也经过用心设计，注重引导自闭症儿童认知、参与、表达，帮助自闭症儿童进行康复训练。第四，延伸游戏。围绕绘本内容设计，以游戏方式进一步达成活动目标，如讲述绘本《好饿的小蛇》时，游戏设计为小蛇吃东西，通过指认图片和角色扮演游戏，帮助自闭症儿童认知水果，理解小蛇身体变化与吃东西的因果关系。第五，感统训练。选定手指训练《手指一家亲》作为感统训练内容，锻炼自闭症儿童手指灵活度。第六，合影留念。第七，告别。故事会设立可视化提示板，每个环节一张提示图片，每完成一个环节，收起一张提示图片，放入收纳袋。

二、绘本选择与讲述设计

"星星点灯"感统故事会的专业性还体现在绘本选择与讲述设计中。故事会绘本挑选原则是：（1）高品质，首先必须是经典绘本或者是优秀绘本；（2）适读年龄 6 岁以下，以适应自闭症儿童发育状况；（3）绘本主题为生活常识、社会交往、情绪控制、爱的表达、认知等六大主要方向；（4）文字简单，内容明确清晰，文字或者故事情节最好含有重复性元素；（5）图画突出，画风写实或者使用照片，以免自闭症儿童无法理解。根据上述原则，故事会确定了适合自闭症儿童的 15 个主题共 50 种绘本，并对其中 12 种绘本进行了绘本讲述的设计和延伸游戏的设计，形成了故事会模本。其实在挑选绘本时，家长也可以遵循这五个原则，从鱼龙混杂的市场中遴选出合适自闭症儿童阅读的优质绘本。

三、训练全程化与效果评估

深圳南山图书馆将对自闭症儿童的训练融入读书会前后每个环节，包括社会交往能力训练、交通规则训练、环境认知训练、图书馆认知训练与到馆愉悦度观察、数字认知训练、故事记忆等六个部分。

（1）社会交往能力训练。志愿者接送自闭症儿童的时候，须按要求向自闭症儿童问好和说再见，并观察自闭症儿童的反应。

（2）交通规则训练。志愿者在陪护自闭症儿童往返图书馆的路上，须按要求向自闭症儿童讲解基本交通规则，并观察自闭症儿童的接受程度。

（3）环境认知训练。志愿者在陪护自闭症儿童到馆的路上，须按要求向自闭症儿童介绍两个指定标志建筑物，并在返回的路上观察自闭症儿童是否记住。

（4）图书馆认知训练与到馆愉悦度观察。志愿者须按要求告知自闭症儿童"我们现在要去图书馆"，在路口指认图书馆并告知"图书馆到了"，以此观察自闭症儿童的反应和参与活动愉悦度。

（5）数字认知训练。在自闭症儿童进入阅览室的时候发放号码牌，请其自己寻找号码座位就座，训练并观察自闭症儿童的数字认知。

（6）故事记忆。志愿者在送自闭症儿童返回的路上，须按要求就绘本故事情节及人物与自闭症儿童进行交流，并观察自闭症儿童是否有记忆或者反应。根据自闭症儿童特点，以上训练将在每次活动前后不断重复、持续进行。

除此之外，"星星点灯"十分重视训练效果及反馈。为测评读书会效果，"星星点灯"设计了《"星星点灯"自闭症儿童读书会参与儿童情况评估表》，由志愿者对自闭症儿童每次参与读书会的情况进行记录。通过这些持续性的实证观察和记录，对自闭症儿童进行追踪，为自闭症儿童的阅读疗法、疗效提供第一手数据，并逐渐将自闭症儿童服务拓展到图书馆常规服务。

四、专业应对与志愿者培训

志愿者作为直接与自闭症儿童接触的群体，读书会研制了《"星星点灯"自闭症儿童读书会应知应会 Q&A 》，针对自闭症儿童故事会过程中可能遇到的问题进行解答，如：如何与自闭症儿童打招呼；如果在故事会过程中，自闭症儿童眼睛没有看屏幕，是否需要干预，如何干预；如果自闭症儿童在故事会期间离开座位并走动，如何处理；等等。图书馆会在每场故事会开始前对志愿者进行培训，对志愿者需要完成的任务、注意事项等提出明确和统一的要求，并教会志愿者针对自闭症儿童的情况进行恰当的回应。

由于国内自闭症儿童服务仍然是阅读服务的薄弱地带，读书会也存在需要解决的问题。一是国内可供参考的资料不多。二是图书馆员自闭症儿童服务的专业知识缺乏。目前图书馆界没有针对自闭症儿童服务的馆员培训，也没有相应的资金资助或项目资助，让馆员可以获得专业机构的培训。三是人员问题。培养一个自闭症儿童服务的专业馆员非常不容易，需要长期的理念熏陶和实践养成，人员本已缺乏，图书馆界目前广泛采用的购买服务或者项目外包的方式，让图书馆员流动性增强，加剧了人手缺乏的问题。四是志愿者不稳定问题。这让由固定志愿者陪伴固定自闭症儿童的愿望难以实现，让服务需要考虑的可变因素更多。以上问题的解决，还需要从业人员和全社会提高对自闭症儿童权益的重视。

深圳南山图书馆的"星星点灯"自闭症儿童读书会对国内图书馆的自闭症儿童服务很有借鉴意义，读书会从自闭症儿童本身的特点出发，选定绘本、制定流程，为孩子们带来了"私人定制"的阅读服务，能寓教于乐，对儿童进行行为干预，值得图书馆等机构学习借鉴。

袋鼠妈妈绘本角——特殊需要儿童阅读疗愈志愿服务项目

袋鼠妈妈绘本角——"特殊需要儿童阅读疗愈项目"于 2016 年由南京特殊教育师范学院发起，志愿者由南京特殊教育师范学校特教、康复等专业大学生，关心特殊儿童成长的特殊教育专任教师、学者以及社会爱心人士组成。通过创办阅读角、开展公益阅读活动、提供家庭阅读指导、定制个性化的阅读疗愈方案等形式开展志愿服务。旨在以绘本为媒介，促进残疾儿童全面成长；鼓励亲子阅读，倡导以家庭为中心的儿童康复。目前服务的志愿者 50 多人，参与者多达百人。

袋鼠妈妈绘本角的思路和做法科学合理，符合受众特点。

第一，针对特殊需要儿童康复问题，提供有价值的志愿服务。绘本目前在儿童教育中被广泛使用，大部分幼儿园都设有读书角或阅读时间。不少家长每天会抽出时间与孩子进行亲子共读。研究证明早期阅读对儿童的发展均有重要的提升作用，绘本是有效帮助儿童全面成长的重要工具。然而 2016 年至今，志愿者在南京多家康复机构所做的"0—6 岁特殊儿童亲子共读情况调查"结果却不容乐观。调研结果显示，75% 的家长从来没有给孩子读过书，92% 的家长不知道如何选书，如何开展亲子共读。我国有 0—14 岁残障儿童 800 多万名。这些特殊需要儿童康复目前存在两个问题：（1）特殊需要儿童的康复教育普遍依赖机构，特殊需要儿童常年在外求医，缺少正常的家庭生活；（2）家长急于康复孩子的残障，忽略了孩子的全面发展。现代康复理念认为，儿童的发展是全面的，以家庭为中心的康复模式更有利于儿童的成长。为了帮助特殊需要儿童家长树立正确的康复观，让特殊需要儿童的童年有绘本和亲情的陪伴，袋鼠妈妈项目应运而生。

第二，围绕服务宗旨，设计五位一体的项目内容。袋鼠妈妈绘本角旨在以绘本为媒介，促进残障儿童全面成长；鼓励亲子阅读，倡导以家庭为中心的儿童康

志愿者讲绘本

复；让更多家长看到孩子的优点，享受育儿的乐趣；让孩子在健康的亲子关系中成长，有图书、玩具等美好事物相伴；让社会认识到生命的多样性，给残障孩子更多的关爱和机会。袋鼠妈妈绘本角希望通过阅读，让残障儿童获得归属感与价值感，拥有更加幸福美满的人生。项目的服务内容分为五项：在康复中心建设绘本角，营造儿童友好的公共阅读氛围；组织周期性公益故事会，激发儿童阅读兴趣；为特殊需要儿童家长提供亲子共读指导，进一步提高有效陪伴；为特殊需要儿童定制个性化阅读疗愈方案，深化阅读效果；开展阅读治疗师培训计划，以点带面，提高服务效能。服务内容环环相扣，步步深入，围绕服务宗旨，五位一体，形成闭环。

第三，扎实开展专业志愿服务，服务工作持续深入。目前袋鼠妈妈绘本角已与南京欧皮自闭症儿童康复托养中心、江苏省听力语言康复中心等多家康复机构达成服务协议：在这些机构设立绘本角，举办公益故事会，为残障儿童家长提供亲子共读指导、为特殊需要儿童提供个性化阅读治疗方案，等等。项目为家长提供线上线下培训课程 80 个学时，还编撰了《0—6 岁听障儿童绘本阅读治疗指导手册》（该手册推荐经典绘本 20 册，从儿童感官发展、语言发展、心理发展三个维度，详细阐述了绘本阅读治疗的理论、方法及应用）、《自闭症儿童阅读书目》

（该书目邀请国内外自闭症专家为自闭症孩子推荐书单）供家长参考。为使阅读效果可评估可检测，他们还组织志愿者为疗愈对象建立档案，每年对残障儿童进行评估，以调整治疗方案。

第四，规范志愿服务项目，使项目可复制可持续。袋鼠妈妈绘本角项目团队分工明确，管理规范，目前已形成四大部门分管12项工作。《项目建设指南》《捐赠图书管理办法》《志愿服务管理办法》等一系列管理办法的出台使得项目运行更加规范。为保证财务公开合理分配，团队对预算进行了拆分申报，并接受校财务处等相关部门的监管。与每家机构合作时均签订服务协议，确保了项目有效积极地开展。2017年袋鼠妈妈绘本角项目受到南京市残疾人联合会的肯定和支持，并给予项目每年5万元的经费支持。项目还得到南京师范大学全民阅读研究中心万宇博士等专家的全程指导，青岛喜安人文、上海六爱抚家早产儿早期干预中心等社会机构均给予项目大力支持。目前袋鼠妈妈绘本角项目培养了一支懂阅读、懂儿童的学生志愿者队伍，通过志愿服务，志愿者树立了正确的残障观念，弘扬了人道主义精神，真正践行了南京特殊教育师范学院"博爱塑魂"的校训。志愿服务队伍不断壮大，志愿服务精神生生不息。

南京市玄武区残疾人
康复中心绘本角

袋鼠妈妈绘本角案例给我们相关服务以启示。首先，让志愿服务富有时代性。尊重每一个人的生存和发展，包括残疾儿童，符合时代主题。袋鼠妈妈绘本角提倡儿童全面发展与以家庭为中心的儿童康复，紧跟现代康复理念。利用绘本进行康复开拓了康复方式新思路，符合国家提倡全民阅读的时代潮流。其次，让志愿服务更加专业。袋鼠妈妈绘本角项目获得多位海内外专家的指导，紧紧围绕阅读疗愈这一新角度，研发出专业的培训课程、行之有效的治疗方案以及评估体系，有非常强的专业性和可推广性。再次，让志愿服务变得多赢。不仅残疾儿童及家庭可以从中获益，志愿者也获得一定的职业帮助和人生历练，社会看待残疾儿童会更加积极与宽容，阅读疗愈的大量田野案例也帮助了学者的科学研究，为儿童科学发展提供帮助。最后，让志愿服务与学校人才培养相结合。发挥专业特长，借助南京特殊教育师范学院专业优势，开展志愿服务，并尝试以读书融入特殊教育活动，既有在特教领域开拓研究的性质，也可以发挥志愿服务的功能，教育引导学生关心社会，关注残疾人群体，这样的模式可复制可效仿。

案例三　图书馆与自闭症儿童——阅读箱子计划

一、基本情况

　　由于病患数量不断增加，康复治疗技术并无明显突破，自闭症被认为是当今世界最严重的公共卫生挑战之一。长期以来，自闭症患者和家庭承受巨大压力，他们既要配合康复师日复一日坚持康复，还要面对来自精神、经济、社会等多方面的压力。为自闭症家庭提供全面专业的家庭支持，呼吁全社会消弭歧视，为自闭症家庭营造融合友好的社会环境迫切且重要。

　　2018年助残日，中国精神残疾人及亲友协会江苏省工作站、南京师范大学全民阅读研究中心、南京特殊教育师范学院图书馆共同发起"图书馆与自闭症儿童——阅读箱子计划"，通过展示一系列专家推荐的特殊教育题材绘本，让公众与好书相遇、与自闭症儿童家庭相遇。"阅读箱子计划"不仅使自闭症儿童家庭获得有针对性的阅读书目，也增进公众对自闭

Rachelle K. Sheely博士阅读箱子

症的了解，有利于消弭社会隔阂，建设无障碍社会环境。

二、思路做法

1. 让阅读服务更加精准

在全民阅读大背景下，残障群体的阅读权利值得关注。自闭症因其较高的发病率，更是逐渐受到公共图书馆的关注。目前我国公共图书馆服务自闭症群体的经验非常有限，也没有建设成全国有影响力的自闭症资源中心，此方面的工作亟待推进。

"阅读箱子计划"正试图填补这些空白。"阅读箱子计划"面向全社会发出邀请，寻找专业阅读推广人，为自闭症儿童及家庭推荐适合他们阅读的图书。在众多回复中，精选出 9 份来自康复医学、特殊教育、编辑出版等领域的专家建议，制作推出《自闭症儿童阅读书目》（以下简称《书目》）、"图书馆与自闭症——让我们打开书本"主题海报向全社会推广。《书目》的制作汇聚专家的经验和智慧，体现图书馆人的真诚与用心，为开启公共图书馆系统针对自闭症患者的精准服务做好准备。

"阅读箱子"活动现场

2. 移动的装置，流动的风景

阅读可以是一场心灵的旅行，也可以是一种流动的风景。根据《书目》我们制作了"阅读箱子"，在南京特殊教育师范学院图书馆大厅陈列展示，读者每打开一个箱子就可以看到一位专家的照片、简介以及他所推荐的图书。这种人与人、人与书的相遇充满了参与性与趣味性，让沉重的话题变得生动活泼，也让更多读者愿意走近这些箱子，拿起一本书，开始阅读。

"阅读箱子"宛如一座座移动的阅读城堡，既为自闭症儿童提供宝贵的阅读资源，又通过知识宣导，为自闭症儿童融入社会营造良好的公共氛围。

3. 箱子之外，还提供更多服务

自闭症儿童有权利也有能力享受阅读。与"阅读箱子计划"一道，图书馆人还推出一系列活动支持自闭症儿童使用图书馆。如编撰面向自闭症儿童的《入馆指南》、组织自闭症儿童家庭参观公共图书馆、为自闭症儿童举办专题故事会等。这些举措消除了自闭症儿童对公共图书馆的陌生感，让自闭症儿童使用图书馆资源成为可能，也真正兑现《公共图书馆宣言》中"人人享有平等利用权利""向所有人提供服务"的承诺。

三、"阅读箱子计划"书目

1. 万宇

南京师范大学文学院博士、副教授，中国阅读学研究会副秘书长，南京师范大学全民阅读研究中心主任，资深阅读推广人。研究领域为阅读学、阅读治疗、阅读评估，特殊儿童阅读指导，儿童发展心理学、儿童阅读治疗等。

推荐读物：
（1）《好饿的毛毛虫》
（2）《棕色的熊、棕色的熊，你在看什么？》
（3）《地下 100 层的房子》

（4）《语言图鉴》（共4册）

（5）《脸，脸，各种各样的脸》

（6）《啪！》

2. 柯晓燕

博士，儿童精神科主任医师，教授，博士生导师。美国佛罗里达大学高级访问学者。现为南京医科大学附属脑科医院儿童心理卫生研究中心所长，世界卫生组织儿童心理卫生科研与培训合作中心主任。

推荐读物：

（1）"贝贝熊系列丛书"

（2）《44个有助于专注·平静·放松的亲子正念练习和游戏》

（3）《跑步，该怎么跑？》

3. 吴宁

南京市光华东街小学校长、书记，南京师范大学教育硕士，南京市学科带头人。光华东街小学积极为学校特殊教育需求学生提供适合的教育，2017年10月被认定为"南京市首批融合教育示范校"。

推荐读物：

（1）《会"说话"的海豚》

（2）《了不起的猴子》

（3）《法国最美科学艺术启蒙》

（4）《人体迷宫》

（5）《环游世界迷宫》

（6）《人体城市》

4. 刘娲

华夏出版社特殊教育编辑出版中心主任，致力于特殊教育类图书的策划和编辑工作。

推荐读物：

（1）《看！我的条纹》

（2）《多多的鲸鱼》

（3）《不一样也没关系》

（4）《喵星人都有阿斯伯格综合征》

5. 王宁

南京欧皮孤独症社会工作中心创办人，江苏省精神残疾人及亲友协会孤独症委员会副主任。2004 年开始接触国外发育障碍儿童疗育训练，深入了解发育障碍儿童入园、就学及训练的现状。

推荐读物：

（1）《发育障碍儿童诊断与训练指导》

（2）五味太郎作品：《鳄鱼怕怕　牙医怕怕》《数字在哪里》

（3）李欧·李奥尼作品：《田鼠阿佛》《自己的颜色》

6. Rachelle K. Sheely PhD

美国联合大学临床心理学博士，人际关系发展干预治疗机构（Relationship Development Intervention，inc）联合创始人。在心理学，尤其是自闭症儿童干预、儿童和成人心理治疗、群体治疗、评估、学校咨询等领域有丰富的经验。

推荐读物：

（1）《彼得的椅子》

（2）《下雪天》

7. 杨志娇

南京特殊教育师范学院特殊教育专业 2014 级毕业生，现为广东省惠来县特殊教育学校教师，负责智力障碍儿童的教育工作。以应用行为分析 ABA 为基础的 PRT 关键技能反应训练，强调培养自闭症儿童的动机，掌握动机、多重线索反应、社会性交往的发起、自我管理以及同理心这五大关键技能，帮助特殊需要学生进行行为矫正。

推荐读物：

（1）《不可思议的朋友》

（2）《亚斯的国王新衣》

（3）《来自星星的约翰》

（4）《我的哥哥曾变身》

（5）《打开心中那扇窗》

（6）《世界上最好的弟弟》

8. 陈蓓琴

南京特殊教育师范学院图书馆馆长、高等融合教育资源中心主任；中国盲文手语推广服务中心办公室主任；江苏视障人员教育考试支持中心主任；江苏省语言应用学会常务理事。长期从事与残疾人相关的语言文字应用研究、残疾人教育教学研究和无障碍图书馆服务研究工作。

推荐读物：

（1）"可爱的鼠小弟"系列

（2）《我的后面是谁呢？》

（3）《月亮，晚上好》

倾听细小的声音

静水深流，分众服务意味着倾听更细小的声音，尊重特殊的需要，发掘服务的细节，在社会阶层的边边角角应用现代人类的智慧和技术，将阅读的光辉照耀到每一个个体，无论你在哪个角落。

众声喧哗，我们往往会迷失在大众的潮流之中，我们同时也注意到，在阅读服务中长期被忽略的"分众阅读"服务对象，通常是在社会经济环境中处于弱势的群体，他们往往因为声音细小而"无人知晓"。儿童、女性、阅读障碍者、老年人，尤其是特殊需要儿童，他们所代表的每一个阶层，他们所代表的每一个家庭，所发出的细小声音往往被湮灭在时代急匆匆的前进洪流中。他们具有相似的阅读需求，需要特别的阅读支持，期待更细致更温暖的阅读服务，这些都是现代社会阅读平等、阅读自由目标的体现。我们满怀忐忑，又充满责任感地将这些细小的声音从芸芸众"声"中分析出来，耐心地剥离出他们不同于主流群体的需求，进行有针对性的、更具效能、更为精准的阅读服务。很多观点很浅陋，但我们愿意做个大胆的尝试，恳请方家指正。

全书框架由万宇制订，第一、二、五、七章由万宇执笔，第三章由王奕执笔，第四章由赵鑫执笔，第六章由任便便执笔，同时严亦滢、陈志聪等同学对本书都有一定贡献。赵鑫担任配图工作及附录整理，万宇进行统稿工作。感谢各位对于分众阅读研究领域的思考与工作，如果能激发读者对"分众"阅读的兴趣与思考，善莫大焉。

未来的阅读会是什么样子？未来的阅读服务会呈现什么样态？未来的技术将如何对阅读赋能？用户画像技术、语音识别技术、人工智能技术对于未来的阅读服务有什么推进？我们能为未来的阅读做什么准备，怀有什么样的期待？这些都是新的时代赋予我们的责任与期待。

　　倾听细小的声音，进行更细致的阅读服务，是"分众阅读"未来可见的努力方向，也是我们不可推卸的社会责任。

万　宇

2019年6月于金陵和园